编委会名单

主　　任：李信军
执行主任：张兴发
副 主 任：胡诚海　周智虚
委　　员：李信军　张兴发　胡诚海
　　　　　周智虚　陈理真　秘高慧　冯信教

北京白云观历史钩沉

张兴发 编著

李信军 主审

社会科学文献出版社

SSAP

SOCIAL SCIENCES ACADEMIC PRESS (CHINA)

序 言

《庄子·天地》说:"千岁厌世,去而上仙,乘彼白云,至于帝乡。"明代,修葺一新的北京长春宫改名为北京白云观,以示长春宫七百年来道侣云集,人才辈出,文化荟萃。

北京白云观开创至今,自开山祖师丘处机住持以来,尹志平、李志常、赵道坚等云集于此,假借修真,形成了全真传戒制度,出现了王常月、高仁峒、谢宗信等著名方丈大律师,为道教教制建设做出了积极贡献。

北京白云观自唐代修建以来,几易其址,形成了气势恢宏的古建筑群,既代表了中国道教宫观建筑规格,又体现了中国古建筑的特色,并拥有深刻的文化内涵。如前有照壁,后有假山,左、中、右三路,体现了中国传统建筑的前有照、后有靠、左青龙、右白虎的理念;如"窝风(桥)"与"白云(观)"的关系;如老律堂(勾连搭两卷)和退居楼(硬山顶)建筑等均体现了道教的建筑特色。

北京白云观文化底蕴深厚,吸引了人们对其信仰与研究。有"三猴不照面,铁打白云观"的说法;燕九节会神仙的传统习俗;观中典藏的明《正统道藏》及其晒经的传统;等等。北京白云观作为道教宫观,具有其独特的作用和影响。

白云观是道教信徒和修道者的圣地。道教徒在宫观内过着如法如仪的宗教生活,道教信众到宫观开示解惑、朝拜神灵、祈福禳灾。很多高道依托宫观实现了他们致道的人生目标。

白云观已成为中国传统文化的重要载体。每一座宫殿都有着它的历史传承、人物故事、文物胜迹、经典书籍和建筑艺术等，这些构成了白云观的文化；历代高真凭借白云观推动了全真龙门派的发展，形成了龙门祖庭文化。这些文化不仅是白云观的，也是道教的，更是社会的传统文化。

白云观已成为道德伦理教化的场所。白云观供奉的神灵，有古代神话中的人物，还有山川河岳等自然界的神灵，更有有功于社稷、有惠于黎民而为民众所敬仰的地方神灵。白云观崇奉神灵的原则是"尊道贵德"、崇尚德行、敬仰贤能。如道士孙思邈是古今医德医术堪称一流的名家，其对医德的强调，被后世的习医、业医者传为佳话。他的名著《千金方》，把"大医精诚"的医德规范放在极其重要的位置并专门立题，重点讨论。而他本人，也是以德养性、以德养身、德艺双馨的代表人物之一，成为历代医家和百姓推崇备至的伟大人物，被道教崇奉为"药王"。

白云观还是济世利人的基地，是服务社会、利益人群的场所。白云观导人向善的教化功能本身就发挥着净化社会的积极作用。从历史上看，白云观曾经发挥过济世救人的功能。如丘处机在北京白云观创立十方丛林，收容遭战乱无家可归的人，多达数以万计，清乾隆皇帝赞扬说："万古长生不用餐霞求秘诀，一言止杀始知济世有奇功。"当代白云观，不忘祖训，更加积极投入社会慈善公益事业当中：植树造林、美化环境；赈穷救急、兴利除害；积功累德、慈心于物；忠孝友悌、正己化人。如白云观在甘肃的生态林建设，1998年抗洪捐款，汶川地震灾害捐献等，均彰显出白云观济世利物的高尚品德，由此体现了白云观在道教传承中的地位和作用。

《北京白云观历史钩沉》是展现与弘扬白云观历史文化的形象载体，有助于广大道教信徒及热爱中国道教文化的人们用较少的时间清晰地了解白云观的发展历史和文化内涵，使道教的优良传统得以弘扬传承，从而促进社会的和谐发展。本书的编撰出版可谓是功在当代，惠及后世。

是书作者工作于中国道教协会、生活于白云观，信仰虔诚、学修并进，长期从事道教文化研究，著书立说多种，获得哲学（宗教学）博士学位，讲道弘教海内外，是弘扬道法的佼佼者。今其编撰《北京白云观历史钩沉》，余欣喜白云观管理委员会将其列入白云观文化丛书资助出版，乐意担任主审及编委会主任，并为之序，愿此功德福佑天下苍生。

李信军

2021 年 9 月 26 日

目　录

第一章　龙门祖庭 ／ 1

第一节　白云观的前身——天长观 ／ 2

第二节　明代扩建白云观 ／ 6

第三节　白云观修葺纪实 ／ 11

第二章　史海钩沉 ／ 90

第一节　唐玄宗与石刻老子像 ／ 90

第二节　首任方丈大律师阎德源 ／ 93

第三节　白云观《道藏》的编纂 ／ 97

第四节　长春宫与处顺堂、白云观 ／ 116

第五节　陈明霖、陈撄宁与白云观 ／ 124

第六节　当代监院承继道统 ／ 128

第三章　方丈、律师 ／ 137

第一节　赵道坚与龙门派 ／ 139

第二节　王常月中兴全真道 ／ 144

第三节　张宗璿授受高仁峒 ／ 160

第四节　高仁峒与慈禧太后的道缘 ／ 163

第五节　医道兼修的蒋宗瀚方丈 ／ 165

第六节　王理仙方丈开坛传戒 / 168

第七节　道行高超的谢宗信方丈 / 176

第八节　从小隐到大隐的孟至岭方丈 / 179

第四章　高道传略 / 189

第一节　太一道师萧道熙 / 189

第二节　真大道师刘德仁 / 193

第三节　开山宗师丘处机 / 194

第四节　明德真君刘处玄 / 227

第五节　体玄真人王处一 / 230

第六节　清和真人尹志平 / 232

第七节　真常真人李志常 / 237

第八节　清代高道孟至才 / 240

第九节　玉溪道人闵智亭 / 247

第五章　文化荟萃 / 258

第一节　笔墨丹青 / 258

第二节　物华天宝 / 262

第三节　云集园的传奇 / 269

第四节　十方韵与北京韵的传承 / 272

第五节　行业神崇拜与丘处机 / 277

第六节　白云观庙会民俗传统 / 279

第六章　组织建设 / 291

第一节　十方丛林 / 291

第二节　白云观民主管理委员会 / 303

第三节　中国道教协会 / 304

第四节　中国道教学院 / 316

参考文献 / 325

后　记 / 331

第一章　龙门祖庭

南宋乾道三年（1167），道教祖师王重阳在山东宁海修建全真庵，创立全真道，倡导三教平等、三教合一，并以《道德经》《般若心经》《孝经》为全真道徒必修经典，收马丹阳、谭处端、刘处玄、丘处机（也作邱处机，教界称作丘祖或邱祖）、郝大通、王处一、孙不二七位弟子。其中丘处机，道号长春子，先在陕西磻溪积功磨性六年，又在陕西龙门洞修炼坐功七年，道门称之为"磻溪六年，龙门七载"。丘处机圆满得道后，被皇帝赐予敕书虎符，掌管天下道教，实乃"道功备而名闻时主，丹符锡而掌握神仙"[①]，皈依到其门下的弟子成千上万。门下弟子便以其修炼的龙门为名，立派为"龙门派"。元初，长春真人丘处机自西域大雪山东归，栖居"太极宫"（白云观前身，天长观的后身），见宫观一片凄凉，遍地瓦砾，遂命盘山栖云子王志谨主领兴建，历时三年，殿宇舍馆焕然一新。元太祖二十二年（1227），长春真人丘处机羽化于太极宫。同年，成吉思汗下旨改称太极宫为"长春宫"。至元六年（1269）己巳正月，元世祖忽必烈褒赐丘处机为"长春演道主教真人"，后改赐称为"长春全德神化明应主教真君"。元末，连年争战，长春宫原殿宇日渐衰圮，明代重修工程改以处顺堂为中心展开，

---

① 闵智亭主编《玄门日诵早晚功课经注》，宗教文化出版社，2000，第142页。

易名为"白云观"。

白云观经过丘处机开宗立派，建立十方丛林制度，逐渐形成了全真龙门祖庭；再经尹志平等弟子努力，传授律法，逐渐成为天下第一丛林。

第一节　白云观的前身——天长观

一个城市中能以一个单位全方位地命名道路、桥梁、河道、街道的可能要数北京白云观了。在北京西城区的白云观周围，前有"白云观街"和"白云桥"，左边和后面有"白云河"环绕，河上还有座"白云观桥"，右有"白云路"穿过。宾馆、饭店、高楼大厦等冠以白云观名的也不在少数，如白云某某大酒店、白云某某酒楼等。白云观名气如此之大，影响如此之深，还在于它有悠久的历史、深厚的文化和独特的地理位置。

白云观始建于唐代，初建时叫天长观，地处幽州。据《周礼·职方氏》载："东北曰幽州。"① 其范围大致包括今河北北部及辽宁一带。其后名称时有变化，所辖范围也不尽相同。隋炀帝大业初罢州置郡，改幽州为涿郡。唐武德元年（618），高祖李渊又改称幽州。天宝元年（742），唐玄宗改称为范阳郡。乾元元年（758），唐肃宗又改称为幽州。

唐朝时幽州地区的人口已超过 37 万，有 6 万余户，土地已经被普遍开垦，农业、手工业和商业都有很大的发展，作坊店铺也十分发达。幽州城是唐朝时江南、中原与东北地区相联系

---

① （清）孙诒让撰，陈玉霞、王文锦点校《周礼正义》第十册，中华书局，1987，第 2672 页。

的枢纽和各种货物的集散地，地理位置十分重要。在工商业如此兴盛的军事重镇，唐朝中央政府十分重视幽州的文化治理。开元二十九年（741），唐玄宗下旨在"两京、诸州各置玄元皇帝庙并崇玄学"①。北京在唐代为幽州所管辖，因而也修建了祭祀老子的"玄元皇帝庙"。玄元就是指道教始祖老子。老子姓李名耳，在周朝担任守藏室史，相当于今天的国家图书馆馆长。

老子管理的守藏室里既有珍贵的文献档案，也有历史典籍和圣贤言论，可谓是上有天文，下有地理，中有人事，无所不包，无所不含。老子在做守藏室史期间，博览群书，这使他学识渊博、通晓古今；他十分注意讲学问、修道德，成为当时有名气的人。日复一日，老子始终以这种精神状态在不断地思考着，此时宋国正是征战的时期，老子历经凡尘、日夜体悟，终于透彻世间万物本源，知悉大道之宗。老子明白天下即将大乱，纷争四起，有了隐世度人的想法，决定西去。

于是老子骑着一头青牛就向西出发了，来到函谷关时，受到了关令尹喜的热情接待。其实，尹喜偶然在夜间观察天象，看到东方有紫气西行，知道不久将有圣人向西度关而来，便向周昭王请求做函谷关关令，以等待圣人老子驾临，从而演绎了"紫气东来"和老子传授尹喜《道德经》的故事。

李渊、李世民父子在晋阳起兵的时候，陕西终南山楼观台有一位叫岐晖的道士曾经给过他们一些物质上的帮助，并在精神上鼓励他们，说李渊是太上老君的后代，太上老君一定会保佑他们成功的。后来李家真的得了天下，在620年，唐高祖把楼观台改名为宗圣观，作为李家的宗门圣地，尊道教始祖太上

① （后晋）刘昫等撰《旧唐书》卷九，中华书局，1975，第213页。

图 1　老子骑牛出关图

老君为其远祖。据唐玄宗《唐明皇御制庆唐观纪圣铭》曰：

> 我远祖玄元皇帝，道家所号太上老君者也。……肇我
> 高祖之提剑起晋，太宗之仗钺入秦，鹏搏风云，麟斗日月。
> 夏臣丑而巳去，殷鼎轻而未徙。老君乃洗然华浩，白骥朱
> 鬓，见此龙角之山，示我龙兴之兆，语绛州大通堡人吉善
> 行曰："吾而唐帝之祖也，告吾子孙，长有天下。"于是一
> 开赤伏，而万姓宅心，一麾白髦，而六合大定。《传》曰：
> "有声之声，不过百里；无声之声，延及四海。"非夫神唱
> 明德，翕叶人祇者欤！①

---

① 《道藏》第 19 册，文物出版社、上海书店、天津古籍出版社，1988，第
692 页。

　　唐朝皇帝自称为老子后裔，借道教的最高天神来提升其在百姓心中的统治地位，对道教的重视也就顺理成章，如将《道德经》和"四子真经"① 列入道举考试的内容，敕封道教真人②等。研习、教授道教经典，建造道教宫观，授受道教法箓也就蔚然成风了。

　　天长观于唐玄宗开元二十九年建成，故址以今白云路为中轴线，向东西南北展开。唐玄宗天宝年间（742～756）曾改名为"紫极宫"。金世宗大定七年（1167）重修竣工，命名为"十方大天长观"。金章宗明昌三年（1192），毁于火灾的十方大天长观修葺一新，改名为"太极宫"。元太祖十九年（1224），丘处机在西域拜见成吉思汗，得到成吉思汗"大宗师"的封号，总领天下道教。成吉思汗下诏免去天下道观和道人的一切赋税差役。丘处机返回燕京后遵敕命住持太极宫，使太极宫成为全真道活动的中心。丘处机在此演教，立龙门之宗。在他的努力下，全真道的宫观数量和道教徒人数都迅速扩充，全真道进入鼎盛时期。元太祖二十二年（1227）五月，成吉思汗敕以丘处机道号长春子为名，改称太极宫为"长春宫"，七月初七，丘处机功德圆满，羽化登仙，身为丘处机大弟子的尹志平掌教为全真大宗师。尹志平在长春宫的东侧置地，联合拖雷监国，营建道院，取《南华经》中"乘彼白云，至于帝乡"③ 之句意，命名为"白云观"，并在观中建处顺堂用来埋葬丘长春的遗蜕。

---

① 四子真经指《南华真经》（《庄子》）、《冲虚真经》（《列子》）、《通玄真经》（《文子》）、《洞灵真经》（《亢仓子》）。

② 唐玄宗天宝元年（742），封庄子为"南华真人"，封列子为"冲虚真人"，封文子为"通玄真人"，封亢仓子为"洞灵真人"。

③ 陈鼓应注译《庄子今注今译》，商务印书馆，2007，第359页。

第二节　明代扩建白云观

明洪武二十七年（1394），燕王朱棣，也就是后来的明成祖，至长春宫启建金箓大斋，看到毁坏不堪的长春宫，心生慈悲，遂下令重建长春宫。负责修缮的官员经过仔细考察后发现，如果在原址上进行修复，工程浩大，资金短缺，难以完成。于是向燕王建议重点修茸长春宫东院白云观，这样既可以节省开支，又可以完善工程。燕王觉得方案可行就批准了。工匠们就以处顺堂为前殿，修建了后殿和廊庑厨库及道士们的修炼住所。于是，经过扩建后的白云观逐渐替代了原来长春宫的位置与名气。

明洪武二十八年（1395），燕王到白云观瞻仰礼拜神灵。第二年，燕王的儿子朱高炽，也就是后来的明仁宗，也到白云观瞻仰礼拜神灵，接下来多次在白云观启建金箓大斋。从明成祖起，明皇室便开始崇信道教，尤以宪宗、孝宗、世宗为甚。明世宗不仅在宫中公开举办斋醮活动，亲自着道冠道服，主持斋醮仪式，而且还命宫内后妃、宫女、太监、内侍着羽衣黄冠，习诵道教经典、符咒、经韵以及醮仪，从事斋醮活动。《明史纪事本末》说：

（嘉靖）二年夏四月，暖殿太监崔文以祷祀诱帝，乾清诸处各建醮，连日夜不绝。又命内监十余人习经教于宫中。[①]

---

① （清）谷应泰撰《明史纪事本末》卷五十二《世宗崇道教》，中华书局，1977，第783页。

图 2　敕建白云观匾额

明成祖永乐四年（1406），成祖任命倪正道为白云观监院。明宣德三年（1428），太监刘顺捐资修建三清殿，塑造彩妆三清圣像。明宣德十年（1435），宣宗皇帝任命赞正道为监院。明正统三年（1438），赞正道与朝廷合力建造玉皇殿。两年后又复建处顺堂，塑造丘真人像，并营造方丈道舍、厨库钵堂。正统八年（1443），明英宗正式赐匾额"敕建白云观"，赞正道又率领道众在玉皇殿前面修建衍庆殿，供奉真武大帝；建四帅及山门；在山门外建棂星门。这样就把原来基础狭窄，不成规模的白云观扩大了。在观的四周圈上围墙，墙内墙外植树造林，使白云观绿树成荫，金碧辉煌中展露满园春色。

明正统十二年（1447）八月十日，明英宗朱祁镇御赐道经5350 卷，总计 480 函给白云观。然而此时，白云观一些老的殿堂略有倾覆，惹得明代诗人聂大年在参拜白云观后咏道：

蕊宫琪树罢栖鸾，空有元都太古坛。

野老不寻餐玉诀，山人自制切云冠。

杖龙化去秋池竭，笙鹤归来夜月寒。

前度刘郎真好事，种桃留与后人看。①

明景泰七年（1456），高道邵以正修建七真殿和十八宗师殿，规格为三殿三楹，内塑丘长春彩妆像，并在殿内墙壁四周彩绘十八宗师像。对于此段修建历史，《日下旧闻考》中引用李得晟《长春殿增塑七真仙范纪略》说：

白云观旧有处顺堂，创自元未混一时，清和尹宗师藏厥师长春丘真人仙蜕于下，封土为冢，构此为覆者也。景泰丙子，我师祖通妙邵真人撤堂拓地，备勒贞珉。得晟于正德四年（己巳）拜谒祠下，睹檐牖脱落，日就倾圮。思继先志，召匠鸠材，以坚易朽，补缺为完，比昔加壮丽焉。复命匠氏埏埴增仙像六躯，通原像为北派七真也。其东坐西向坐，首则丹阳先生马钰，次则长真先生谭处端，又次则长生先生刘处元（玄）；西坐东向者有玉阳先生王处一，广宁先生郝大通，清静散人孙不二，次序悉与东坐相匹。惟中乃长春先生丘处机者是也。七真各有赠号，本元世祖至元六年之所赐。旧壁图绘十八大师像及五真人像，第恐后人莫可辨识，遂订野史，得随师西域弟子，谓赵道坚、宋道安、尹志平、孙志坚、夏志诚、宋德芳、王志明、于志可、张志素、鞠志圆、李志常、郑志修、张志达、孟志

① （清）于敏中等编纂《日下旧闻考》卷九十四《郊坰》，北京古籍出版社，1985，第1585页。

稳、綦志远、何志清、杨志静、潘得冲数子耳。若夫原阳
赵真人受北派金丹之传者，及门受业也。长春刘真人封号
相类，异世同符者也。至如通妙邵真人，普毅杜真人，下
及得晟，滥厕妙应真人，皆嗣派云孙蒙其余泽者也。绘形
于群师之后。正德十一年岁次壬辰。[①]

文中赵真人即元代高道赵原阳；刘真人即元末明初高道刘
渊然，为赵原阳的徒弟，道教正一天师张宇初的师父；邵真人
即邵以正，为刘渊然的徒弟，于明正统年间（1436～1449），任
左正，统领京师道教事。

景泰年间（1450～1457），白云观经过修复后又面临倒塌。
弘治七年（1494），宦官司礼监张诚提倡修葺白云观，得到了
明孝宗的批准。于是经过两年时间的修缮，大功告成。进士赵
士贤撰写碑文说：

　　长春真人在元世应召至燕，委蜕于今白云观。国朝太
宗文皇帝慨其为古迹，命工修殿宇，俾之壮丽。且于真人
诞日亲幸其地，而仁宗昭皇帝亦尝幸焉。故兹观之盛，倍
于彼时。都城内外观址以千数，白云观实为称首。宣德三
年，太监刘顺捐金重建三清大殿。正统三年，住持正道募
内臣曹铨、惠安伯张升辈，又建玉皇阁、处顺堂及厨库、
钵堂，统若千间，而规模宏且远矣。岁久日就倾圮。今钦
差镇守云南特赐蟒衣玉带印绶司礼监张公诚，复倡率诸勋

---

① （清）于敏中等编纂《日下旧闻考》卷九十四《郊坰》，1985，第1582～
1583页。

戚中贵之轻财好义者，各捐资大加修葺，规制虽仍其旧，而栋榱之坚好，焕然一新，实有非旧比者。功始于弘治甲子春正月，告成于正德丙寅年冬十二月，壮丽宏伟，虽章华、阿阁弗如也。矧左拱天府，右控西山，南带卢沟，北枕西湖，登临瞻顾间，气象万千，阆风披拂，即蓬莱之真境，未必过之。夫天下之事，有所因则易以兴，无所继则易于废，此固势也。其兴而不废，盖必维之有其人也。今白云观以丘长春而始盛，我太宗、仁宗宠嘉之，而益盛传至今，修之者至再，又有张公诸君以为之继，俾之愈久愈新，则由今及千百载之后，又安知不有如张公辈者出于其间乎？是固知兹休之无穷也。余非幸绵延而与吾道并两间也，盖丘氏既往，灵气尚在。人每谓其有祝国裕民之证，幽冥之祭，殆亦不为无功，此固有关系国家之大者，而我先帝优遇之意，尤不使其泯泯无传焉，诸君所以修建，与夫将来同志者之意，亦必有出于此矣。户部员外郎宗器张先生代求余文为记，因以是书之，俾勒诸石。[①]

明朝衰落后，白云观也随之衰微，殿宇倾圮。

> 平野尚崇阜，寒烟拥榛芜。
>
> 凄然狐鬼窟，曩为真人居。
>
> 琳宫御赐额，延访宠数殊。

---

① 北京白云观元辰殿前西碑《白云观重修碑》，碑额：长约 78 厘米，宽约 26 厘米；碑身：高约 161 厘米，长约 76 厘米，宽约 24 厘米；碑座：高约 50 厘米，长约 93 厘米，宽约 46 厘米；书体：楷体；撰人：赵士贤；书人：刘诚印；年代：正德元年丙寅年（1506）冬十二月。

徒众聚如林，世握黄金符。

院宇何年颓，遗迹犹胜区。

我来恣骋眺，意与浮云舒。

秋风正萧索，怀古一长吁。

试问缑山鹤，窈茫今有无？①

此诗为明朝诗人黄凤翔所写。有关黄凤翔事迹，《明史》卷二百十六，《列传》第一百四中有传。

第三节　白云观修葺纪实

清康熙四十五年（1706），颓废的白云观在住持王常月的主持下进行了重修，修建了棂星门、山门、窝风桥、旗杆、钟鼓楼、灵官殿、玉皇殿、七真殿、长春殿、三清殿、四御殿、东西道院、寮房道舍，整个道观焕然一新。康熙皇帝见后十分高兴，御书"驻景长生""琅简真庭""葆素含元""紫虚真气""得一以清""大智宝光"牌匾，分别悬挂于七真殿（老律堂）、玉皇殿、斗姆殿中。后来，乾隆皇帝还御书"万古长生不用餐霞求秘诀，一言止杀始知济世有奇功"楹联，悬挂于丘真人殿中，以赞扬丘长春真人的伟大功德。

光绪十三年（1887），住持高仁峒募资修缮白云观西院吕祖殿，盖以黄琉璃瓦，成为观中最华丽的殿堂。

光绪十五年（1889），受父亲王海甫子江临危之遗命，京西耆公英舫、全公颐斋二人捐资修缮纯阳祖师殿、八仙殿及东

---

① 白云观窝风桥西侧《重修白云观碑》。

西庑廊，贴金彩绘，配以陈设。

光绪十六年（1890），白云观刘诚印大师联合各大护法，筹集资金，选材择匠，在观后中间修筑戒台，四周建以游廊，对面修建云集山房，左右各建假山一座，上建亭阁，名为妙香亭和有鹤亭。

清末，时任白云观住持的陈明霦见观内殿堂有毁败的趋势，于是与杨嘉训、余第祺合计，在观前竖立两杆悬旗，请乐砥舟彩绘山门和牌楼，请嵩佑亭彩绘甲子殿和子孙殿，请杨嘉训彩绘斗姆阁和长生、真武、邱祖、灵官四殿。并与袁俊亭总戎、嵩佑亭都护、乐砥舟都察、张彬舫护卫一同修窝风桥和甘雨桥。整个工程从1920年初春一直修到1922年秋天。

1949年10月1日，中华人民共和国宣告成立，位于首都北京的白云观在宗教信仰自由政策的指引下，经过社会主义改造后，很快融入社会主义新生活。1956年，全国道教界爱国人士岳崇岱、易心莹、刘之维、杨祥福、乔清心、汪月清、陈撄宁等筹备成立"中国道教协会"，商议决定会址设在白云观。是时，北京市人民政府批准成立"中国道教协会筹备委员会"的请求，拨出专款来修复白云观，负责修缮工程的便是"北京市佛道教寺庙管理组"副组长刘之维道长，他和白云观道众为此付出了辛勤劳动。1957年4月，中国道教协会在修葺一新的白云观挂牌成立，举国道众无比喜悦，聚集白云观并举行了隆重的庆祝道场。

白云观在"文革"中受到了很严重的冲击，1978年，党的十一届三中全会召开，否定了"文革"中对白云观错误的做法。1979年，国务院宗教事务局正式开展工作，找回了先前中国道教协会研究室的研究人员王伟业、周蔚华、李养正、刘厚祜，联合王宜峨、王沐等，在白云观成立"道教研究组"，对白云观原先遣散道士进行了追踪调查，请回了原中国道教协会副会长黎遇航道长，原白云观当家刘之维道长。然后着手规划修缮白云观。1980 年，中国道教协会召开了第三次全国代表大会，选举了以黎遇航为会长、王伟业为秘书长的领导班子，会议决定把白云观建成道教教务中心、道教文化研究中心、道教典籍文物陈列中心和道教教育中心（成立道教学院），并确定刘之维道长为白云观监院，负责白云观的修缮工作。于是从1981 年起，到 1983 年止，白云观进行了大规模的修葺。在原有工程的基础上，为防寒保暖，在甬道下铺设暖气管道，全部房间安装了暖气片。在山门和棂星门之间，拆除了原来的平房，建成了两排古建筑殿宇式殿房，使影壁、棂星门、山门，新建殿房交相辉映，使白云观前脸部分显得巍峨壮观，生机盎然。主体工程修复竣工后，紧接着对各殿堂进行了装饰布置、神像归位和庭院绿化，使白云观这座古老的道观又以崭新的面貌呈现在世人面前。

　　1998 年，为迎接国庆五十周年和新世纪的到来，向世界展现白云观新风貌和道教新气象，中国道教协会第六届领导班子和白云观新当选的"民主管理委员会"，决定对白云观进行全面大规模的、根本性的修葺。经过多方筹措善款，工程从开工到竣工历时两年，到 2000 年 10 月 15 日正式竣工。对所有危旧殿堂进行拆除按原样重建，对毁灭的古迹，依据史料记载进行了恢复重建，对较完好的殿堂进行了修饰，成为近百年来最认真、规模最大、耗资最多、质量最好的维修工程。为此，中国道教协会还在白云观四御殿院内举行了隆重的竣工庆典和白云观第二十三代方丈谢宗信升座仪式及新塑神像开光活动，海内外嘉宾、游客、信众竞相贺礼，展现盛世盛典的热闹景象。

经过修缮后的白云观建筑规模宏大，布局合理，错落有致，古朴端庄，分为东、中、西三路建筑。

一 中路建筑

中路建筑有照壁、牌楼（棂星门）、山门、灵官殿、玉皇殿、老律堂、邱祖殿和三清阁等殿堂。

（一）照壁

照壁为山门外面对山门的墙壁，又名影壁，为十方丛林宫观的起点建筑，可以起到藏风聚气和辟邪的作用。白云观照壁上嵌有"万古长春"四个绿色琉璃大字，它出自宋末元初大书法家赵孟頫之手。

图 3 照壁

（二）牌楼

牌楼原为棂星门，也称"睹星门"，是道观中道士观星望气之所。原来门两边有供观象的楼阁式建筑，称为"观"；后来棂星门演变为牌楼，已失去了原来观象之作用。此牌楼修建于明正统八年（1443），为四柱七层、歇山顶建筑。牌楼正面上方匾额题"洞天胜境"，背面题"琼林阆苑"，均指称白云观为人间仙境、风水宝地。

图4　白云观牌楼

（三）山门

　　山门是道教庙宇的大门。因庙宇多建于深山老林中，故名。大型宫观的山门多为三个门的建筑，这样既符合对称的建筑格局，又以喻示"三界"。道教认为只有进了"山门"，跳出"三界"，方才称得上真正的修道之士。白云观山门即为三扇门，东门称为龙门，西门称为虎门，中间的门为空门。信众和游人一般从龙门进，从虎门出，中间的门为出家人进出之门，意为遁入空门，代表出家超凡脱俗。白云观山门正中上方有一块题有"敕建白云观"的匾额。山门中间之门左侧券门和山门西侧扉墙根上各有一只小石猴，连同雷祖殿前西侧碑座上的石猴共计三只。形成"铁打白云观，三猴不照面"的俗语。"铁打白云观"即指明英宗赐给白云观的用生铁铸造的这块"敕建白云观"的匾额，"三猴不照面"即指三只石猴不在同一个位置。

至于石猴的来历与当年丘处机西行面觐成吉思汗有关，为了解决路途单调苦乏的问题，丘处机除携十八宗师外还带了三只顽皮的猴子前往，后来猴子均在回归的途中老逝，令丘处机十分怀念，所以在修缮白云观的时候为了纪念这一事情，便在山门和碑座上镌刻了三只小石猴。

图5　白云观山门

（四）华表

华表为道教宫观装饰建筑，位于山门前两侧，起计时和装饰作用。其亦表示与世俗的分界，入则出尘，出则入世。华表顶端各端坐着一只望天犼。传说望天犼为龙王的儿子。在古代中国民间，望天犼一般作为镇墓兽出现，皇亲贵族的墓里一般都用望天犼的造型来镇墓、辟邪。望天犼在百姓心中，就是一种吉祥、美观、威武、雄壮、不可欺凌的形象。天安门城楼前的华表最顶端的承露盘上蹲立着的神兽就是"望天犼"。其城楼内侧的石犼面向北方，正对着紫禁城，称为"望君出"，外侧的石犼面向南方，称为"望君归"，被老百姓视为上传天意，下达民情。

图 6　华表

（五）石狮

　　石狮在山门的两侧。狮为百兽之王，放在门前以示神威。东边是雄狮，左蹄下踏一"绣球"，俗称狮子滚绣球，象征混元一气和无上的神权及财源滚滚来；西边为雌狮，右蹄下踏一只小狮，俗称"太狮少狮"，象征道门昌盛，弟子兴隆。

图 7　窝风桥、灵官殿

（六）窝风桥

窝风桥是进入山门后的一座南北走向的单孔石桥。桥身、桥面为叶青石所砌。桥栏采用精美的汉白玉雕刻而成。然而，桥下没有滚滚的流水，也没有深潭，是一座名副其实的旱桥，名为"窝风桥"。窝风桥始建于清康熙四十五年（1706），后遭毁坏，1989年重建。原有两位道长相背盘坐于桥洞下修炼，有好事者以为道长化缘，遂用铜板掷向道长，由于道长修炼功夫高深，铜板怎么也不会打着道长。今桥下两侧各悬挂一枚古代铜钱模型，上有"钟响福兆"四个字，钱眼内系一小铜钟。人们向钱眼投掷铜钱（现今用铁片代替），若是击响铜钟，则是大吉大利之兆。这一活动称为"打金钱眼"，也已成为北京春节民俗活动之一。其实修建窝风桥的最初目的是担心白云被风吹散，以桥窝风，永葆白云观香火绵延。

（七）灵官殿

灵官殿始建于明英宗正统八年。明代宗景泰七年（1456）重修，清康熙元年（1662）再修。殿内主祀道教护法尊神王灵官。道教有众多护法神，王灵官就是地位最高的一位护法神，亦称"王灵官元帅""豁落火车王灵官""玉枢火府天将王灵官""隆恩真君"。王灵官的师承为萨守坚（《明史》中叫"萨坚"，《搜神记》中叫"萨守坚"，今从《搜神记》）真人。《明史》记载：

　　崇恩真君、隆恩真君者，道家以崇恩姓萨名坚，西蜀人，宋徽宗时尝从王侍宸、林灵素辈学法有验。隆恩，则玉枢火府天将王灵官也，又尝从萨传符法。永乐中，以道士周思得能传灵官法，乃于禁城之西建天将庙及祖师殿。宣德中，改大德观，封二真君。成化初改显灵宫。①

此记载表明，王灵官曾师从西蜀道士萨守坚，受道符秘箓，是道士林灵素的再传弟子。明朝永乐年间（1403~1424），有个名叫周思得的道士，因为会使王灵官元帅的法术，声名显赫于京师。明刘侗、于奕正《帝京景物略》卷四《显灵宫》条载："永乐中，道士周思得行灵官法，知祸福先，文皇帝数试之，无爽也。"以至"招彁被除，神鬼示魅，逆时雨，□灾兵，远罪疾"，无所不能。② 于是永乐皇帝为王灵官在禁城之西建天将庙及祖师殿，以祀萨真人和王灵官，里面塑二十六天将，以王灵官为首。不久，永乐皇帝便得到了一个世传的灵官藤像。藤像分量很轻，永乐皇帝将其放入寝宫，崇礼朝夕，如对宾客。后来，永乐皇帝雄武而有韬略，征战一生。

根据《搜神记》记载，王灵官本名王善，与崇恩真君萨真人之间先有仇，后在他寻仇的过程中却被萨真人高超的功行所折服，从而成为其部将。

（萨真人）继至湘阴县浮梁，见人用童男童女生祀本处庙神，真人曰："此等淫神，好焚其庙！"言讫，雷火飞空，庙立焚矣。真人至龙兴府江边濯足，见水有神影，方面黄巾金甲，左手拽袖，右手执鞭。真人曰："尔何神也?"答曰："吾乃湘阴庙神王善，被真人焚吾庙后，今相随一十

① （清）张廷玉等撰《明史》第5册，中华书局，1974，第1309页。
② 参见（明）刘侗、于奕正《帝京景物略》，北京古籍出版社，1983，第176页。

19

二载，只候有过则复前仇，今真人功行已高，职隶天枢，望保奏以为部将。"真人曰："汝凶恶之神，坐吾法中必损吾法。"庙神即立誓不敢背盟，真人遂奏帝授职。①

明清以来，全国各地建立了许许多多的灵官庙，很多道教宫观还专门修建了灵官殿，塑造了形象不尽相同的灵官像。其中最有名的造像是北京白云观、天津娘娘宫、武汉长春观、苏州玄妙观以及武当山元和观中的灵官。最有趣的是，湖北武当山有"五百灵官"之说，在天乙真庆宫（又叫南岩石殿）内，环列着五百尊铜铸饰金的灵官像，高近尺许，神态各异。据《太和山志·圣迹》记载，净乐国王太子（即后来的真武大帝）在武当山修炼时，国王思念太子，令大臣率五百众，至南岩传启王命，部众忽僵仆不能举，同声告曰："愿从太子学道。"②于是俱隐山中，太子成仙后，五百众皆登仙道。后来遂造五百灵官像供祭祀用。此外，由于王灵官曾被封为"玉枢火府天将"，人们又把他看成火神，所以有的灵官像就是一副火神的模样，火神庙中也供奉着灵官。

道经中一般说王灵官是宋徽宗时的王善，但有的也说是唐太宗时的王恶。《三教源流搜神大全》卷四，说他"字秉诚。父讳臣，早逝，母邵氏，遗胎而生帅于贞观丙申年七月庚申日申时。帅幼孤不读，有膂力，性刚暴质直。市中有不平者，直与分忧。锄硬挞横，国人服其公，且惮其武"③。据传他曾经焚烧一座被江怪所占的古庙，忽然怪风大作。适值萨真人托药瘟

---

① 《道藏》第36册，第267页。
② 《道藏》第19册，第572页。
③ 宗力、刘群：《中国民间诸神》，第764页。

而来，遂作法反风而灭妖，境界以安。玉皇大帝封他为豁落王元帅，赐金印，掌监察之职。他三只眼睛耀天地，手执金鞭巡世界，身披金甲显威灵，司天上、人间纠察之职，统领百万神将神兵，能走火行风、穿山破石、飞腾云雾、祈晴祷雨、镇妖伏魔、至刚至勇，还能治病祛邪，收瘟摄毒，普救生灵，法力无边，因此为镇守山门的护法神。老百姓赞之曰："三眼能观天下事，一鞭惊醒世间人。"如今灵官殿内灵官像为明代木刻雕像，高约为 1.2 米，比例适度，雕造精美；红脸虬须朱发，三目怒视，金甲红袍，绿靴风带，左手掐灵官诀，右手执金鞭，足踏风火轮和祥云，形象栩栩如生。其左边殿壁上为赵公明和马胜之纸本画像，右边为温琼、岳飞之画像，兼工带写，白描淡彩，勾勒铁线遒劲流畅，清新脱俗，具有文人画风，生动地表现了这四大护法元帅刚正威猛的形象，为清代神像画中少有之佳作。

（八）玉皇殿

玉皇殿始建于明英宗正统三年，清康熙元年重修，原名"玉历长春殿"，康熙四十五年改为今名。乾隆五十三年（1788）又改建。今殿内奉祀玉皇大帝。究其名号，据《玉帝圣号同异考》说：

玉帝圣号，崇自浩劫前，中古复尊上，重称赞耳。世主好道，感玄恩，各就所见闻，所皈重，事与时会，功以世显，随其彰著，人人共睹听者，敬上诸神之号，以定称谓。玉帝有四：一太微玉帝，汉武帝上太微垣星主号也；二梵天玉帝，汉宣帝上天市垣帝主号也；三焰华少微玉帝，汉哀帝上先天定位号也；四紫极玉帝，汉光武上后天乾号也。皆非此玉帝。此玉帝号昊天金阙无上至尊自然妙有弥罗至真玉皇上帝，又曰玄穹高上玉皇大帝，是帝宰诸天，永不毁沦。①

图8　玉皇殿

　　究其信仰，源于古代宗教，古时即有支配日、月、风、雨等自然变化和人间祸福、生死、寿夭吉凶等人生命运的最高神"帝"和"上帝"的说法。西周以后又称"皇天""昊天""天帝"等。南朝时陶弘景《真灵位业图》中已有"玉皇道君""高上玉帝"的称呼，排列在玉清三元宫右边第十一和第十九的位置。隋唐时，"玉皇"信仰普遍盛行，唐代著名诗人白居易的《梦仙》中就有"仰谒玉皇帝，稽首前致诚"的诗句。诗人元稹《以州宅夸于乐天》中亦有"我是玉皇香案吏"之句。大约在唐宋之际成书的重要道经《高上玉皇本行集经》详细叙述了玉皇的出身和来历：很久以前，有个光严妙乐国，国王净德和王后宝月光老年无子，于是令道士举行祈祷。王后梦到太上道君抱一婴儿赐予她，梦醒后而有孕。怀胎一年，于丙午岁

————————

①　《道藏》第34册，第631~632页。

正月九日午时诞太子于王宫。太子长大后继承王位，不久舍国去普明香严山中修道，功成超度。他经过三千劫始证金仙。又超过亿劫，始证玉帝。[①]

宋真宗大中祥符八年（1015），尊玉皇上帝圣号为"太上开天执符御历含真体道玉皇大天帝"。宋徽宗政和六年（1116），又尊玉皇尊号为"太上开天执符御历含真体道昊天玉皇上帝"。道教认为，玉皇大帝总统三界、十方、四生、六道的一切阴阳祸福，是诸天之帝，仙真之王，圣尊之主，掌万天升降之权，司群品生成之机。为圣中最尊，神中最贵，诸佛圣师，万天帝主，众圣之王。所以有"元始为三教之首，玉帝为万法之宗"及"天上有玉帝，地下有皇帝"的说法。玉皇身着九章法服，头戴十二珠冠旒，手捧玉笏，端坐龙椅，统辖天神、地祇、人鬼。神龛前及两边垂挂着许多幡条，上面绣有许多形体颜色各异的篆体"寿"字，一共是一百个，故称为"百寿幡"。这是清朝慈禧太后六十大寿时，为祈求玉帝保佑身康体泰，延年益寿而赐赠白云观的供品。左右两侧的六尊铜像均为明代万历年间所铸造，他们是玉帝阶前的张道陵、葛玄、萨守坚、许逊四位天师和二位侍童。殿壁挂有南斗六星、北斗七星、三十六帅、二十八星宿的绢丝工笔彩画共八幅，均为明清时代佳作。

（九）老律堂

老律堂原名七真殿，因清代高道王常月祖师曾奉旨在此主讲道法，开坛传戒，求戒弟子遍及大江南北，道门玄风为之一振，后世为纪念道教史上这一中兴时期，便改名为"老律堂"。"律堂"即传授戒律之殿堂。殿内供奉全真派七位阐道弘教祖

---

① 参见《道藏》第 1 册，第 697 页。

师，中座为丘处机，左座依次为刘处玄、谭处端、马丹阳，右座依次为王处一、郝大通、孙不二。丘处机、刘处玄、王处一的道行事迹在后文中有详细介绍，下面介绍谭处端、马丹阳、郝大通、孙不二。

图 9　老律堂

图 10　老律堂中王处一像

1. 谭处端

谭处端，名玉，字伯玉，金代宁海（今山东牟平）人。生于金太宗天会元年（1123）三月初一日。生即仙骨附身，六岁坠井中而浮于水上，后卧于海水中而神情自若。既入学，聪慧敏捷，同龄之人莫能及之。十岁即能赋诗，一日诗兴大发，手指葡萄架，颂曰："一朝行上青龙架，见者人人仰面看。"略见其志向远大。其于世倜傥不修边幅，以孝义著称。其为学，于经史百家无不涉猎，尤工于书法。因醉卧风雪中而受风痹，瘫卧于榻，四处求医，毫不见效，遂于室中求于北斗，忽大梦一场，顿悟一心奉道，才是正果，于是决心向道。

图 11　老律堂中谭处端像

适逢王重阳自终南山来宁海传教，时为大定七年（1167）七月，王重阳居于马丹阳为其修建的"全真庵"中。谭玉闻讯后，即拄杖求谒，祈求治疗仙方。重阳终日闭门不见，谭玉只得苦守门外，昼夜不移，据说门忽自开，重阳大喜，说是"仙缘"所契，乃召之留宿庵中，夜同衾共寝，重阳令之展抱其足。顷刻，谭玉顿觉浑身流汗，如卧蒸笼，比及拂晓，下床视之，旧病痊愈。遂求王重阳收其为弟子，终身侍奉于左右。重阳欣然允之，授之以四字秘诀，赐法名曰处端，字通正，号长真子。

金大定八年（1168），处端弃家别妻，开始了他的云游生涯。其隐居昆嵛山，居延真（道观），抵汴梁（今河南开封），宿王氏旅舍。大定十年（1170）王重阳羽化于汴梁，处端与马丹阳守孝三年。大定十四年（1174）之后，隐遁于河南伊洛间，承师志，弘全真教义，精心布道，一时名震京洛。

大定二十三年（1183），马丹阳飞升后，谭处端掌教于全真道。他与其徒努力修行，共振道业，继承并发展了全真道思想，形成全真道中的"南无派"，拥有杨理信、胡玄宗、马微善、刘至洞、周妙超、陈仙后、朱立刚、许去乾等一大批传人。谭处端十分重视全真道思想的宣传，劝诫人们断恩爱缠绵，出家修行，称人生短暂，终日为名利劳碌奔波，身陷苦海，于身不利。

处端修道，主张内丹，不崇符篆烧炼，大略以识心见性，去情绝欲，忍辱含垢，苦己利人为宗。通过清静无为，明心见性来修炼成真。他指出人心之所以被蒙蔽，本心之所以不明，是人在一切境上产生了贪、嗔、痴三种毒孽，只有消灭各种不纯意念，才能最终解脱，"轮回生死不停，只为有心"，"若一念不生，则脱生死"。[①] 他主张修道之人除情割爱，挫锐削强，

---

① 胡道静等选辑《道藏要籍选刊》第6册，上海古籍出版社，1989，第326页。

降伏灭尽不善之心。其方法是清静无为，若十二时中念念清静，就会"自然神气冲媾冲和"，得见"父母未生时其性本来面目"。故曰："朝昏懒慢修香火，十二时中只礼心。"①

谭处端主张忍辱负重。据载，大定十五年（1175），他乞食于磁州二祖镇，一狂徒问曰："尔从何来？"遽以拳击其口，致血流齿折，而容色不变，吐齿于手，舞跃而归于中。见者咸怒，欲使讼于官。处端却谢他"慈悲教诲"，故马丹阳在关中赞曰："一拳消尽平生业。"

谭处端承全真教风，主张道、儒、释三教合一。他从中吸收儒家文化，受儒家思想所感染，入道后遂将儒家思想融入道家思想中，形成了自己的思想体系。他在劝人出家修道的同时，也劝人尽忠尽孝，如谭处端《水云集》曰："内侍媚亲行孝道，外持真正合三光。常行矜悯提贫困，每施慈悲挈下殃。"② 同时他也不排斥佛教思想，云："认取自家心似佛，何须向外苦周游。"③"三教由来总一家，道禅清静不相差，仲尼百行通幽理，悟者人人夸彩霞。"④

这些思想大都见于《水云集》中。大定二十五年（1185）乙巳四月初一日，处端东首面南枕肱而逝，时有仙鹤舞于庭，世行六十有三。

元世祖至元六年（1269）春正月赠封为"长真水云蕴德真人"，武宗加封为"长真凝神玄静蕴德真君"。

---

① 胡道静等选辑《道藏要籍选刊》第 6 册，第 326 页。
② 胡道静等选辑《道藏要籍选刊》第 6 册，第 326 页。
③ 胡道静等选辑《道藏要籍选刊》第 6 册，第 326 页。
④ 胡道静等选辑《道藏要籍选刊》第 6 册，第 326 页。

2. 马丹阳

马丹阳，原名从义，字宜甫，后更名为钰，字玄宝，号丹阳子，人称"丹阳真人"，山东宁海（今山东牟平）人。其母孕时梦见麻姑赐丹一粒而吞之，觉而分娩，时为金太宗天会元年（1123）五月二十日子时。生时体有火色，七日方消，手握双拳，百日乃舒。自幼诵读儒经，年弱冠而能歌赋。然其不溺功名，尤喜针灸疗法。父甚爱之，让其看管家中库存的财物。丹阳常施之以济人而无私心，得轻财好施之名，同时，对道家思想亦颇感兴趣，儿时就能诵乘云驾鹤之语，梦从道士登天；及长，亦愿学长生不老之术，喜诗好酒，怡然自乐而不屑于世务。他曾自赋云：

> 抱元守一是功夫，懒汉如今一也无。
> 终日衔杯畅神思，醉中却有那人扶。[1]

乡人皆不解其意。金大定七年七月，王重阳自终南山来宁海传播全真道，见面一句："路远数千，特来扶醉人。"[2] 令丹阳大吃一惊，遂拉妻子孙不二拜于王重阳足下，以王重阳为师，出家资为其筑庵，名曰"全真庵"。从此，入道者皆称"全真道士"，全真道正式建立。此后，王重阳授金丹秘诀、仙道方术给丹阳，使其渐渐得道。一日，重阳欲携其西游，丹阳初为家事所累，难以下定决心，经王重阳不断开化，遂以家资付与儿子庭珍等，与王重阳偕为水云之游。

---

① 《道藏》第 5 册，第 418 页。
② 《道藏》第 3 册，第 353 页。

据说，丹阳梦中作诗曰："烧得白，炼得黄，便是长生不死方。"① 重阳遂更其名曰钰，字玄玉，号丹阳子。丹阳追随王重阳，先居昆嵛山烟霞洞，次居文登苏氏庵，又居宁海金莲堂，后达汴梁（今河南开封）王氏旅社。大定十年王重阳羽化，丹阳集资将其遗蜕葬在京兆（今陕西西安）刘蒋村，筑庵居三年，"修真功，积真行。服纸麻之服，食粝粮之食。隆冬祁寒，露体跣足，恬然不之顾，唯一志于道"②。孝满，丹阳东归宁海，矢心向道，遂往来于京兆、山东间布教传道。

丹阳守道，安贫慈下，不用人一钱，不接人一物。世人赞曰："启迪全真，发挥玄教者也。"③ 丹阳待人接物谦虚谨慎，广收弟子，认真布道，努力弘扬道教之真精神，将王重阳创建的全真道进一步弘扬光大，"其安心定性则清虚淡泊，其接物导人则慈爱恺悌，由是远近趋风，士大夫争相钦慕而师友之"④，于是全真道"遇仙派"诞生了，丹阳遂成为全真道遇仙派的创始人。他度化了于志道、李大乘、杨明珍、曹瑱、刘真一、李志远、李道谦、孙德或等一大批弟子。其著述有《洞玄金玉集》《丹阳神光灿》《渐悟集》，以及由其弟子王颐中收集编辑的《丹阳真人语录》。

因其对后世的影响，元世祖至元六年，封其为"丹阳抱一无为真人"，元武宗加封为"丹阳抱一无为普化真君"，世称"丹阳真人"。

---

① 《道藏》第 5 册，第 419 页。
② 《道藏》第 19 册，第 727 页。
③ 《道藏》第 3 册，第 356 页。
④ 张兴发编著《道教神仙信仰》，中国社会科学出版社、北京中软电子出版社，2001，第 425 页。

3. 郝大通

郝大通，名升，字太古，号广宁，又名璘，金代宁海（今山东牟平）人，生于金熙宗天眷三年（1140）正月初三日。家世为宦族，故富饶。少孤，事母至孝。自幼通读《老子》《庄子》《列子》，犹喜《易经》，洞晓阴阳、律历、卜筮之术。不慕荣仕，禀性颖异，厌纷华而慕淡雅，渐隐以卜筮自晦。

图 12　老律堂中郝大通像

金大定七年，王重阳从关西至宁海传播全真道，见其资禀高古，聪颖不凡，有意感化其出家修道，遂背肆而坐。郝曰："请先生回头。"重阳答曰："君何不回头耶？"郝颇为所动，遂闭卜肆，前往马丹阳南园，求教于王重阳。据《历世真仙体道通鉴》记载，时重阳付之词曰："言下领悟如走万里迷途，一呼知返盖其根本知觉，分上夙有薰染之力故耳。"① 郝恍然大悟，急忙下拜。遂于次年（1168）母逝后，弃尽财物，入昆嵛山烟霞洞师王重阳学道。重阳乃赐之名曰璘，号恬然子，后又更名为大通。时重阳解衲衣去其袖与之曰："勿患无袖，汝当自成，盖传法之意也。"② 大通遂携瓦罐终日乞食于市。

大定九年（1169），马丹阳、谭处端、刘处玄、丘处机四人随王重阳西行传道，留大通与玉阳（王处一）隐居于铁查山云光洞。大定十一年（1171），大通闻王重阳登仙，马、谭、刘、丘已入关，遂西游访之。意与四人共结庐守孝，因处端以"随人脚跟转可乎"之言激之，遂离开终南山刘蒋村。至岐山遇神人授以《易》之大义。大定十五年乙未乞食于沃州，顿悟重阳秘语，涣然开发，遂静坐于石桥下，终日不语，常与小儿辈嬉戏，饥渴不求，寒暑不变，人馈则食，不馈则否。河水泛滥而不动，亦不伤；亲戚看之而不答，亦不收赠，如此者六年，人呼不语先生。如是水火颠倒，阴阳和合，九转还丹之功乃成，遂忻然而起，杖履北游于真定、邢洛间，在滦城经神人授以《易》秘义后，开堂演道，远近常听者达数百人。

于是广招弟子，以度人利物为己任，天下闻名，拥有范圆曦、王志谨、徐志根、张志信、姬志真、孙履道等弟子，形成了华山派。天人之蕴奥，昔贤所未发。大安中（1209~1211），赐号"广宁全道太古真人"。其创立的新道派称为华山派。其著作颇丰，有《三教入易论》《示教直言》《心经解》《救苦经解》《周易参同契简要释义》《太易图》等，今见《道藏》中

① （元）赵道一撰，卢国龙整理《历世真仙体道通鉴》，海南国际新闻出版中心（南方出版社），1996，第1217页。
② （元）赵道一撰，卢国龙整理《历世真仙体道通鉴》，第1217页。

的《太古集》录有《周易参同契简要释义》《周易象图》《金丹诗》等。金崇庆元年（1212）腊月三十日，大通羽化升仙于先天观，行世七十三载。

元世祖至元六年追赐其为"广宁通玄太古真人"，元武宗加封为"广宁通玄妙极太古真君"，世称"广宁真人"。

4. 孙不二

孙不二，名富春，金代宁海（今山东牟平）人。其父为宁海富豪孙忠翊，母夜梦七鹤舞于庭，一鹤飞入怀中而有孕。宋徽宗宣和元年（1119），即金太祖天辅三年（1119）正月五日生不二。不二生而柔淑，真懿之态，挺乎自然；自幼聪颖，及长，贯通礼法；略涉儒家经典，诸子百家之说；喜染墨，好吟咏。其父恋马钰（马丹阳）有真仙之体，遂嫁之。生三子，曰庭珍、庭瑞、庭珪。

图13　老律堂孙不二、郝大通、王处一像

金大定七年七月，王重阳抵达宁海，筑全真庵于南园，不二与其父及马丹阳终日侍于左右，渐悟分梨十化之奥，师从王重阳潜心修道。重阳遂赠以法名不二，号清静散人，授以天符灵箓秘诀。大定九年冬，马、谭、刘、丘随王重阳西游汴梁（今河南开封）等地。

不久，王重阳羽化登仙，大定十二年（1172）壬辰，马、谭、刘、丘负枢归终南刘蒋村，不二闻之，迤逦西迈，穿云度月，卧霜踏雪，毫不叫苦，所及之处皆大力宣传全真道思想。大定十五年夏，抵蓬莱宅中，得与丹阳相见，同契玄机。后出关游洛阳，居凤仙姑洞，广招门徒，弟子如云，遂开创了道教全真道之清静派。①　其著作有《孙不二元君法语》《孙不二元君传述丹道秘书》等。

金大定二十二年（1182）十二月二十九日，不二沐浴更衣后，趺坐而化，时彩云浮空，仙乐缭绕，香风散漫，瑞气氤氲。元世祖至元六年追赠为"清静渊真顺德真人"，元武宗加封为"清静渊真玄虚顺化元君"。

全真七子继承全真道业，竭力阐道弘教，对全真道的传播和发展做出了重大贡献，功行圆满名列仙班，被后世尊为"七真"。老律堂殿内正中悬挂一块金匾，上题"琅简真庭"四字，为康熙帝御笔，其意指这里是诵经演教的祖庭。

（十）邱祖殿

邱祖殿为白云观建筑的中心，原为长春宫下院。始建于1228 年，即拖雷监国时，原名"处顺堂"。一说始建于明英宗正统八年，曾名"衍庆殿""贞寂堂"。明代全真龙门派后裔改为专祀丘处机祖师。

丘处机，字通密，号长春子，元代山东登州栖霞人，生于

---

① （元）赵道一撰，卢国龙整理《历世真仙体道通鉴》，第 1238 页。

图 14　邱祖殿

金皇统八年（1148）正月初九日。他自幼敏捷聪慧，博而高才，气宇轩昂，举止高雅。其年未弱冠，志慕玄风，十岁出家，十九岁入道，二十岁于昆嵛山栖霞洞拜王重阳为师。大定九年王重阳羽化后，他随师兄马丹阳等护灵柩守孝三年。大定十四年，他与马、谭、刘在陕西鄠县（今陕西鄠邑区）秦渡镇真武庙中，月夜各话其志，各表目的及去向。最终以马钰为掌教人留守刘蒋村，谭、刘二人东去洛阳，丘西入磻溪（今宝鸡市附近）而定。

　　丘处机穴居修炼六年后，又迁陇州龙门山潜修七年。此间，他儒经道典无不涉读，尤喜诗歌词赋。他行时一蓑一笠，居则胁未沾席，日乞一食，寒暑不易，苦苦追求着祖师之玄风，很快声名大振，从之者不计其数。大定二十五年，受京兆统军夹谷公疏请丘处机还刘蒋村主持修葺重阳故居，命名为祖堂。此时，全真道已成为北方大教，上显于朝廷，下示于民间。大定二十八年（1188），金世宗问之以保身养命之术，丘答曰："抑情寡欲，养气熙神。"世宗大悦，赐主万春节醮事。不久，丘乞旨还山。

图 15　邱祖殿内邱祖像

金章宗明昌元年（1190），丘处机自陕西东归故里栖霞县，建太虚观居之。章宗末年，赐得《道藏》一部。此间，山东达官贵人，"皆相为友"。金宣宗贞祐二年（1214），蒙古势力进入中原，金被迫迁都汴梁（今河南开封）。不久，山东发生反金起义，金廷派驸马都尉仆散安贞率兵讨伐。时登州、宁海不服，驸马都尉请丘处机前去安抚，"所至皆投戈拜命，二州遂定"[1]。

于是，丘处机声名大振，三廷（宋、金、元）皆相结纳。金、宋诏至，丘皆称病不前。金宣宗兴定三年（1219），远在西域乃蛮国的元太祖成吉思汗派近臣刘仲禄、札八儿持诏奉请。丘处机观天下之势，欣然应命，乃于次年（1220）携尹志平等十八弟子自山东莱州启程西行。他们跋山涉水，栉风沐雨，行经数十国，旅途万余里，终于在元光元年（1222）到达印度大

---

[1]　陈垣编纂，陈智超、曾庆瑛校补《道家金石略》，文物出版社，1988，第457页。

雪山阳坡（今阿富汗境内），历时三年。

成吉思汗举行隆重庆典，于行宫内接见了丘处机，问以治国之方，长生久视之道。丘处机回答，要以敬天爱民为本，清心寡欲为要。① 成吉思汗听后，深有感慨，半载未游猎。据《元史·释老志》曰："太祖时方西征，日事攻战，处机每言欲一天下者，必在乎不嗜杀人。"② 至此，元代统治者停止了野蛮杀戮的行径。成吉思汗呼之为"神仙"，命左右录其所言，命名为《玄风庆会录》。元光二年（1223），丘乞还东归，赐之礼物拒不收，成吉思汗特下诏对全真道减税差役，发给丘金虎牌、玺书，命其掌管天下道教，又派兵士千人护进。

丘处机西游，基本上奠定了全真道在元代兴盛之基础，是全真道史上的大事。回归途中，所及之处迎接者接踵而至达数千人，所居之处门庭若市。丘处机提倡道、儒、释三教平等，著有《摄生消息论》《大丹直指》《磻溪集》《玄风庆会录》《鸣道集》等。元太祖二十二年（1227），丘处机羽化登仙于北京，其遗蜕葬于白云观的处顺堂（今白云观的邱祖殿），四方弟子来会者达万余人。元世祖至元六年（1269）追赠为"长春主道演教真人"，元武宗加封为"长春全德神化明应真君"。清乾隆皇帝赞其曰："万古长生不用餐霞求秘诀，一言止杀始知济世有奇功。"③

由于龙门派祖师丘长春在元代主持白云观，他羽化后又藏仙蜕（遗体）于这里，故后世全真派道徒便尊白云观为龙门祖庭。今殿堂内有纪念丘处机的"瘿钵"和丘处机西行的悬塑。

---

① （明）宋濂等撰《元史》，中华书局，1976，第4525页。
② （明）宋濂等撰《元史》，第4524页。
③ 胡道静等选辑《道藏要籍选刊》第6册，第329页。

（十一）四御殿

四御殿建于明宣宗宣德三年（1428），原名"三清大殿"，奉祀三清。清康熙元年，改建为二层阁楼，上层奉祀三清，下层奉祀玉皇。乾隆五十三年改为今名，上层奉祀三清，下层奉祀四御。

图 16　三清阁四御殿

今殿内中间为玉皇大帝神位，左边为勾陈上宫天皇大帝像和南极长生大帝像，右为中天紫微北极大帝像和承天效法后土皇地祇像，旁边另有木雕侍者立像二尊。

为什么将玉皇大帝的神位供奉于四御的中间呢？因为四御是道教天界尊神中辅佐玉皇的四位尊神，所以又称"四辅"。他们的名称是中天紫微北极大帝、南极长生大帝、勾陈上宫天皇大帝、承天效法后土皇地祇。《修真十书》卷七《丹诀歌》中说："九九道至成真日，三清四御朝天节。"[1]《道法会元》称"三清""四御"为"七宝"，三清是宇宙万物的创造者，四御

---

① 　胡道静等选辑《道藏要籍选刊》第 3 册，第 307 页。

统率天地万神。

此外，四御还协助玉皇执掌天道。南极长生大帝是元始天尊之元神分身，并不是寿星南极老人，协助玉皇执掌和四时气候之神，能呼风唤雨，役使雷电鬼神，亦控制万物祸福生发之枢机，故号都雷教主霹雳伽助天尊，上座掌神霄玉清府号玉清真王，总揽三十二天八区，而号统天元圣天尊；于浩劫中能普济众生，化身九天应元雷声普化天尊，为雷霆神部之根祖，同时位列神霄九宸大帝之首。中天紫微北极大帝协助玉皇执掌天经地纬、日月星辰，又统领北斗等诸星斗，司掌众生寿命祸福，并且在幽冥界化身北阴酆都大帝。

玉皇大帝统辖神界天庭之事，执掌天上枢机总政，总管三界、十方、四生、六道，为万法之王，为天上至尊之神。

图 17　玉皇殿中玉皇大帝像

南极长生大帝全称"高上神霄玉清真王长生大帝统天元圣天尊"，居神霄玉清府，简称神雷玉府，总司雷部，执掌人间年寿性命，位于九霄之上，统理诸天，总领十极之中，宰制万物生化。

图18　四御殿中南极长生大帝像

对于南极长生大帝的来历，有两种说法。

其一，为元始天王长子之说。据道经《高上神霄玉清真王紫书大法·序》载：

昔太空未成，元炁未生，元始天王为昊莽溟津大梵之祖，凝神结胎，名曰混沌。混沌既拆，乃有天地。中外之炁，方名混虚。元始天王，运化开图，金容赫日，玉相如天，陶育妙精，分辟乾坤。乃自玉京上山下游。遇万炁祖母太玄玉极元景自然九天上玄玉清神母，行上清大洞雌雄三一混化之道，生子八人，长曰南极长生大帝。亦号九龙扶桑日宫大帝。亦号高上神霄玉清王。一身三名，其圣一也。①

---

① 《道藏》第28册，第557页。

这位真王，"凝神金阙，思念世间一切众生三灾八难，一切众苦九幽泉酆，一切罪魂受报缘对。浩劫相求，无量众苦，不舍昼夜，生死往来，如旋车轮。我（真王）今以神通力，悯三界一切众生，即诣玉清天中元始上帝，金阙之下，礼请殷勤，乞问紫微上宫紫玉琼蕊之笈，于九霄宝篆之内，请《神霄真王秘法》一部三卷……元始上帝即敕太皇万福真君以《高上神霄玉清王长生护命秘法》传付下世"①。

其二，为元始天王第九子之说。据道经《无上九霄玉清大梵紫微玄都雷霆玉经》称元始天王"第九子位为高上神霄玉清真王长生大帝，专制九霄三十六天，三十六天尊为大帝统领"②。同时，《高上神霄玉清真王紫书大法》卷一《元始八子封职》中对南极长生大帝的神职亦有记载，谓南极长生大帝任"清灵帝君，讳沃洞，字耀神"③。同卷《八帝封号官品职任》中亦称："第一子，任神霄玉清天王，绛霄太平应化道主天帝，遥领东极扶桑太阳九炁君。"④

中天紫微北极大帝为众星之王，协助玉帝总领天经地纬和日月星宿及四时气候，又称"北极紫微大帝""北极大帝""紫微大帝""北极星君"，为四御之一。

中天紫微北极大帝信仰来源于中国古代的星辰崇拜，北极即北极星的简称，又称"北辰""天枢"，居于紫微垣内。金允中《上清灵宝大法》卷四说："北极大帝则紫微垣中帝座是也。按《天文志》云：南极入地三十六度，北极出地三十六度，天

---

① 《道藏》第 28 册，第 557~558 页。
② 《道藏》第 1 册，第 750 页。
③ 《道藏》第 28 册，第 563 页。
④ 《道藏》第 28 册，第 563 页。

图 19 四御殿中的中天北极紫微大帝像

形倚侧。盖半出地上，半还地中，万星万炁悉皆左旋，惟南北极为之枢纽而不动，故天得以运转也。世人望之在北而曰北极，其实正居天中为万星之宗主，三界之亚君，次于昊天，上应元炁是为北极紫微大帝也。"① 《后汉书》卷四十八亦曰："天有紫微宫，是上帝之所居也。"② 故紫微垣即为紫微宫，后来皇帝亦将其居住的地方称为紫禁城。

道教认为北辰是永远不动的星，位于上天的最中间，位置最高，最为尊贵，是"众星之主""众神之本"。因此，对它极为尊崇。《晋书·天文志》称："北极五星，钩陈六星，皆在紫微宫中。北极，北辰最尊也；其纽星，天之枢也。"③ 并以之为

---

① 《道藏》第 31 册，第 370 页。

② （南朝宋）范晔撰，（唐）李贤注《后汉书》，中华书局，1999，第 1617 页。

③ （唐）房玄龄等撰《晋书》，中华书局，1974，第 289 页。

"大帝之坐"①"大帝之常居也"②。唐孔颖达《尚书·说命》中疏曰："北斗环绕北极，犹卿士之周卫天子也，五星行于列宿，犹州牧之省察诸侯也，二十八宿布于四方，犹诸侯为天子守土也，天象皆为尊卑相正之法。"③

至于紫微北极大帝的来历，《玉清无上灵宝自然北斗本生真经》曰："在昔龙汉，有一国王，其名周御，圣德无边，时人禀受八万四千大劫，王有玉妃，明哲慈慧，号曰紫光夫人，誓尘劫中，已发至愿，愿生圣子，辅佐乾坤，以裨造化。后三千劫，于此王出世，因上春日，百花荣茂之时，游戏后苑，至金莲花温玉池边，脱服澡盥，忽有所感，莲花九包，应时开发，化生九子，其二长子，是为天皇大帝，紫微大帝……二长帝君居紫微垣太虚宫中，勾陈之位，掌握符图，纪纲元化，为众星之主领也。"④

道经中称紫微大帝的职能为执掌天经地纬、日月星辰，统率三界星神和山川诸神，是一切现象的宗王，能呼风唤雨，役使雷电鬼神。如《九天应元雷声普化天尊玉枢宝经集注》卷上曰："北极紫微大帝掌握五雷也。"⑤ 因此，紫微大帝受到历代帝王的崇祀，尤其在宋代，常与玉皇大帝一起被奉祀。在重庆大足等地，至今还可见到宋代塑造的紫微大帝神像。《明史·礼志四》载，"正统初，建紫微殿，设像祭告"。⑥ 其形象为帝

---

① （唐）房玄龄等撰《晋书》，第 289 页。

② （唐）房玄龄等撰《晋书》，第 289 页。

③ 李学勤主编《十三经注疏·尚书注疏》，北京大学出版社，1999，第 296 页。

④ 《道藏》第 1 册，第 872 页。

⑤ 《道藏》第 2 册，第 569~570 页。

⑥ （清）张廷玉等撰《明史》卷五十，中华书局，1974，第 1307 页。

王打扮，旁边有威风凛凛的武将护卫，十分高贵威严。紫微大帝的神诞日为农历四月十八日。

图 20 四御殿中的勾陈上宫天皇大帝像

勾陈上宫天皇大帝协助玉帝执掌南北二极和天地人三才，统御诸星，并主持人间兵革权衡，简称"勾陈大帝""天皇大帝"，为道教尊神"四御"中的第三位神。勾陈大帝与北极紫微大帝一样源于我国古代星辰崇拜，《上清灵宝大法》卷四称天皇大帝：

　　乃北极帝座之左，有星四座，其形联缀微曲如钩，是名勾陈，其下一大星，正居其中，是为天皇大帝也。其总万星，位同北极，却为枢纽，而天皇亦随天而转，上应始炁。[1]

---

① 《道藏》第31册，第370页。

其实，勾陈同"钩陈"，是天上紫微垣中的星座名，靠近北极星，共由六颗星组成。《星经》称："勾陈六星在五帝下，为后宫，大帝正妃。又主天子六将军，又主三公。"① 所以，后人又以勾陈为后宫。《晋书·天文志》又称："勾陈六星皆在紫微宫中。……勾陈口中一星，曰天皇大帝，其神曰耀魄宝，主御群灵，执万神图。"②

道教吸纳了这些信仰，称龙汉年间有位国王名叫周御，圣德无边，时人遭受八万四千大劫。国王有一玉妃，明哲慈慧，号曰紫光夫人，誓尘劫中已发至愿，愿生圣子，辅佐乾坤，以神造化。后经三千劫，此王出世，因上春日百花荣茂之时，游戏后苑至金莲温玉池边，脱服澡盥，忽有所感，莲花九苞，应时开发，化生九子，其二长子是为天皇大帝、紫微大帝。二长帝君，居紫微垣太虚宫中勾陈之位，掌握符图纪纲元化，为众星之主领。是说见于道经《玉清无上灵宝自然北斗本生真经》之中。另外，宋代张君房《云笈七签》卷二十四称："璇玑星君，字处行，勾陈水星主之，常陈天之虎贲也。"③ 并列勾陈上宫天皇大帝名目，列为四御之一。

后土皇地祇为一女神，执掌阴阳生育、万物之美和大地山川之秀，简称"后土"，俗称"后土娘娘"。与主持天界的玉皇大帝相配合，为主宰大地山川的女性神。

后土信仰源于中国古代对土地的崇拜。《礼记·郊特牲》曰："地载万物，天垂象。取材于地，取法于天，是以尊天而

---

① 甘德、石申：《星经》，中华书局，2010，第 12 页。
② （唐）房玄龄等撰《晋书》卷十一，1974，第 289 页。
③ （宋）张君房纂辑，蒋力生等校注《云笈七签》，华夏出版社，1996，第137 页。

图 21　四御殿后土皇地祇像

亲地也。故教民美报焉。"① 古代人们生活有赖于地，故"亲于
地"，并加以"美报、献祭"，遂有"后土"崇拜，大约始于春
秋时期。关于后土的记载有很多，大多集中在《左传》《礼记》
《山海经》《淮南子》中，称后土为共工氏之子，为中央之神。

《左传·昭公二十九年》：

> 故有五行之官，是谓五官……木正曰句芒，火正曰祝
> 融，金正曰蓐收，水正曰玄冥，土正曰后土。……颛顼氏
> 有子曰犁，为祝融。共工氏有子曰句龙，为后土。后土
> 为社。②

《礼记·祭法》：

> 共工氏之霸九州岛也，其子曰后土，能平九州岛，

---

① 杨天宇撰《礼记译注》，上海古籍出版社，2004，第 312 页。
② 杨伯峻：《春秋左传注》，中华书局，1981，第 1502 页。

故祀以为社。①

《礼记·月令》：

> 中央土，其日戊己，其帝黄帝，其神后土。郑注："此
> 黄精之君，土官之神也，后土亦颛顼氏之子，曰黎，兼为
> 土官。"②

《山海经·海内经》：

> 共工生后土，后土生噎鸣，噎鸣生岁十有二。③

郭璞注："生十二子，皆以岁名名之，故云然。"袁珂《山
海经全译》案："古神话当谓噎鸣生十二岁或噎鸣生一岁之十
二月。"④

《山海经·大荒西经》：

> 黎（后土）下地是生噎，处于西极，以行日月星辰之
> 行次。（此噎鸣，盖时间之神也。）⑤

《山海经·大荒北经》：

---

① 杨天宇撰《礼记译注》，第 604 页。
② 杨天宇撰《礼记译注》，第 195 页。
③ 周明初校注《山海经》，浙江古籍出版社，2002，第 250 页。
④ 袁珂译注《山海经全译》，贵州人民出版社，1999，第 348 页。
⑤ 周明初校注《山海经》，第 226 页。

大荒之中，有山名日成都载天。有人珥两黄蛇，把两黄蛇，名日夸父。后土生信，信生夸父。①

郝懿行案："后土，共工氏之子句龙也，见昭公十九年《左传》，又见《海内经》。"②

《楚辞·招魂》：

君无下此幽都些。

王逸注："幽都，地下后土所治也。地下幽冥，故称幽都。"③

《淮南子·天文训》：

中央，土也，其帝黄帝，其佐后土。④

以上关于后土的记载，有的是作为神仙出现的，有的是作为一般人出现的，有的则记官名，多为男性。但是在中国古代传统中，以天为阳地为阴，在甲骨文与金文中，"后"字均为女人形状。至于"土"，《释名·释天》曰："土，吐也，能吐生万物也。"如此，原义当为"生万物的大地母亲"。隋代以后，后土神以女性姿态出现于世，变身为女神，后土祠中亦塑女神形象。

---

① 周明初校注《山海经》，第237页。
② （清）郝懿行：《山海经笺疏》，巴蜀书社，1985，第344页。
③ 《钦定四库全书》集部，王逸注《楚辞章句》卷一二，第235~236页。
④ （西汉）刘安等著，许匡一译注《淮南子全译》，贵州人民出版社，1993，第114页。

把后土作为"女神"记载的史料如下。《礼记·郊特牲》："郊
牲，而社稷大牢。……特南郊祀天，则北郊祭地矣。……祀天
就阳位，则祭地就阴位矣。"① 《后汉书·世祖本纪》载，光武
中元元年"上薄太后尊号曰高皇后，配食地祇"。② 《通典》载：
"曹魏明帝景初元年，诏祀方丘所祭，曰皇皇后地，以舜妃伊
氏配。北郊所祭，曰皇地之祇，以武宣后配。"③ 《晋书·礼
志》载："东晋成帝咸和八年，祀北郊，以宣穆张皇后配。"④
《隋书·礼仪志》载，隋高祖文帝定祀典，"夏至之日，祭皇地
祇于其上，以太祖配"⑤。由此可见，自秦汉以来，历代帝王皆
祀后土。《宋史》卷一百〇四《志第五十七·礼七》："徽宗政
和六年九月朔……地祇未有称谓，谨上徽号曰承天效法厚德光
大后土皇地祇。"⑥ 与主宰天界的玉皇大帝相配，并规定享用同
玉帝一样的礼仪规格。自此，道教将"后土"列为"四御"之
一。南宋吕元素《道门定制》卷二注："后土即朝廷祀皇地祇
于方止是也。王者所尊合上帝为天父地母焉。"⑦ 宋代张君房
《云笈七签》"天地部"谓："地则有三十六土皇，以应三十六
天。"⑧ 元明《三教源流搜神大全》卷一"后土皇地祇"称：
"为阴地者，五黄相乘，五气凝结，负载江海山林屋宇。故曰
天阳地阴，天公地母也。《世略》所谓：土者，乃天地初判黄

---

① 杨天宇撰《礼记译注》，第 304 页。
② （南朝宋）范晔撰，（唐）李贤注《后汉书》，第 56 页。
③ 宗力、刘群：《中国民间诸神》，第 192 页。
④ （唐）房玄龄等撰《晋书》，第 583 页。
⑤ （唐）魏徵、令狐德棻等撰《隋书》卷六，中华书局，1973，第 116~117 页。
⑥ （元）脱脱等撰《宋史》，中华书局，2004，第 2543 页。
⑦ 《道藏》第 31 册，第 669 页。
⑧ （宋）张君房纂辑，蒋力生等校注《云笈七签》，第 125 页。

土也，故谓土母焉。"①

四御殿前院子中的鎏金铜鼎炉为明嘉靖年间所铸造，至今已有四百多年历史。香炉造型浑厚，周身雕铸着精美的云龙图案，共有四十三条金龙。炉的两耳雕着八对戏珠神龙。据民间传说，人们站在铜炉前，闭着眼睛往前走，如果正好能摸到龙头，则能得到龙的亲自护佑，事业会像龙腾一样飞速发展，青云直上。

（十二）三清阁

三清阁奉祀的三清像为明宣德年间采用"夹苎脱空法"塑造，外妆为金漆沥粉，神态安详超凡，色泽鲜艳如初，富丽而又不失古朴。三清是道教供奉的最高尊神，都是"道"的化身，是道教宇宙观的体现。

图 22 三清殿中的元始天尊像

---

① 胡道静、陈耀庭、段文桂、林万清等主编《藏外道书》第 31 册，巴蜀书社，1992，第 744 页。

1. 元始天尊

中座元始天尊是道教最高神灵"三清"尊神之一，道教开天辟地之神。元始天尊禀自然之气，存在于宇宙万物之先。其道体常存不灭，即使天地全部毁灭，他亦存在。元始天尊在"三清"之中位为最尊，也是道教神仙中的第一位尊神。《历代神仙通鉴》称他为"主持天界之祖"①。

元始天尊的地位虽然高，但出现却比太上老君要晚。道教形成初期并无"元始天尊"的说法，《太平经》《想尔注》等均无记载。在中国神话传说中，也无来历可循。

根据道书的记载，最早出现"元始"之名的是晋葛洪的《枕中书》，书中记载，混沌未开之前有天地之精，号"元始天王"，游于其中。后二仪化分，元始天王居天中心之上，仰吸天气，俯饮地泉。其又经数劫，与太元玉女通气结精，生天皇西王母，天皇生地皇，地皇生人皇，其后伏羲、神农皆苗裔也。

> 玄都玉京七宝山，周回九万里，在大罗之上，城上七宝宫，宫内七宝台，有上、中、下三宫。……上宫是盘古真人、元始天王、太元圣母所治。②

此时，还只有元始天王的称呼，直到南朝时，梁陶弘景《真灵位业图》才始有"元始天尊"之号。该书第一阶中位神为"上合虚皇道君"，号"元始天尊"，称"玉清境元始天尊"。但是书中又有"元始天王"，列为第四中位左位第四神。《隋书·经

---

① 宗力、刘群：《中国民间诸神》，第 9 页。
② 《枕中书》，《道藏》收录名为《元始上真众仙记》，《道藏》第 3 册，第 270 页。

籍志四》始赋予元始天尊以诸神特性，称他"生于太元之先"：

> 天尊之体，常存不灭，每至天地初开，或在玉京之上，或在穷桑之野，授以秘道，谓之开劫度人。然其开劫，非一度矣，故有延康、赤明、龙汉、开皇，是其年号，其间相去经四十一亿万载，所度皆诸天仙上品，有太上老君、太上丈人、天皇真人、五方五帝及诸仙官，转共承受，世人莫之豫也。①

隋代道士为天尊取名为"乐静信"。隋唐之时，遂将古代神话传说中的盘古真人与元始天尊混为一谈，认为盘古是元始天尊的前身，治世功成，其灵化为元始天尊。这实际上是为了显示元始天尊地位的说法，表明道教信徒对元始天尊的信仰。关于元始天尊的名称，《初学记》卷二三引《太玄真一本际经》解释说："无宗无上，而独能为万物之始，故名元始。运道一切为极尊，而常处二清，出诸天上，故称天尊。"②《历代神仙通鉴》说："元者，本也。始者，初也，先天之气也。"③其认为元始是最初的本源，在一切神仙之上，故称"天尊"。

根据道经的描述，元始天尊禀自然之气，存在于宇宙万物之前。他的本体常存不灭，即使天地全部毁灭，也丝毫影响不了他的存在。每当新的天地形成时，天尊就会降临人世间，传授秘道，开劫度人。其所度者都是天仙上品，包括太上老君、天真皇人、五方天帝等神仙。每当新的天地开辟时，都有其年

---

① （唐）魏徵、令狐德棻等撰《隋书》卷三十五，第1091页。
② （唐）徐坚等撰《初学记》，中华书局，1962，第547页。
③ 宗力、刘群：《中国民间诸神》，第9页。

号，曰延康、赤明、龙汉、开皇等，年号之间相距长达四十一亿万年。并且，元始天尊位居三十六天的最上层"大罗天"中，所居仙府称为"玄都玉京"。玉京之中，黄金铺地，玉石为阶，宫中有七宝、珍玉，仙王、仙公、仙卿、仙伯、仙大夫等居于中央和两旁的仙殿中。

观察元始天尊的演变过程，我们可以发现"元始"一词原是道家叙述世界本原的哲学用语，后来被道教加以神化，逐渐演变成道教的最高尊神，居于三清之首。从历史角度考察，这与道家演变成道教的历史完全相吻合。"元始"的意思也就是一切源流的开始，即象征为万物之母的"道"。冬至日为元始天尊的圣诞。据《历代神仙通鉴》记载，元始天尊"顶负圆光，身披七十二色"①，故供奉在道教三清大殿中的元始天尊，一般都头罩神光，手执红色丹丸，或者左手虚拈，右手虚捧，象征"天地未形，混沌未开，万物未生"时的"无极状态"和"混沌之时，阴阳未判"的第一大世纪，故以阳升阴降、昼短夜长的冬至日为元始天尊的圣诞。

2. 灵宝天尊

左座是灵宝天尊，又称玉宸大道君和太上大道君，是元始天尊的精气所化生，以开皇元年托胎于西方绿那玉国，寄孕于其母洪氏身中，道君于其中凝神修炼三千七百年，在郁察山浮罗丹玄山脚下诞生。道君长大后，启悟道真，期心玄妙，在一株枯桑树下，精思百日。他忽感元始天尊下降，传授其灵宝大乘之法、十部妙经。于是道君跟随元始天尊游历十方世界，宣讲道法。不久，道君得证道果，元始天尊赐予道君太上灵宝天

---

① 宗力、刘群：《中国民间诸神》，第6页。

图 23　三清殿中的灵宝天尊像

尊之号，居住在上清真境禹余天中，又把金科宝箓、三洞仙经
交给经师郁罗翘真人，传教于十方世界，万国九州。其全称为
"上清高圣太上玉晨元皇大道君"。齐梁高道陶弘景编定的《真
灵位业图》列其在第二神阶之中位，仅次于第一神阶中位之元
始天尊。唐代时曾称为太上大道君，宋代起才称为灵宝天尊或
灵宝君。道经说他是在宇宙未形成之前，从混沌状态产生的元
气所化生，原是"二晨之精气，九庆之紫烟"①，后托胎三千七
百年诞生，住在上清境的玄都玉京仙府，有金童、玉女各三十
万人侍卫，万神朝拜，超度之人不计其数。其有三十六变七十
二化，人们随时随地都可以见到他。据《云笈七签》引《大洞

---

①　（宋）张君房纂辑，蒋力生等校注《云笈七签》，第 615 页。

真经》，灵宝天尊系"二晨之精气，九庆之紫烟，玉晖焕耀，金映流真，结化含秀，苞凝元神，寄胎母氏，育形为人"①。《灵宝略记》则称：

> 太上大道君以开皇元年托胎于西方绿那玉国，寄孕于洪氏之胞，凝神琼胎之府三千七百年，降诞于其国郁察山浮罗之岳丹玄之阿侧，名曰嚣度，字上开元。及其长，乃启悟道真，期心高道，坐于枯桑之下，精思百日而元始天尊下降，授道君灵宝大乘之法十部妙经。②

《云笈七签》还说，上清高圣太上玉晨大道君，自元始天尊处受经法以后，即辅佐元始天尊，居三十六天之第二高位上清境，在三十四天之上，"治蕊珠日阙馆七映紫房，玉童玉女各三十万人侍卫。……万神入拜，五德把符，上真侍晨，天皇抱图"③。据《洞玄本行经》载，灵宝天尊以灵宝之法，随世度人。"自元始开光，至于赤明元年，经九千九百亿万劫，度人有如尘沙之众，不可胜量。"④凡遇有缘好学之人，请问疑难，灵宝天尊即不吝教诲。在道教宫观里的三清殿中，灵宝天尊手持太极图，象征混沌始辨、清浊剖判、阴阳初分的"太极"状态。

3. 道德天尊

右座道德天尊，即太上老君，著《道德经》，成为道教圣典。道德天尊原为春秋时期的思想家、道家学派重要人物老子

---

① （宋）张君房纂辑，蒋力生等校注《云笈七签》，第615页。
② （宋）张君房纂辑，蒋力生等校注《云笈七签》，第13页。
③ （宋）张君房纂辑，蒋力生等校注《云笈七签》，第615页。
④ （宋）张君房纂辑，蒋力生等校注《云笈七签》，第614页。

（后人普遍认为老子是道家思想的创始人）。老子，姓李，名耳，字聃，周朝守藏室史，"生时白首……号曰老子"①。但司马迁当时对老子的身份、事迹也不太清楚，故而又说："或曰：老莱子，亦楚人也，著书十五篇，言道家之用，与孔子同时云。"② 其又以为周太史儋或即老子，"或曰非也，世莫知其然否"③。"盖老子百有六十余岁，或者二百余岁，以其修道而养寿也。"④

图 24　三清殿中的道德天尊像

---

① 宗力、刘群：《中国民间诸神》，第 21 页。
② 张大可注释《史记新注》，华文出版社，2000，第 1324 页。
③ 张大可注释《史记新注》，第 1324 页。
④ 张大可注释《史记新注》，第 1324 页。

到西汉初年老子已成为"神龙见首不见尾"的传奇人物了。相传他是春秋时期的伟大思想家，道家学派的创始人，后见周室衰微，于平王三十三年十二月二十五日辞职而去，青牛薄辇，西出函谷关，因关令尹喜请求教诲，留《道德五千言》后，不知所终。秦汉以来，老子逐渐被神化。东汉明帝、章帝之际（58~88），益州太守王阜作《老子圣母碑》云：

　　老子者，道也。乃生于无形之先，起于太初之前，行于太素之元，浮游六虚，出入幽冥，观混合之未别，窥浊清之未分。①

将老子神化为先天地生的神，并与"道"相等同。顺帝时（126~144），张道陵在巴蜀鹤鸣山创立五斗米道，即奉老子为道祖，尊《道德五千言》为主要经典，并作《老子想尔注》称：

　　一者，道也。……一在天地外，人在天地间，但往来人身中耳。……一散形为气，聚形为太上老君，常治昆仑，或言虚无，或言自然，或言无名，皆同一耳。②

这里首次在道书中出现了"太上老君"的名号。至此，老子被尊为道教的始祖，受到了世人的尊奉。

《隶释》卷三载东汉延熹八年（165），陈相边韶著《老子铭》云：

① 张兴发编著《道教神仙信仰》，第219页。
② 饶宗颐：《老子想尔注校证》，上海古籍出版社，1991，第12页。

老子姓李，字伯阳，楚相县人也。……老子为周守藏室史，当幽王时，三川实震，以夏殷之季，阴阳之事，鉴喻时王。孔子以周灵王二十年生，到景王十年，年十有七，学礼于老聃。……世之好道者触类而长之，以老子离合于混沌之气，与三光为终始，观天作谶，□降升〔斗〕星，随日九变，与时消息，规矩三光，四灵在旁，存想丹田，太一紫房，道成化身，蝉蜕度世。自羲农以来，世为圣者作师。[1]

是年，汉桓帝使中常侍管霸之苦县，祠老子；次年（166）祀老子于濯龙宫。襄楷于延熹中上书云："又闻宫中立黄老、浮屠之祠，或言老子入夷狄为浮屠。"[2] 又据《后汉书·西域传》记载："后桓帝好神，数祀浮屠、老子，百姓稍有奉者，后遂转盛。"[3] 可见，当时老子已经作为神而被世人所崇祀。

《神仙传》卷一曰：

老子者，名重耳，字伯阳，楚国苦县曲仁里人也。其母感大流星而有娠。虽受气天然，见于李家，犹以李为姓。或云，老子先天地生。或云，天之精魄，盖神灵之属。或云，母怀之七十二年乃生，生时剖母左腋而出，生而白首，故谓之老子……生而能言。指李树曰："以此为我姓。"或云，上三皇时为玄中法师，下三皇时为金阙帝君，伏羲时为郁华子，神农时为九灵老子，祝融时为广寿子，黄帝时

[1]　陈垣编纂，陈智超、曾庆瑛校补《道家金石略》，第3页。
[2]　宗力、刘群：《中国民间诸神》，第13页。
[3]　宗力、刘群：《中国民间诸神》，第13页。

为广成子，颛顼时为赤精子，帝喾时为禄图子，尧时为务成子，舜时为尹寿子，夏禹时为真行子，殷汤时为锡则子，文王时为文邑先生。一云，守藏史，或云，在越为范蠡，在齐为鸱夷子，在吴为陶朱公。[1]

东汉后期，张道陵创立正一盟威之道，奉老子为教祖，以《老子五千言》为主要经典，宣称"一者道也"，"一散形为气，聚则为太上老君"。[2]

关于老子的神话传说道经中亦有诸多记载。晋朝葛洪《抱朴子》称他"额有三理，足有八卦，身长九尺，耳垂齐肩，穿五色云衣，住金楼玉堂，以神龟为库，青龙、白虎、朱雀、玄武随行四周，头上雷声隆隆，电光闪闪，气宇轩昂，威风凛凛，已俨然为神仙姿容"。《魏书·释老志》称之为太上老君，书中曰：

> 道之原，出于老子。其自言也，先天地生，以资万类。上处玉京，为神王之宗；下在紫微，为飞仙之主。授轩辕于峨眉，教帝喾于牧德，大禹闻长生之诀，尹喜受道德之旨。好异者往往而尊师之。[3]

魏世祖时，寇谦之守志嵩岳，精专不懈，以神瑞二年（415）十月乙卯，忽遇大神，乘云驾龙，导从百灵，仙人玉女，左右侍

---

[1] 宗力、刘群：《中国民间诸神》，第14页。
[2] 饶宗颐：《老子想尔注校证》，第12页。
[3] 宗力、刘群：《中国民间诸神》，第15页。

卫，集止山顶，称太上老君。谓谦之曰："授汝天师之位。"① 此记载与《云麓漫钞》卷八所记略同，但《魏书》不采取《史记》老子传承谱系的记法，而另外推出一位李谱文为老子的玄孙，称他"以汉武之世得道，为牧土宫主，领治三十六土人鬼之政"②。在《真灵位业图》中，有三个神位与"太上老君"有关。一是第三中位，太极金阙帝君，姓李（壬辰下教太平主）。二是太极左位，老聃。三是第四中位，太清太上老君（为太清道主，下临万民）。另外，还有五方五老君、中央黄老君、太上火老君等说。至魏晋南北朝时，太上老君之名益显。北周武帝建德三年（574）五月，"初断佛、道两教，经像悉毁，罢沙门、道士，并令还民"③。据道书称，当时太上老君曾遣使显灵。时过一月，武帝又下诏曰："至道弘深，混成无际，体包空有，理极幽玄。……今可立通道观于都城……并宜弘阐，一以贯之。"④

隋唐以后，道经中也有许多关于老君的传说。《云笈七签》中说："三气化生玄妙玉女。玉女生后，八十一万亿八十一万岁，三气混沌，凝结变化，五色玄黄，大如弹丸，入玄妙口中。玄妙因吞之，八十一年乃从左腋而生，'生而白首，故号为老子'。"⑤《犹龙传》更为老子加上各种名号，略与《神仙传》记载相同，说老君从三皇五帝以来，就成了历代皇帝的老师。神农时的太成子，轩辕时的广成子，帝尧时的务成子等，均是老子的化身。周成王时老君为柱下史，号经成子；周昭王时西出函谷关，度关

---

①　宗力、刘群：《中国民间诸神》，第 15 页。
②　宗力、刘群：《中国民间诸神》，第 15 页。
③　中国道教协会研究室编《道教史资料》，上海古籍出版社，1991，第 145 页。
④　中国道教协会研究室编《道教史资料》，第 146 页。
⑤　（宋）张君房纂辑，蒋力生等校注《云笈七签》，第 620 页。

令尹喜；西汉文帝时降于陕河之滨，号河上公；汉成帝时降于琅琊，授于吉《太平经》；汉顺帝汉安元年（142）老君降于蜀地鹤鸣山，授张道陵天师《正一盟威秘箓》；神瑞二年（415），降于嵩山，授道士寇谦之"太平真君"之号。唐天宝二年（743）正月十五日，加号老君为"大圣祖玄元皇帝"；八载六月十五日，加号为"大圣祖大道玄元皇帝"；十二载二月七日，加号为"大圣高上大道金阙玄元皇帝"；唐武宗会昌元年（841）以二月十五日大圣祖降诞之日为降圣节。故道教以农历二月十五为老君圣诞。

宋真宗为避宋室圣祖赵玄朗的讳，称老君为"真元皇帝"。大中祥符六年（1013）八月，颁诏加封"太上老君混元上德皇帝"，此封号在道教中一直沿用至今。

太上老君在三清中不及元始天尊的地位高，在明清的民间信仰中不及玉皇大帝拥有权势，但在历代都是道教尊崇的对象，各地普遍建庙宇进行祭祀。因老君的尊号为"太清道德天尊"，故供奉他的宫观一般称为太清宫、老君殿、老君庙或老君堂。其中最著名的是河南太清宫和成都青羊宫。

河南太清宫始建于东汉延熹八年，唐代时占地八百余亩，雕梁画栋，雄伟壮观，后来被战火焚毁，现存主殿为清初重建。创建于唐末的成都青羊宫，据《蜀王本纪》记载，相传老子曾在此为关令尹喜敷演道法，至今仍为道教著名宫观。太上老君留下的著作后人称之为《老子道德经》，书中尽言古代哲学家的精要格言，故而应是"黄老之学"的丹经。由于该书以"道"为最高哲学范畴，因此，自先秦以来，人们尊老子为道家学派的创始人。

总之，自古至今众多信徒均诚信太上老君为"无上大道"

的化身，是道炁长存、德育于民的至尊天神，这是道教的根本信仰。他常被供奉在三清殿元始天尊的右侧或太清宫、老君庙、老君堂中，白发皓首，和颜悦色，手摇太极神扇，俯视芸芸众生。

三清阁西边为望月楼，东边为藏经楼。藏经楼中珍藏有《明正统道藏》，为道教经籍的总集。

二　东路建筑

东路有鼓楼、三官殿、救苦殿、三星殿、慈航殿、真武殿、雷祖殿、罗公塔、关帝殿、道教学院等建筑。

（一）鼓楼

钟楼、鼓楼是大型道教宫观常见的建筑。宫观内早晚开静止静时要敲钟、击鼓。旧时，丛林执事中职司开静止静击大钟者为钟头，职司开静止静击大鼓者为鼓头。钟鼓法器，乃丛林号令之所寄。此外，道家还认为：晨钟暮鼓，以召百灵，壮宫观之威仪，弘山陵之气象，因此，每日晨昏不可缺少。道教宫观敲钟、击鼓均为八十一下，以应太上道祖八十一化。敲钟时要念钟文："闻钟声，拜老君，离地狱，出火坑，愿成道，度众生。"白云观的钟鼓楼，在建筑布局上与其他宫观的钟鼓楼截然相反，其钟楼在西侧，鼓楼在东侧。这种独树一帜的布局，令人遐想。据白云观建置沿革记载，元末，因连年战乱，长春宫原殿宇再次衰圮。明成祖朱棣于永乐年间（1403～1424）敕命重修，以处顺堂（即今邱祖殿）为中心进行扩建，始定现在的规模。由此可推测，当时殿宇的中轴线位于处顺堂以西，重修时保留了钟楼，在钟楼之东新建鼓楼，故形成今日所见之格局。这一做法，反映了道教顺乎自然的处世态度，给人以启迪。

图 25　鼓楼

（二）三官殿

三官殿原名"丰真殿"。现殿内奉祀天、地、水"三官大帝"。三官大帝的信仰渊源于中国古代先民对天、地、水的自然崇拜。在原始时代，天、地、水是人们生产、生活的必要条件，没有它们，人类无法生存生活，因此人们常怀敬畏之心，虔诚地对其顶礼膜拜。如《仪礼·觐礼》："祭天，燔柴。祭山、丘陵，升。祭川，沉。祭地，瘗。"① 其注疏"燔柴"为"升、沉、瘗，祭礼终矣，备矣"②。晋氏族苻坚和羌族姚苌等笃信"三官"，唐南诏王异牟寻与唐使订盟时，《盟文》开始"上请天、地、水三官，五岳四渎，及管川谷诸神灵同请降临，

---

① 李学勤主编《十三经注疏·仪礼注疏》，北京大学出版社，1999，第533页。
② 李学勤主编《十三经注疏·仪礼注疏》，第533页。

永为证据"①。

图26　三官殿

东汉中后期，宦官外戚专权，朝政黑暗，人民灾难深重，反抗情绪激烈，于是沛国丰邑（今江苏丰县）人张道陵弃官入川，学道于鹤鸣山（今四川大邑县），并结合民间原始宗教信仰，著作道书，改革当地民族原有的巫道，开创正一盟威之道。因其最初主要以道术祷祝和赶鬼，并以符水为人治病，故被称为道教符箓派，又因道教徒尊称张道陵为天师，故正一盟威之道又称为"天师道"。正一盟威之道一方面尊老子为教祖，祭酒传授老子《道德经》；另一方面以天、地、水为三官，信其能通鬼神，主管病人祷请。祷请方法主要见于《三国志·张鲁传》注引《典略》：

　　书病人姓名，说服罪之意。作三通，其一上于天，著

---

① 张泽洪：《多元文化背景下的云南道教——以南诏大理时期为中心》，《贵州民族研究》2006年第5期，第128页。

山上，其一埋于地，其一沉于水，谓之"三官手书"。①

其认为三官能为人赐福、赦罪、解厄，即天官赐福、地官赦罪、水官解厄。后来，明朝的罗贯中《三国演义》第五十九回介绍太守张鲁时，就详细叙述了其祖张道陵宣扬三官信仰之事。此后，这种信仰一直盛行到唐代。

1982 年 5 月，在河南嵩山顶上发现一通唐武则天时的金简，内容即为乞求"三官九府"，为武则天除罪祈福之用。另外有一种说法，说三官为金、土、水三官，《古今图书集成·神异典》卷四六引《蠡海集》称，金为生，候天气，土为成，候地气，水为化，候水气……所以叫作三官。若将其具体化则是守卫天门的唐、葛、周三位将军，据《铸鼎余闻》记载，三官俱周幽王谏臣，号天门三将军，死后为神，各地多有庙。也有说三官指尧、舜、禹的，《历代神仙通鉴》云：

（元始天尊）复飞身到太虚极处，取始阳九气，在九土洞阴，取清虚七气，更于洞阴风泽中，取晨浩五气，总吸入口中，与三焦合于一处。九九之期，觉其中融融贯通，结成灵胎圣体。正当春一月月望之宵，原从口中吐出婴孩，相好光明。又于秋一月望日，冬一月望夜，复吐出二子。是为上、中、下三元，皆长为昂藏丈夫。②

---

① 中国道教协会研究室编《道教史资料》，第 68 页。
② （清）徐道撰，程毓奇续，周晶、苏客、宜凡点校《历代神仙演义》，辽宁古籍出版社，1995，第 26 页。

这三子就是指尧、舜、禹，"皆天地莫大之功，为万世君师之法"。后来，元始天尊吐气化成的尧、舜、禹被人们封为"三官大帝"。

北魏时，寇谦之改革天师道，清整"三张伪法"，将三官与三元相结合，故以农历的正月十五为上元，七月十五为中元，十月十五为下元。《太上说玄天大圣真武本传神咒妙经注》卷一《因缘经》：

> 正月十五日，上元宫主一品九炁赐福天官紫微大帝于是日……同下人间，校定罪福也；七月十五日，中元宫主二品七炁赦罪地官清虚大帝于是日……同出人间，校戒罪福也；十月十五日，下元宫主三品五炁解厄水官扶桑大帝于是日……同到人间，校戒罪福也。[①]

同时，刘宋时期陆修静还有"三官所执，生、死、苦考自明法曹"之说，又与"三清境"相结合。《元始无量度人上品妙经四注》卷二《三元品诫经》：

> 上元天官隶玉清境，结青、黄、白三炁，置上元三官……其中宫名元阳七宝紫微宫，结青元始阳之炁，总主上真自然玉虚高皇上帝，诸天帝王上圣大神……中元二品地官者隶上清境，结元洞混灵之炁，凝极黄之精而成，其中宫名洞灵清虚宫，总主五帝五岳诸真人及诸地神仙已得道者……下元三品水官隶太清境，结风泽之炁，凝晨浩之精

---

① 《道藏》第 17 册，第 98 页。

而成，其中宫号汤谷洞泉宫，一曰青华方诸宫，总主水帝汤谷神王，九江水府河伯神仙，水中诸大神及仙箓簿籍。①

它还和道教元气说相结合，《云笈七签》卷五十六：

> 夫混沌分后，有天地水三元之气，生成人伦，长养万物。②

《重增搜神记》和《三教源流搜神大全》中还详细记载了三官的纪历、神职及统辖对象和范围。书中称：陈子祷与龙王三女自结为室，生下三个儿子，长大成人后都神通广大，法力无边，显现无穷。于是元始天尊封老大为上元一品九气天官紫微大帝，即诞生之符始阳之气结成至真，住玄都元阳七宝紫微上宫，总主天帝神王上圣高真及三罗万象天君；封老二为中元二品七气地官清虚大帝，住九土无极世界洞空清虚之宫，总主五岳帝君并二十四治山川，九地土皇、四维八极神君；封老三为下元三品五气水官洞阴大帝，住金灵长乐宫，总主九江水帝、四渎神君、十二溪真及三河四海神君。并说每到三元之日，三官大帝便亲临神坛，考籍大千世界之内十方国土之中的神仙升临、人品考限与万类化生之事，天官赐福紫微帝君、地官赦罪青灵帝君、水官解厄旸谷帝君，俨然为神灵世界主宰一切的最高尊神。三官的诞辰日即为三元日，因此，从唐宋以来，三元节都是道教的大庆日子。

---

① 《道藏》第 2 册，第 210~211 页。
② （宋）张君房纂辑，蒋力生等校注《云笈七签》，第 327 页。

　　唐代三元节由皇帝下敕天下诸州禁屠三日，"令百姓是日停宰杀渔猎"①。由于天官被封为赐福紫微大帝，民间遂将其视为"福神"，与禄、寿二神并列。至于三官神的职掌范围，宋明以后由于三清四御的确立而有所缩小，一般认为其掌管人间祸福、天神转迁、生死轮回诸事，但民间信仰仍然很普遍。明代以来，各地建有许多三官殿、三官堂、三元庵、三官庙等。每逢三元节，人们都要到庙宇祭拜三官，忏悔罪过，祈福免灾。信仰三官的人都要禁荤食素，称为"三官素"。

　　清代，三官信仰更为普遍，"天官赐福"的年画、民俗画，多种多样。画中天官身着大红官服，龙袍玉带，手持如意，五绺长须，面容慈祥，一派雍容华贵的气质。在一些图中，天官还慈祥地携带五个童子，五童子手中各捧仙桃、石榴、佛手、春梅和吉庆鲤鱼灯。过去民间每逢新春时，皆贴这种年画，以求天官赐福长寿。

　　有时天官还被当作财神，清代流行一种"赐福财神"，图中间为天官手执如意端坐在元宝之上，金山、银山、花卉、云龙和一个大"福"字陈于上方，聚宝盆和手持"日日生财"旗子的童子位于下方；和合二仙和招财仙官、利市仙官立于两旁。画中充满着福气和财气，表达了人们渴望天官赐福、财神送财的富裕理想生活。近代，天官又和员外郎（表官禄）、南极仙翁合称为福、禄、寿三星。旧时农历新年，三星图常挂于堂中，象征"三星在户"，显示多福、多寿、喜庆临门，反映了人们追求美好幸福生活的共同愿望。如今"三星"图像和"三星"工艺品走进千家万户，成为颇受欢迎的装饰品。现在台湾的庙

---

　　① 中国道教协会研究室编《道教史资料》，第 203 页。

宇中，一般称三官大帝为三界公，敬奉的人也特别多。

（三）救苦殿

救苦殿原名"宗师殿"，殿内奉祀太乙救苦天尊。太乙救苦天尊有"寻声救苦天尊""十方救苦天尊"等号，简称救苦天尊。相传其为玉皇大帝二侍者之一，配合玉帝统御万类。道教说他由青玄上帝神化而来，誓愿救度一切众生，所以炁化救苦天尊以度世。据《太一救苦护身妙经》说：

图 27　救苦殿

东方长乐世界有大慈仁者，太一救苦天尊化身如恒沙数，物随声应。或住天宫，或降人间，或居地狱，或摄群邪，或为仙童玉女，或为帝君圣人，或为天尊真人，或为金刚神王，或为魔王力士，或为天师道士，或为皇人老君，或为天医功曹，或为男子女子，或为文武官宰，或为都大元帅，或为教师禅师，或为风师雨师，神通无量，功行无穷，寻声救苦，应物随机……此圣在天呼为太一福神，在世呼为大慈仁者，在地狱呼为日耀帝君，在外道摄邪呼为狮子明王，在水府呼为洞渊帝君。①

若遇到困难，只要祈祷天尊或"念诵圣号"②，即可"出离阴境，便得生天"③，亦可"功行圆满，白日升天"④。至于天尊的形象，《道教灵验记》描绘道：端坐于九色莲花座，周围有九头狮子口吐火焰，簇拥宝座，头上环绕九色神光，放射万丈光芒，众多真人、力士、金刚神王、金童玉女侍卫在他身旁。其诞辰为农历的十一月十一日，相传民间的《拔度血湖宝忏》是他传授的。又《全真青玄济炼焰口铁罐施食全集》称他身骑九头狮子，手持杨柳洒琼浆以救苦度亡，"东极青华妙严宫，紫雾霞光彻太空；千朵莲花映宝座，九头狮子出云中；南极丹台开宝笈，北都玄禁破罗丰；惟愿垂光来救苦，众等稽首礼慈容；施食功德不思议，孤魂滞魄早超升"⑤。

对于天尊的神职，《漂放莲灯集·放生咒》曰："天罗神，地罗神，慧剑出鞘斩妖精，一切灾难化为尘，寻声救苦解救罗网苦辛，太乙救苦天尊救苦救难度众生。"《灵宝无量度人上经大法》卷五七曰："太一寻声救苦天尊……主炼仙魄。"⑥ 道经还称东极青玄上帝即化太乙救苦天尊，又应化十方，而为十方救苦天尊，若遇苦难，心中默念或口呼太乙救苦天尊的圣号，便可得到护佑。

① 《道藏》第6册，第182页。
② 《道藏》第6册，第183页。
③ 《道藏》第6册，第183页。
④ 《道藏》第6册，第183页。
⑤ 《藏外道书》第14册，第589页。
⑥ 《道藏》第3册，第954页。

（四）三星殿

三星殿清朝时为"华祖殿"，奉祀神医华佗。2000年重修后改为"三星殿"，奉祀福、禄、寿三星真君神像。民间认为，福星能赐福人间，禄星能保佑人官运亨通、财禄丰盈，寿星保佑人健康长寿。

（五）慈航殿

慈航殿清朝时为"火祖殿"，奉祀火德真君。2000年重修后改为"慈航殿"，奉祀大慈大悲、救苦救难、广大灵感的慈航普度天尊。慈航真人在佛教中称为观音菩萨，因道、佛二教互相渗透、互相吸收，被共同信仰。究其来源，道教有两种说法。

图28　慈航殿中的慈航像

其一，据《历代神仙通鉴》卷五第四节《尹真人一过周都　伯阳父再游史馆》记载：

普陀落伽岩潮音洞中有一女真，相传商王时修道于此，已得神通三昧，发愿欲普度世间男女。尝以丹药及甘露水济人，南海人称之曰慈航大士。①

其二，据李善注引《灵宝经》曰：

禅黎世界坠王有女，字姓音，生仍不言。年至四岁，王怪之，乃弃于南浮桑之阿空山之中。女无粮，常日咽气，引月服精，自然充饱。忽与神人会于丹陵之舍，柏林之下。姓音右手题赤石之上。语姓音：汝虽不能言，可忆此文也。遣朱宫灵童，下教姓音治灾之术，授其采书入字之音。于是能言。于山出，还在国中。国中大枯旱，地下生火，人民焦燎，死者过半。穿地取水，百丈无泉。王悕惧。女显其真，为王仰啸，天降洪水，至十丈。于是化形隐景而去。②

佛教则认为她是妙庄王的三女儿，名妙善。到出嫁年龄，不愿嫁人，而出家为尼。妙庄王因此将其赶出王宫。后来妙庄王身患顽疾，危在旦夕，求救于一老僧，老僧诊断后认为只有以亲生女儿的手眼配药才能医治。妙庄王只得求救于自己的大女儿和二女儿，然而二女坚决不允。无奈，老僧只得告诉他香山有位仙长，道法高深，兴许能够救他。妙庄王来到香山，找到香山仙长时却大吃一惊，原来仙长是自己的三女儿，此时她已修成至道。女儿知道父亲来意后，二话没说，当即割断手臂

---

① （清）徐道撰，程毓奇续，周晶、苏客、宜凡点校《历代神仙演义》，第265页。

② （梁）萧统编，（唐）李善注《昭明文选·成公子安啸赋》，上海古籍出版社，1986，第867页。

挖掉双眼奉给妙庄王。妙庄王心里十分难过，遂祈求神明，使女儿再生手眼。结果神明有灵，女儿果然长出了一千只眼和一千只手。妙庄王十分感动，令人在香山修建寺庙，专门祀奉妙善，并称之为"观音"。

因妙善能够应时现身，救苦救难，普度慈航，所以道教将其称为"慈航真人"，又因为她善于救助妇女儿童，助人孕产，所以道教有时还将其奉为送子娘娘。

总之，其在道教和佛教中的香火都十分旺盛。

（六）真武殿

真武殿始建于清朝乾隆年间，2000年重修，奉祀真武大帝，为人消除灾障，断一切精邪。真武大帝又称玄天上帝、佑圣真君、玄天上帝，为道教神仙中赫赫有名的玉京尊神。现在武当山信奉的主神就是真武大帝，道经中称他为"镇天真武灵应佑圣帝君"，简称"真武帝君"，民间称荡魔天尊、报恩祖师、披发祖师。明朝以后，在全国影响极大，近代以来民间信仰尤为普遍。真武大帝具有以下几个神性特征。

图29　真武殿中的真武大帝像

　　其一，为北方之神。《楚辞·远游》注云："玄武，北方神名。"① 《史记·天官书》曰："北宫玄武，虚、危。"② 《重修纬书集成》卷六《河图》："北方黑帝，神名叶光纪，精为玄武。"③ 汉代人认为北方之神不止一位，而有三位，《淮南子·天文训》称其为颛顼、辰星、玄武。因为其较为复杂，民众不易把握，故仍以玄武为北方之神。

　　其二，为水神。根据阴阳五行来说，北方属水，故北方之神即为水神。王逸《楚辞章句》云："天龟水神。"《后汉书·王梁传》曰："玄武，水神之名，司空水土之官也。"④ 《重修纬书集成》卷六《河图》："北方七神之宿，实始于斗，镇北方，主风雨。"⑤ 因雨水为万物生存所必需，故玄武的水神属性深受人们的信奉。

　　其三，为阴阳交感演化万物的象征。东汉魏伯阳《周易参同契》曰："关关雎鸠，在河之洲，窈窕淑女，君子好逑。雄不独处，雌不孤居。玄武龟蛇，蟠虬相扶，以明牝牡，意当相须。"⑥ 就是利用龟蛇纠盘的例子来说明阴阳必须相合的观点。

　　其四，为司命之神。龟因其寿命长而成为长寿和不死的象征，《史记·龟策列传》称其能导引咽气。《抱朴子》亦称其能导引，记载如下。

---

① 宗力、刘群：《中国民间诸神》，第 62 页。
② 宗力、刘群：《中国民间诸神》，第 62 页。
③ 宗力、刘群：《中国民间诸神》，第 63 页。
④ （南朝宋）范晔撰，（唐）李贤注《后汉书》，第 516 页。
⑤ 安居香山、中村璋八辑《纬书集成》，河北人民出版社，1994，第 1134 页。
⑥ 董沛文主编，（东汉）魏伯阳等著，周全彬、盛克琦编校《参同集注》，宗教文化出版社，2013，第 44 页。

其郡人张广定者，遭乱常避地，有一女年四岁，不能步涉，又不可担负，计弃之固当饿死，不欲令其骸骨之露，村口有古大冢，上巅先有穿穴，乃以器盛縋之，下此女于冢中，以数月许干饭及水浆与之而舍去。候世平定，其间三年，广定乃得还乡里，欲收冢中所弃女骨，更殡埋之。广定往视，女故坐冢中，见其父母，犹识之甚喜。而父母犹初恐其鬼也，父下入就之，乃知其不死。问之从何得食，女言粮初尽时甚饥，见冢角有一物，伸颈吞气，试效之，转不复饥，日月为之，以至于今。[1]

此外，北方玄武首宿即为斗宿，俗称南斗。《星经》曰："南斗六星，主天子寿命，亦主宰相爵禄之位。"[2] 东晋干宝《搜神记》中引用管辂的话曰："南斗注生，北斗注死。"[3] 既而人们相信祭拜南斗就可以增寿。

玄武的这些特性，不但赢得了社会各阶层的普遍信仰，而且还为唐宋以后玄武演变成道教大神奠定了基础。

东汉后期是玄武地位上升的阶段。《重修纬书集成》卷六《河图》称他为黑帝之精，甚至说"北方黑帝，体为玄武，其人夹面兑头，深目厚耳"[4]。道教形成以后，尊崇玄武七宿中的第一宿，即斗星，又称南斗，信仰"南斗注生，北斗注死"。

东晋葛洪《抱朴子·杂应》描绘老君形象时说："前有二

---

① 王明：《抱朴子内篇校释》，中华书局，1986，第48页。
② 甘德、石申：《星经》，第63页。
③ （东晋）干宝著，黄涤明译注《搜神记全译》，贵州人民出版社，1999，第79页。
④ 宗力、刘群：《中国民间诸神》，第63页。

十四朱雀，后有七十二玄武。"① 《遐览》中还有"青龙符、白虎符、朱雀符、玄武符"，当时玄武还只是一个护卫之神。但其在民间的信仰从未间断，只是职掌和地位还不太显赫。

后来，玄武成为道教奉祀的大神，其信仰的兴盛就与其在民间的影响有着直接的关系。据唐代段成式《酉阳杂俎·续集》卷三记载，南北朝北魏太和八年（484），有个姓朱的道长云游庐山，"忽见蟠蛇如堆缠绵，俄变为巨龟。访之山叟，云是玄武"。② 视龟蛇同时出现为玄武显灵。又五代于逖《灵应录》曰："沈仲霄之子于竹林中，见蛇缠一龟，将锄击杀之。其家数十口，旬日内相次而卒。有识者曰：'玄武神也。'"③ 从《酉阳杂俎》和《灵应录》等书记载来看，都不同程度地显示了道教信众对玄武的信崇，并常以青龙、白虎、朱雀、玄武为其护卫神，以壮威仪。杨亿《谈苑》称翊圣真君又号黑煞将军，与真武（玄武）、天蓬、天猷并称为天界大将军，宋以后尊为"四圣"，从此以后，玄武在道教众神中的地位逐渐提高。

关于玄武更名为真武的原因，众说纷纭。一说为避宋真宗的讳（宋真宗名玄休、玄侃），此说见于《集说诠真》等书中；另一说为避赵宋"圣祖"赵玄朗的讳，此说见于《朱子语类》中。玄武改为真武后，玄武的名称就很少有人提了。北宋时期，真武的形象仍是龟蛇。到了南宋，真武人格化的传说开始日益繁盛。宋太祖时，已有真武、天蓬等为天上大将之说。宋代高承《事物纪原》记载了宋真宗天禧元年（1017），"营卒有

① 王明：《抱朴子内篇校释》，第 273 页。
② 宗力、刘群：《中国民间诸神》，第 63 页。
③ 宗力、刘群：《中国民间诸神》，第 81 页。

见龟蛇者，军士因建真武堂。二年闰四月，泉涌堂侧，汲不竭，民疾疫者，饮之多愈"①。真宗闻言，下诏建观，赐名"祥源"。于是，人格化的真武诞生了。据《夷坚志》《云麓漫钞》等书记载，其形象多道服羽梳，被（披）发仗剑（故称披发祖师），颇为勇猛。

真武作为道教所奉祀的大神，并且在民间有着广泛的信仰，就再也不能作为原来星辰龟蛇的形象活跃于道教神坛之上了。故有关真武身世、神迹的传说便逐渐流传开来，在《道藏》《续文献通考》《三教搜神大全》《历代神仙通鉴》等书中，均载有诸多有关真武身世的传说和神异故事。

道教经书中描绘真武的形象是披发黑衣，金甲玉带，仗剑怒目，足踏龟蛇，顶罩圆光，形象十分威猛。《元始天尊说北方真武妙经》②宣称，真武帝君原来是净乐国太子，生而神灵，察微知运。他长大成人后十分勇猛，唯务修行，发誓要除尽天下妖魔，不愿继承王位，后来遇紫虚元君，授以无上秘道，连越游东海，又遇天神授以宝剑。之后，他入武当（太和山）修炼，居二十四年功成行满，白日飞升，玉帝敕镇北方，统摄玄武之位，并将太和山易名为武当山，意思是"非玄武不足以当之"。

宋代天禧年间（1017～1021）诏封为"真武灵应真君"，元朝大德七年（1303）加封为"光圣仁威玄天上帝"，一跃而为北方最高神。

明代是真武大帝声势显赫、民间信仰最为普遍的时期。明朝初期，朱元璋的儿子燕王朱棣发动"靖难之变"，夺取了皇

---

① 宗力、刘群：《中国民间诸神》，第63～64页。
② 《道藏》第1册，第812～815页。

位。传说在燕王的整个行动中，真武大帝都曾显灵相助，因此朱棣登基后，即下诏敕封真武为"北极镇天真武玄天上帝"，并大规模地修建武当山的宫观庙堂，建成八宫二观、三十六庵堂、七十二岩庙、三十九桥、十二亭的庞大道教建筑群，使武当山成为举世闻名的道教圣地，并在天柱峰顶修建"金殿"，奉祀真武大帝神像。因帝王的大力提倡，真武大帝的信仰在明代达到了鼎盛，宫廷内和民间普遍修建了大量的真武庙。现在庙内供奉的真武大帝，一般为披发跣足，端坐于殿堂之上，旁边塑有龟、蛇二将，或金童、玉女。据说前者是护卫大神，后者专替真武记录三界中的善恶功过。真武也称"报恩祖师"，修道者礼帝为师，祈恩报本。真武的《报恩法忏》详说父母的种种恩德，旨在劝人报恩尽孝。其诞辰日为农历的三月初三日。真武左边是"天蓬"，四头八臂；右边是"天佑"，三头六臂。他们表情生动，威武勇猛。此二神为真武的护法神将。

（七）雷祖殿

雷祖殿建于明英宗正统三年（1438），所奉祀主神为九天应元雷声普化天尊，司生死，掌物掌人，总司五雷。

《无上九霄玉清大梵紫微玄都雷霆玉经》（以下简称《玉经》）称他"主天之灾福，持物之权衡，掌物掌人，司生司杀"[1]。他下辖一个复杂的雷部组织，总部为神雷玉府，下设"三十六天内院中司、东西华台、玄馆妙阁、四府六院及诸有司，各分曹局"[2]。四府为九霄玉清府、东极青玄府、九天应元府、洞渊玉府；六院为太一内院、玉枢院、五雷院、斗枢院、

---

[1] 《道藏》第 1 册，第 752 页。
[2] 《道藏》第 2 册，第 758 页。

图 30　雷祖像

氏阳院、仙都火雷院；诸有司为天部廷司、蓬莱都水司、太乙雷霆四司、北帝雷霆司、北斗征伐司、北斗防卫司、玉府雷霆九司及诸曹院子司。

《玉经》并称每个机构中均有玉府左玄、右玄、金阙侍中、仆射、上相真仙、真伯、卿监、侍宸、仙郎、玉郎、玉童、玉女、左右司麾诸部雷神、官吏、将吏。

《玉经》且称"九天雷公将军、五方雷公将军、八方云雷将军、五方蛮雷使者、雷部总兵使者"①，均在九天应元雷声普化天尊麾下听令。

《玉经》称诸司中有三十六雷公，分天、地、人三类，每类十二名。天雷十二，为神霄雷公、五方雷公、行风雷公、行雨雷公、行云雷公、布泽雷公、行冰雷公、行霄雷公、飞砂雷公、食枭雷公、伏魔雷公、吞鬼雷公。地雷十二，为纠善雷公、

---

① 《道藏》第 2 册，第 760 页。

罚恶雷公、社令雷公、发稻雷公、四序雷公、却灾雷公、收毒雷公、扶危雷公、救病雷公、太升雷公、巡天雷公、察地雷公。人雷十二，为收瘟雷公、摄毒雷公、除祸雷公、破祸雷公、破庙雷公、封山雷公、伏虎雷公、打虎雷公、灭尸雷公、破障雷公、管魄雷公、荡怪雷公。

这三十六雷公掌三十六天曹刑律，严格遵照九天应元雷声普化天尊的命令，代替上天实施刑罚：雷司布令行至疾如风火，不可留停，降泽之处有矛，震雷之声有数，可旱即旱，可雨即雨，必奉帝令。

是经还称九天应元雷声普化天尊执掌五雷、十雷、三十六雷霆。五雷为天雷、地雷、水雷、神雷、社雷。十雷为玉枢雷、神霄雷、大洞雷、仙都雷、北极雷、太乙雷、紫府雷、玉晨雷、太霄雷、太极雷。三十六雷为玉枢雷、玉府雷、玉柱雷、上清大洞雷、火轮雷、灌斗雷、风火雷、飞捷雷、北极雷、紫微璇枢雷、神霄雷、仙都雷、太乙轰天雷、紫府雷、铁甲雷、邵阳雷、炊火雷、社令蛮雷、地祇鸣雷、三界雷、斩圹雷、大威雷、六波雷、青草雷、八卦雷、混元鹰犬雷、啸命风雷、火云雷、禹步大统摄雷、太极雷、剑火雷、外鉴雷、内鉴雷、神府天枢雷、大梵斗枢雷、玉晨雷。

至于九天应元雷声普化天尊的来历，其说有三。

其一为元始天尊九子玉清真王之说。如《无上九霄玉清大梵紫微玄都雷霆玉经》中称浮黎元始天尊第九子玉清真王，化生雷声普化天尊，专制九霄三十六天，执掌雷霆之政，称"神雷真王"。此说还见于《道藏·九天应元雷声普化天尊玉枢宝经》等书中。

其二为黄帝之说。如《重修纬书集成》卷六《河图》曰：

"黄帝名轩辕，北斗神也，以雷精起。"① 卷四《春秋合诚图》曰："轩辕星，主雷雨之神。"②《史记·正义》亦云："轩辕十七星，在七星北，黄龙之体，主雷雨之神。"《历代神仙通鉴》说得更为详细："（黄帝）封号为九天应元雷声普化真王。所居神雷玉府，在碧霄梵气之中，去雷城二千三百里。雷城高八十一丈，左有玉枢五雷使院，右有玉府五雷使院。真王之前有雷鼓三十六面，三十六神司之。凡行雷之时，真王亲击本部雷鼓一下，即时雷公雷师兴发雷声也。雷公即入雷泽而为神者也。力牧敕为雷师皓翁。三十六雷，皆当时辅相有功之臣。"③

其三为闻仲之说。此说源于《封神演义》中姜子牙封神时，将太师闻仲封为九天应元雷声普化天尊，下属邓忠、辛环、张节、陶荣等二十四员雷公，行"催云助雨法"④。以上说法，其一与道教最为接近，如《明史》卷五十《志第二十六·礼四·吉礼四》称："雷声普化天尊者，道家以为总司五雷，又以六月二十四日为天尊现示之日，故岁以是日遣官诣显灵宫致祭。"⑤ 并且道教中还有召请雷神的雷法，此法以符箓法术为用，降妖捉鬼、炼度亡魂、召神驱邪、兴云致雨。

雷祖的两旁陪祀风、雨、雷、电四位雷部天将，负责行风、下雨、打雷、闪电之事。阳间做恶事的人都由雷部诸神来惩罚，先惩其神，后罚其形。道教认为雷是天庭号令，兵行令转，拥有无上神力。

---

① 宗力、刘群：《中国民间诸神》，第151页。
② 宗力、刘群：《中国民间诸神》，第151页。
③ 宗力、刘群：《中国民间诸神》，第151页。
④ 宗力、刘群：《中国民间诸神》，第156页。
⑤ （清）张廷玉等撰《明史》，第1307页。

三 西路建筑

西路建筑有钟楼、财神殿、药王殿、元君殿、文昌殿、八仙殿、吕祖殿、元辰殿、小蓬莱（后花园）、中国道教协会办公会所等建筑。有关钟楼，在介绍东路建筑鼓楼时已有涉及，此不赘述。

（一）财神殿

财神殿原名"儒仙殿"，殿内供奉三位财神。中座为文财神比干，左边为武财神赵公明，右边为武财神关羽。

图 31 财神殿

比干为殷纣王叔父，忠正耿直，见纣王荒淫暴虐，常直言进谏。因听信妲己谗言，纣王恼怒，将他剖心。民间传说则为比干怒视纣王，自己将心摘下，置于地上，出王宫至民间，广散财宝。比干虽无心，但因服姜子牙所赠灵丹妙药，仍活人间。他因无心，故不偏不私，在他手下做生意，买卖公平，老少无欺。于是比干被人们供奉为财神。

赵公明，亦称"赵公元帅"，黑面浓须，头戴铁冠，手执铁鞭，身跨黑虎，主北方之气。他奉天帝之命，讼冤伸抑，买卖求财，能使人宜利和合。对他祈祷，没有不如意的，于是就被奉为财神，统领招宝、纳珍、招财、利市四神。

关羽，即关圣帝君，是集忠、孝、节、义于一身的典型代表。据《历代神仙通鉴》所载，关帝生前是雷首山泽中的龙神，因吸黄河水救济抗旱灾民，得罪天庭，后转世于人间，有庇护商人招财进宝之能，又有司命禄、佑科举、治病消灾、驱恶辟邪、诛罚叛逆、巡察阴司之力，是一位全能神明，被民间广泛信仰。

（二）药王殿

药王殿原名"宗师殿"，殿内奉祀孙思邈真人、神医华佗和医圣张仲景。孙思邈，唐代著名道士，医药学家，京兆华原（今陕西耀州区）人。他七岁就学，日诵千余言；年轻时善谈老庄及百家之说，性好道家之学；后长期隐居终南山修炼、行医。唐太宗、唐高宗数次征召他到京城做官，都辞谢不就，志在山林，一心向道，据说他活了一百〇一岁。相传他还擅长阴阳术数，神应无方。他将道教养生理论与医学相结合，认为人若长寿，就须讲究饮食起居，怡情养性，加以导引行气，食补药补，才能终其天年。他广搜民间验方、秘方，总结唐代以前的医学理论和医疗实践，加以分类记载，在医学和药物学方面做出极大贡献，因而被后世尊称为"药王"。他的著作很多，主要有《千金要方》《千金翼方》《摄生论》等。

（三）会仙福地

在邱祖殿西侧，有一过道门，门额题为"会仙福地"。"会仙福地"有两种解释。其一，指这里是会集仙人的地方。其二，指这里是众生与神仙会面的地方。老北京有每年正月十八、十九日来白云观会神仙的传说。正月十九日是丘祖圣诞，正月十八日晚，天仙真人等各路神仙都要下界来为长春真人丘处机祖师祝寿。各路神仙幻化无定，或为乞丐，或为游人，善男善女若有缘见到，则获福无量，故正月十八、十九两日，信众云集，以冀会仙。是故，便形成民间传统节日——"燕九节"。

（四）神特

神特是进入西院首先映入眼帘的一匹酷似骏马的铜兽，走近细看其造型竟然为骡身、驴面、马耳、牛蹄，因此，很多人把它俗称为"四不像"。其实，它的正名叫"特"。据传，原来是清乾隆皇帝为纪念他那匹南征北战、心爱的坐骑，命工匠铸造了这一神奇之兽。我国古时有"千里马、万里特"之说。长期以来，老北京有这样的传说：它有一种奇特的功能，人哪儿不舒服，只要先摸摸自己，然后再摸摸它的相同部位，即可手到病除。

（五）元君殿

元君殿建于1756年，即清高宗乾隆二十一年，原名"子孙堂"，亦称"娘娘殿"。中座为天仙圣母碧霞元君。左座分别为催生娘娘和送子娘娘。右座分别为眼光娘娘和天花娘娘。碧霞元君神通广大，祷之则灵。民间认为她能保佑农耕、经商、旅行、婚姻，能治病救人。

（六）文昌殿

文昌殿原名"北五祖殿"。今殿内主祀文昌帝君。文昌帝君，又称梓潼帝君，为主宰功名、禄位之神，是中国古代学问、文章、科举士子的守护神，上主三十三天仙籍，中主人间寿夭祸福，下主十八地狱轮回。文昌帝君左边供奉的是孔子，为中国儒家的创始人。道教奉之为"大成至圣先师"。右边是朱熹，为宋代理学大师。文昌殿门外的高大立像为"魁星",为主宰文章兴衰之神。他左手拿斗,意谓"魁"字中间的"斗"字;右手拿笔,意谓用笔点定中试者的姓名,谓之"魁星点斗"。他挺着大大的肚子,意谓学问高深渊博,满腹经纶。

图 32 文昌殿

(七)八仙殿

八仙殿建于 1808 年,即清嘉庆十三年,殿内奉祀道教八仙,即钟离权、吕洞宾、张果老、曹国舅、李铁拐、韩湘子、蓝采和、何仙姑。

(八)吕祖殿

吕祖殿始建于 1887 年,即清德宗光绪十三年,殿内奉祀吕洞宾祖师。吕洞宾是八仙中影响最大,传闻最广的一位仙人。吕祖得道之前,曾流落风尘,在长安酒肆中遇钟离权仙人,仙人以生、死、财、气,十试考验,见他心不动摇,于是授以道法。吕祖誓愿普度天下众生,有求皆应,有感皆通。吕祖精于剑术,而且能够饮酒,擅长诗文,又能治病,所以被称为"剑仙""酒仙""诗仙""药仙"。

图 33　吕祖殿

（九）元辰殿

元辰殿又名"六十甲子殿"，始建于金章宗明昌元年
（1190），原名"丁卯瑞圣殿"。今殿内奉祀六十甲子神和斗姆
元君。

据说，此殿原是金章宗为其母亲所建，奉祀太后本命之神。
因他母亲生于丁卯年，故原名为"丁卯瑞圣殿"。今中间供奉
的是斗姆元君，长有三眼、四头、八臂，为道教一女神，又称
为"斗母""斗姥"，尊称为"圆明道母天尊"。"斗"指北斗

图 34　元辰殿

众星，"姆"指母亲之意，故"斗姆"为北斗众星之母。

《太上玄灵斗姆大圣元君本命延生心经》称斗姆尊号曰："九灵太妙白玉龟台夜光金精祖母元君，又曰：中天梵炁斗母元君紫光明哲慈惠太素元后金真圣德天尊，又化号：大圆满月光王；又曰：东华慈救皇君天医大圣。"① 道教尊称为"圆明道母天尊"，简称"先天道母"，谓之"象道之母"。

至于斗姆的神职，《太上玄灵斗姆大圣元君本命延生心经》曰：

> 斗母降以大药，普垂医治之功，燮理五行，升降二炁，解滞去室，破暗除邪，愆期者应期，失度者得度。安全胎育，治疗病疴。……生诸天众月之明，为北斗众星之母。斗为之魄，水为之精。②

> 玉池自化现金身，生九苞，放光明，毫光闪闪飞上天庭。左太阳，右太阴，东斗启明星，西斗号长庚，南有其星注福寿，北斗七元注长生。紫微主，玉皇尊，二十八宿镇乾坤，十二宫辰安天下，四圣天君把天门，三元三品三官帝，四圣四府四天丁。周天诸斗府，河汉众星真，生天生地生万物，保家保国保皇民，百万雷兵常拥护，五千甲将尽随行。③

斗姆神威浩荡，法力无边。对此，经中继续说其能阳能雨能变化，救灾救难救刀兵，祠嗣就生麒麟子，祈名金榜就题名；

---

① 《道藏》第 11 册，第 345 页。
② 《道藏》第 11 册，第 345 页。
③ 张兴发：《道教神仙信仰》，第 536 页。

商贾者，利加增，祈求父母得长生，子孙得荣盛，夫妇寿康宁，万邪自皈正，诸恶化为尘。因此，她得到了人们的虔诚信仰。

斗姆的神话故事与紫光夫人生九子大致相同。

> 斗姆登于宝座之上，怡养神真，修炼精魄，冲然摄炁，炁入玄玄。运合灵风，紫虚蔚勃，果证玄灵，妙道放无极微妙光明，洞彻华池。化生金莲九苞，经人间七昼夜，其华池中光明愈炽愈盛，其时一上腾九华天中，化成九所大宝楼阁。宝楼阁中，混凝九真，梵炁自然成章。……九章生神，应现九皇道体，一曰天皇，二曰紫微，三曰贪狼，四曰巨门，五曰禄存，六曰文曲，七曰廉贞，八曰武曲，九曰破军。[①]

如今道教的朝斗法科均以斗姆为主神，民间尊称"斗母"，斗姆的神号全称是"先天斗姆紫光金尊摩利支天大圣圆明道姆天尊"。目前道观中供奉的斗姆都是三目、四首、八臂，手中分别执有日、月、弧矢、杵、铃等法器，手执日月二轮应阴阳二气以象太极之意。四头磊落，应四象也。八臂重雍，应八卦也。登宝座以救众生，持宝杵以降魔御患，执弧矢以救劫消灾，执法铃以济人度鬼。斗姆元君的圣诞是农历的九月初九。"六十甲子"是每个人自己的保护神，叫作本命元辰之神，朝拜自己的本命元辰可以保佑一年顺遂，运气亨通。又说凡人们出游，登山涉水，忧虎狼之害，怕邪病之灾，或进谒官侯，只要呼叫本命神，则困难随解，百恶皆伏，所行大吉。中国民间叫祀拜

---

① 《道藏》第 11 册，第 345 页。

本命神为"求顺星"或"求保护神"。

（十）十二生肖壁

十二生肖壁兴建于 1993 年。十二生肖，亦称"十二属相"。古代以十二种动物来配十二地支，即子为鼠、丑为牛、寅为虎、卯为兔、辰为龙、巳为蛇、午为马、未为羊、申为猴、酉为鸡、戌为狗、亥为猪。人出在某年就肖（相似）某物，如子年生的肖鼠、丑年生的肖牛，故称为"十二生肖"或"十二属相"。道教认为：鼠咬天开，智取第一；牛辟田地，勤耕丰年；虎为山王，驱邪避灾；玉兔奔月，喜庆吉祥；龙腾云雾，升天入渊；蛇称小龙，灵活机敏；马到成功，前程万里；羊致和贵，亲善和睦；猴王神通，自由自在；鸡鸣报晓，旭日东升；狗亦图腾，守信尽职；猪相富贵，乌金是宝。所以，人们十分喜爱自己的生肖。

（十一）二十四孝壁

二十四孝壁兴建于 1993 年。众所周知，孝敬父母和尊敬老人是中华民族的传统美德，并认为百善孝为先。二十四孝便是孝敬双亲和老人的楷模，因而受到世人的钦佩和敬仰。他们是孝感动天的（上古时期五帝之一的）舜，孝传五世的陈侃，兄弟争孝的吴氏四兄弟，劝姑（婆母）孝祖的刘兰姐（年仅十二岁），孝感继母的李应麟，跪父留母的张菊花（年仅七岁），挨杖伤老的韩伯愈，负米养亲的仲由，闻雷泣墓的王裒，卧冰求鲤的王祥，亲尝汤药的刘恒，卖身葬父的董永，笼负母归的鲍出，弃官奉亲的潘岳，单衣顺母的闵损，鹿乳奉亲的郯子，扼虎救亲的杨香（年仅十四岁），怀橘遗亲的陆绩（年仅六岁），哭竹生笋的孟宗，贼窟救亲的孙抑，行乞养亲的杨某，上书救父的缇萦，望云思亲的狄仁杰，忠孝双全的沈云英。

（十二）云集园

后院叫作云集园，是白云观最北端的建筑，也是其后花园。园子虽小，但布局得体，错落有致。建于 1887 年，即清德宗光绪十三年。中心建筑是云集山房，南面有面北而建的戒台。园子西部有退居楼，道士退休于此静养。云集园中三个庭院各有人造石山一座，即象征道教三神山。东边山上建有"有鹤亭"，西边山上建有"妙香亭"，北边山下建有"遇仙亭"，加上其他建筑如云华仙馆、曲径回廊、云集山房、戒台等，真是"别有洞天"，无愧于"小蓬莱"之美称。

第二章　史海钩沉

白云观的历史丰富多彩。唐朝初建时叫"玄元皇帝庙"，但建成后的"玄元皇帝庙"却改叫"天长观"，只是因为时任皇帝唐玄宗的生日称作"天长节"。金代世宗皇帝下令对被大火烧毁的天长观进行大规模的重建，金大定十四年（1174）竣工。世宗皇帝不但亲自到天长观监督竣工，而且还在天长观名字前加了一长串的形容词，最后钦定叫"十方大天长观"，可惜的是雄伟壮观的"十方大天长观"再次遭遇火灾。世宗皇帝又花重金进行重建，不过建成后就不敢那么张扬了，只是叫作"太极殿"，但给观内赐了一块"太极宫"的匾额。于是，"太极殿"就改名为"太极宫"。元代时，长春真人丘处机住持太极宫，对太极宫进行了大规模的维修，恢复了往日十方大天长观的气势，后成吉思汗赐名叫"长春宫"。明朝正统年间（1436～1449），长春宫扩建邱祖殿，据说起瓮时一股白云平地而起，香飘整个北京城，人们都以为丘处机显灵了，从此以后长春宫便叫作"白云观"了。

第一节　唐玄宗与石刻老子像

天长观建成后，由玄宗皇帝选配道士居住，并赐玉石雕刻的老子像，作为观内奉祀的圣像，是为观内最贵重的宝物。

图 35　唐代石刻老子像

老子像为汉白玉石雕，高约 80 厘米。老子面带微笑，头顶束髻，长髯垂胸，着斜襟古装，双手抚膝，双腿一跌一竖，为坐式。底座中央置有云履。

安世霖《白云观神像考》描绘老子像道："高一尺八寸，石质黝中作色，连座为一，勒肖工雅，建承露中，神情欲语，服裳盎然古意，坐式两足一跌一植，意貌将行，座前且勒具双屦。"①

说起这尊老子像，还颇有一段神奇经历。唐开元年间，玄宗为了斋心敬道，在古幽州（今北京）建天长观，奉祀族祖老子李耳，即"太上老君""玄元皇帝"。一天早朝，唐玄宗对大臣们说夜里梦见太上老君嘱咐他派遣人到盩厔县楼观山中寻求"圣像"，说"圣像"就藏在山中，而且说一定是深藏于山中地

───────────────

①　李养正编著《新编北京白云观志》，宗教文化出版社，2003，第 566 页。

下的石刻像。于是他派使者到楼观山中寻找，果然在山中挖出一尊石刻老子像，该像所表现的是老子在楼观说经且将西行的神态。此像被唐玄宗迎入西京（今西安）兴庆宫供奉。仅此还不够，唐玄宗还命令画匠模仿此像雕刻一批老子像并绘画"玄元真容"颁示诸州开元观，于是，地处幽州的天长观也就被赐予了这尊老子像。

无独有偶，唐僖宗时，蜀益州（今成都）青羊宫尚保存有一座老君塑像，与今白云观老君石像仪状相同，神情欲语，似讲五千言，意貌将行，远化十方之士，亦皆坐式，两足一跌一植。我们由此推断，此塑像也是遵照开元时颁定的画像雕塑而成。

曾经有人提出，这尊老君石像早已是绝无仅有，抑或其果真为玄宗所赐，抑或此即开元年间安奉在西京兴庆宫之石像，后由道侣转奉于此，亦未可知。其实，此像为唐玄宗所赐，并非无中生有，而是有因之言。因为，从唐代天长观到明代白云观，白云观累遭火灾，而历代都记载此像存在，且每次重修观宇，也都安奉此像，倍加尊重。

那么，这尊石刻老子像为什么能够完整无缺地保存到今天呢？因为此石刻老子像，素被观中道侣视为镇观之宝。白云观历代方丈、监院皆口口相嘱，凡遇战火等灾难，务必秘密埋藏此像，待社会清平后，才可以取出，重新祀奉。这一做法，可以说相沿已成为绝对的遵守规约，即便在"文化大革命"横扫一切的迅猛冲击下，观中执事也是遵约而行，未有懈怠。此像之得存于今日，实乃道侣之功德。

所以，可以确定的是，此老君像的确为唐开元时楼观高手之精雅创作。其历史价值、工艺价值和文化价值都是值得百倍珍惜的。

明清以来，战乱频仍，老子像长期被藏于地下，直到1949年复出。"文革"期间，白云观受到冲击，当时观内一位叫陈旅清的高道与住持刘之维，共同商量如何保护包括老子石像在内的一批宝物。陈旅清是中国道教协会第二届理事会理事，也是白云观里德高望重的"高功"。一天深夜，他敲开了住持刘之维的房门。为了安全，这件事只能由极少数人秘密进行，而且担负这个重任的人，必须具有正信和胆量，也就是说既要不怕危险，又要守口如瓶。两人就找来了观中忠厚善良的孙心正道长趁着月黑之夜把这批宝物埋藏在地下。国务院宗教事务局恢复工作之后，陈旅清和刘之维两位道长向有关负责人报告了这件事，并把老子像"完璧归赵"，由于保密工作做得好，连观中的一些道众都不知实情，以为宝物被毁了，直到这时才恍然大悟并转忧为喜。历经风雨的老君像，如今安然地摆放在白云观里，是国内道教宫观中保存最古老、最精致，同时也是最珍贵的一座石刻老君像。

第二节　首任方丈大律师阎德源

金正隆五年（1160），天长观因战火被焚烧殆尽。金大定七年（1167）七月十三日，世宗皇帝命户部尚书张仲愈负责重建事宜，历时七年，到大定十四年（1174）三月完工。为庆贺工程竣工，特在观中举行了两天三夜的大道场，金世宗完颜雍亲率百官大臣前来观礼，并赐名为"十方大天长观"，命当时著名道士西京路传戒坛主清虚大师阎德源为本观住持。

阎德源利用天长观得天独厚的条件，把十方云水居住挂单的天长观变成了道教的传戒场所，这是道教传戒的开始。《金史·章宗本纪》说:"泰和二年（1202）十二月癸酉,以皇子晬日,放僧道戒牒三千。"[①] 此时道教中出现了戒牒,说明道教的传戒制度已经展开。

作为白云观首任方丈大律师,阎德源不仅拥有很高的宗教身份,而且具有很高的政治地位。这一点从阎德源墓出土的文物可略知一二。

20 世纪 70 年代初,在大同市城西发掘了一座金代墓葬,墓主阎德源生前是西京（大同曾为金代的陪都西京）玉虚观宗主大师,墓中出土了各类随葬品 90 余件,仅木器就达 20 件之多。其中,一套杏木材质的影屏、巾架、盆座、床榻、茶几和桌椅家具模型用材适度、造型准确、简洁古朴,呈现着原木器之本色。这组尺寸大小均在 20 厘米左右的明器,实为不可多得的金代家具之实物模型精品。因此,它为研究我国金代木质家具的形制、工艺水平和家具的发展史,提供了珍贵的实物资料。同时,阎德源墓出土的一对孔雀蓝黑花玉壶春瓶是我国较早时期的孔雀蓝釉。"孔雀蓝釉"属于西亚地区的传统釉色,其制品在唐宋时期的商贸往来中被带到中原并在金元时期民窑中陆续制作。从金元时期的产品工艺看,13 世纪的磁州窑系翠蓝器水平相对较高,至今有不少绘画精美的"翠蓝黑花"器存世。需要特别指出的是,有关学者根据科学成分分析发现该类制品使用低温石灰釉,与我国传统上以氧化铅为助熔剂的低温釉配方并不一致,因此,推断该类色釉极可能是引进西亚地区的原始配方,这也解释了孔雀蓝釉的原始起源问题。

尽管如此,对于阎德源的身份记载阙如。在翰林侍讲学士

---

① （元）脱脱等撰《金史》,中华书局,1975,第 259 页。

知制诰兼修国史郑子聃奉敕撰《中都十方大天长观重修碑》中称：

> 大定十四年三月，户部尚书臣仲愈、劝农使臣仅言奏：十方大天长观馆御既安，像设既严，敢以闻。是月既望，天子暨皇太子率百执事，款谒修虔，遂命为道场三日夜以庆成。先是，召西京路传戒坛主清虚大师阎德源住持，敕授提点观事。越十九年秋九月，乃诏承学之臣文其碑，臣子聃待罪北门，实当书，敢考观之所以废兴，扬榷而叙之。臣谨按图经及旧碑，盖肇迹唐玄宗开元中，命之曰"天长"。[①]

从碑文中可以窥见：

第一，阎德源是西京路的道士，碑文中提到的清虚大师阎德源，受到金世宗重视，特召来京，担任新落成的天长观住持，敕授提点观事，说明阎德源肯定是享誉一时的高道大德，因为金代天长观重修后，曾广召京内外著名高道前来居住，如大定二十六年（1186），冲和大师孙明道奉诏提点观事，他主持编纂了《大金玄都宝藏》，真大道创始人刘德仁，太一道二祖萧道熙、三祖萧志冲都曾应诏入住天长观，全真七子中的丘处机、王处一、刘处玄等人，也曾应诏居住过天长观，这些出入天长观的道士都是当时道教界的名流泰斗，因此，作为天长观重修后的首任住持阎德源，无疑也是一位德高望重的大德之士。

第二，阎德源道号清虚。

---

①　陈垣编纂，陈智超、曾庆瑛校补《道家金石略》，第 1024 页。

第三，阎德源被皇帝任命为修葺一新的十方大天长观的住持，大定十四年重修天长观竣工时，金世宗皇帝暨皇太子亲自前往观礼，并命建道场两天三夜以庆成。

第四，阎德源是传戒大律师。其生平事迹虽在《中都十方大天长观重修碑》中没有提及，但《西京玉虚观宗主大师阎公墓志》有记载。

> 先生法讳德源，字之曰深甫，乡居汴梁也。少而窬（悟）道，顿舍尘缘，师事宣和侍晨张公，为职箓道士，命授金坛郎。迨乎上天革命，稽首向风，携尘而来，寓迹此地。既而卜筑于京西，兴创土木，度集徒众，琳宫壮丽，计日而成。清高之行，喧传宇内，由是贵戚公侯大夫士庶，敬之如神，朝廷累赐师号，为羽流之宗。呜呼！使太上之教丕阐于朔方者，先生之力也。享寿九十有六，临终其数书颂而辞世，有遗蜕之存焉。特谓门弟子曰："云中故俗，人亡则聚薪而焚之，吾所弗欲也。当以遗骸瘗之于丈室之后，无扰乡人。"众垂涕而应之曰："敢不奉教。"遂遽然而逝，是日大定己酉十二月中旬也。于是召日者卜其吉辰，谨依遗命安葬礼毕，铭之于石，以纪岁月。先生功行，具载亭碑。大定三十年正月十八日门弟子韩去恋等谨志，进士祝庭用撰，小师孔道辩泣血书丹。①

从此墓志中可知，阎德源字深甫，汴梁（今河南开封）人，北宋宣和年间（1119~1125）拜在当时为道官侍晨的高道张虚

---

① 1973年10月，大同市城西齿轮厂附近阎德源墓出土，见阎德源墓志拓片。

白门下，为职箓道士，授金坛郎（道官名）。阎德源身为符箓派道士，住持十方大天长观，并有主持传授戒律的事迹，说明授受戒律历史上并非道教全真派专有。阎德源享寿九十六，为地方高道大德，有清虚大师的名望。

第三节　白云观《道藏》的编纂

道教最重"三宝"，王常月在《龙门心法》中说："三宝者，道、经、师也。道本虚空，无形无名，非经不可以明道；道在经中，幽深微妙，非师不能得其理。"[①] 所以，他们最重视经典，《道藏》历来被认为是宝中之宝，道教丛林尤以贮藏《道藏》为荣。八百年来，白云观就是以贮藏《道藏》而知名的宫观。

早在十方大天长观修建时就建置了飞玄阁，是为了贮藏《道藏》经板。金大定四年（1164），金世宗下诏南京（今河南开封）的经板拨交给中都十方大天长观（今北京白云观）保存，并让当时观中的住持提点孙明道负责搜辑补刊，还劝人读《道德经》《孝经》《般若心经》《清净经》等。宋朝时，太宗命令徐铉等人校正道经。后来，宋真宗在大中祥符初年，让王钦若主持《道藏》的整理工作。不久，又让张君房修编《大宋天宫宝藏》。张君房又挑其中重要的道经编成《云笈七签》。这时的南京就是宋时的东京，南京经板就是宋徽宗政和年间（1111～1118）所修纂的《万寿道藏》的经板，是历史上第一部全部刊印的《道藏》。这一部道藏原为 5481 卷，但据辛元龙《昭龙观

---

① 《藏外道书》第 6 册，第 729 页。

道藏记》说，则为 5387 卷。经板原刊于福州闽县，刊成后移贮于东京；靖康、建炎乱后，又移贮于天长观中，经板残缺的不多，基本上是完整的，再经孙明道的搜集和补充，增至 6455卷。这就是《大金玄都宝藏》，据称有 7800 卷。这批经板始终存放在十方大天长观的飞玄阁中。直至泰和二年（1202），观中大火，经板遂告焚毁。

事实上，在北宋和南宋之交的靖康、建炎年间（1126～1130），藏于全国各处城隍庙的政和《万寿道藏》大多毁于兵火。靖康之变，连宋徽宗、宋钦宗两个皇帝都成了金兵的俘虏，中原人民处于水深火热之中。南宋面对北方的强敌，不得不备战，加紧对南方人民的剥削和掠夺。在这样的历史背景下，南宋第二代皇帝孝宗还是一心好道，下诏征集福州闽县所收之道教藏经，在临安重新写录，颁赐各大道观。与南宋对峙的北方政权金朝的统治者对道教也表现出扶植的姿态。当时，政和《万寿道藏》虽然尚存于世，但其经板却已残缺不全。

金明昌元年（1190）二月，皇太后病危，皇帝命设普天大醮七昼夜于天长观。一个月后，皇太后康复，于是在天长观的西边，修建丁卯瑞圣殿以奉皇太后本命之神。章宗皇帝完颜璟为此命天长观提点冲和大师孙明道补缀校订旧存的《道藏》，重新刊印道教经藏。此后，孙明道再次奉诏，安排道士到处搜访道门遗书，所获颇丰，觅得遗经 1074 卷。孙明道召集诸位道侣，按照城隍庙"三洞""四辅"之分类法，品详科格，商榷异同，加以诊次；同时，募工鸠材，不到两年时间，刊雕完工，勒成一藏。共计补板 21000 余册，使全藏达到 83198 册、6455卷，名为《大金玄都宝藏》。但没过多久，泰和二年（1202），天长观遭遇火焚，《大金玄都宝藏》经板不幸灰飞烟灭，藏于各处的经板也毁于金末兵乱。

在尹志平住持长春宫的时候，元太宗六年（1234），皇后遣使慰问，赐给了"道藏经"一部，即《大金玄都宝藏》。至元十二年（1275），元世祖《圣旨焚毁诸路伪道藏经碑》说："长春宫有道藏经"，所指的应当就是这部《道藏》，它在长春宫中一直贮藏了七八十年之久。至于它贮藏在什么地方，于史无证。

与此同时，丘处机弟子宋德方曾补缀金代残藏，编辑了一部7800多卷的《大元玄都宝藏》。这是历代《道藏》中篇幅最多、搜集最广的一部藏经。此书编辑的过程，《终南山祖庭仙真内传·披云真人》和《遗山集·通真子墓碣铭》有记载。

> 长春亦尝私谓师曰："汝缘当在西南。"师因语及道经泯灭，宜为恢复之事。长春曰："兹事体甚大，我则不暇兼，冥冥中自有主之者，他日尔当任之。"仍授以披云子号。及长春羽化，清和嗣典教事，令师提点教门。……思及长春，向日堂下，燕闲之际，有曰："藏经大事，我则不暇，他日汝其任之。"……遂与门下讲师通真子秦志安等谋为锓木流布之计，丞相胡公闻而悦之，倾白金千两以为创始之费，即授之通真子，令于平阳玄都观总其事。至事成之日，曾不怒于素，故翰林学士李治作碑文。从倡始而至毕手，靡不备录，读之见其补完亡缺，搜罗遗逸，海内数万里，皆经亲历之地。①

> 通真子讳志安……遇披云老师宋公于上党，数语即有

---

① 《道藏》第19册，第539~540页。

契，叹曰："吾得归宿之所矣。"因执弟子礼，从受上清大洞紫虚等箓，且求道藏书纵观之。披云为言："丧乱之后，图籍散落无几，独管州者仅存，吾欲力绍绝业，锓木宣布，有可成之资，第未有任其责者耳，独善一身，曷若与天下共之。"通真子再拜曰："谨受教。"乃立局二十有七，役工五百有奇，通真子校书平阳以总之。①

秦志安去世比宋德方早两年，即南宋淳祐五年（1245）。元商挺《玄都至道崇文明化真人道行碑》及李鼎《玄都至道披云真人宋天师祠堂碑铭并引》说："以两手匠九天之书，以一躬续千圣之业，以五载建万世之利。"②宋德方本人还"参校政和、明昌目录之始，至工墨装襦之华手，其于规度旋斡，靡不编录，读之一过，见其间补完亡缺，搜罗遗逸，直至七千卷焉"③。为此，他得到统治者的赞赏，初锡"披云"之号，再膺"玄都至道"之称。这一部经板初藏于平阳玄都观，后来又移贮于永乐大纯阳万寿宫中。至元焚经时，这一部经板亦遭劫难。

明永乐四年（1406），成祖诏命第四十三代正一天师张宇初等人负责编修《道藏》，刊板进呈。当时这一工作并没有开展，张宇初就羽化登仙了，于是由他的弟弟第四十四代天师张宇清继续接替编修。直到永乐十七年，成祖才下定决心组织佛道教人士编纂《佛藏》《道藏》。永乐十九年，《道藏》编纂完成，成祖欣然作序说：

---

① （金）元好问：《遗山集》，参见刘厚祜《白云观与道教》，《道协会刊》1980 年第 2 期，第 35 页。
② 陈垣编纂，陈智超、曾庆瑛校补《道家金石略》，第 547 页。
③ 陈垣编纂，陈智超、曾庆瑛校补《道家金石略》，第 547 页。

朕嗣抚鸿图，心存至道，仰虚玄之当我法，启元始之真文。乃于万几之暇，爰集道流，重加纂辑，以永乐己亥五月二十一日为始，至壬寅冬十月毕工。合《道藏》诸品凡五千一百三十四卷，计四百六十四函，汇编有次，锓梓以传。①

正统九年（1444），明英宗又诏令领京师道教事邵以正对《道藏》"重加订正，增所未备，用寿诸梓"②。正统十年，在妙道真人邵以正的督校下，终于完成《道藏》的印刷刊行，共480函，以《千字文》为函目，自"天"字起至"英"字止，计5305卷。因为该《道藏》刊行于明正统年间，所以被命名为《正统道藏》。

明神宗万历三十五年（1607），第五十代正一天师张国祥又受命编成《续道藏》。这两部经书加起来共有5485卷，分装为512函，每函按《千字文》顺序编号，即我们现在所说的《正统道藏》。每册长35厘米，宽12.9厘米，5折，每折5行，每行17字，上下双栏。每函卷首刊有三清及诸圣像，刻绘精美。

《正统道藏》出刊之后，曾陆续印行颁施各地宫观。颁施《道藏》在当时是一件非常隆重的事，由皇帝下诏，差道经厂太监前去颁发给各地宫观。正统十二年，白云观修建的"赐经碑"就有纪念当时赐经的碑记。碑记曰：

皇帝圣旨：朕体天地保民之心，恭承皇曾祖考之志，

---

① 故宫博物院编《故宫珍本丛刊》第526册，《大明太宗集》卷四，海南出版社，2000，第16页。

② （明）许彬：《赐经之碑》，陈垣编纂，陈智超、曾庆瑛校补《道家金石略》，第1258页。

刊印道藏经典，颁赐天下，用广流传。兹以一藏安奉白云观永充供养，听所在道官、道士看诵赞扬，上为国家祝釐，下与生民祈福。务须祇奉守护，不许纵容闲杂人私借观玩、轻慢亵渎，致有损坏遗失，违者必究治之。谕。正统十二年八月初十日。①

到现在为止，白云观藏经已有 540 年的历史。在每年的农历六月，白云观道众要把全藏悉数搬出晾晒，同时还要用特殊的工具进行翻检，目的是防止受潮、虫蛀和汗渍污染，此举形成传统后被称为白云观的"晒经会"。

《正统道藏》除道教经籍外，还收录一部分医书药方、诸子著作，是现存研究道教和中国古代宗教及哲学、历史、文学、艺术、医药学、化学、天文、地理等学科的重要文献。

明以后重要的道教丛书主要有三种：《道藏续编》《道藏辑要》《道藏精华录》。《道藏续编》由清代闵一得编成，多收清人著作。《道藏辑要》由道士彭定求编成，收道书近 300 种。《道藏精华录》由守一子辑成，有一部分是清朝和民国初年的著作。

清道光年间，白云观第十八代方丈郑永祥和孟至才监院修补了《道藏》。据二人道光二十五年（1845）撰写的《白云观重修道藏记》记载所称，《道藏》"存于观中者非一日矣，阅藏者不一其人，主事者弗介乎意，遂至三洞真经颇多残缺"②，阐

---

① （明）许彬：《赐经之碑》，陈垣编纂，陈智超、曾庆瑛校补《道家金石略》，第 1257 页。

② 参见新文丰出版公司《道藏》，由台湾中华道教会于 1957 年开始编印，1977 年印成。每部亦六十册，增辑了明清以来散佚道书十五种。此本十六开，字体比较清晰；并附清代郑永祥、孟至才《白云观重修道藏记》、明代白云霁《道藏目录详注》等。

明修补《道藏》的缘由，在皇宫太监王廷弼的资助下，"借诸山之经，缮本补入，数月之间，竟成完璧"。他们二人还重印了明代道士白云霁撰著的《道藏目录详注》四卷。

后来，升任为白云观第十八代方丈的孟至才多次回忆修补《道藏》的事情，如其在同治十一年（1872）所创作的《咏道诗》第六首《补经》说：

> 秘籍刊行正统间，于斯三百有余年。
> 经因检阅多遗轶，手自誊抄补阙篇。
> 廿载功夫全四藏，半生心力此中捐。
> 吾今付嘱全真侣，敬谨尊藏万古传。①

为此他还写下题注：

> 前于道光乙巳监院白云观，慨常住藏经多有遗阙，谋欲重修，惜力不逮，蒙护法廷弼王君捐廉助费以成厥功。于是白云观及玉清观两藏道经皆获补全。又戒徒赵圆祥时主沈阳太清宫，亦来信求补。虽照单抄补二百余卷寄往，以副其志，复于同治甲子春再补仁威观之经，屈指二十年，重修道经四藏云。②

这说明发心修补《道藏》时，孟至才和郑永祥还没有任白云观方丈。另外，在《重建吕祖祠记》中孟至才再次提及修藏

---

① 王卡、汪桂平主编《三洞拾遗》第11册，黄山书社，2005，第181页。
② 王卡、汪桂平主编《三洞拾遗》第11册，黄山书社，2005，第181页。

之事，记中称同治六年（1867）孟至才"曾于怡亲王邸恭请《道藏》全部，补其残阙，装成五百十有二函"①。

其实《道藏》修成后明清政府曾经赐给王府或道观珍藏，大多因保管不善，导致下落不明，只有白云观《道藏》保存脉络分明。到20世纪50年代，白云观考虑到保存困难，将全藏交由国家图书馆妥善珍藏。当然，对于个别道观来讲，能够珍藏一部《道藏》那是何等的荣耀。在北京白云观修补完成后，上海雷祖殿道观为了取得一部《道藏》，甘愿成为北京白云观的下院，在白云观第二十代方丈高仁峒和朝中大臣的商讨下，朝廷特批以"北京白云观下院"的名义，颁赐上海雷祖殿《道藏》一部。其后，上海雷祖殿改名为"海上白云观"，以示感谢朝廷恩宠和北京白云观的护佑。

图 36　涵芬楼《道藏》

20世纪初，有学者开始关注与研读《道藏》。1910年，著

---

① 北京图书馆金石组编《北京图书馆藏中国历代石刻拓本汇编》第 83 册，中州古籍出版社，2005，第 120 页。

名经学大师刘师培到白云观遍览全藏，写下了《读道藏记》曰："予以庚戌孟冬旅居北京白云观，乃假阅全藏，日尽数十册。每毕一书，辄志其序跋，撮其要旨。"可见刘师培阅藏的速度惊人，且研究方法得当，一经发现有与藏外刊本不同者，便让人移录，略加考订。最终他认为《道藏》"经箓符图，半属晚出，然地志传记，旁逮医药占卜之书，采录转众，匪惟诸子家言已也。故乾嘉诸儒，搜集旧籍，恒资彼藏"。刘师培指出，《道藏》不仅具有宗教教化功能，而且有重要的文献价值。

不久，白云观嘉惠学林便慷慨地借出其所藏《道藏》给上海商务印书馆以"涵芬楼"的名义影印出版，这样不仅解决了明版《道藏》存世数量少的问题，而且引起了学术界的注意和研究兴趣，这为陈国符研究《道藏》提供了条件。

陈国符为著名化学家、教育家，在初步接触《道藏》后，立即认识到"自明代以来已无道士能读《道藏》"，而"儒者仅用《道藏》来校勘诸子……""如此浩繁之《道藏》实为未开垦之广大学术新园地，即决心研究《道藏》"。但"《道藏》之各部分对于研究者而论皆是无前例可循之材料，必须先创造研究方法，并且又需文史与理工兼通，工作非常艰难"。"在此情形之下，我对浩繁之《道藏》毫不畏惧和退却，反而以初生牛犊不怕虎之精神，毫不犹豫，研究全藏。现回忆研究全藏有诸多好处，即现虽研究《道藏》某部分，但对于全藏脑中必须有清楚之总观念，如此才不至于犯大错误。迄今为止，已翻阅全藏多次。"阅读全藏，谈何容易。陈国符当时倾全力进行研读，他具有惊人的记忆力和耐力，"自晨6点至晚7点除午睡及就餐稍费时外，集中精力研究"，持续一年多时间。他常说那是他一生工作中最有效率的一段时期，是他研究《道藏》的重要阶段。

在这一时期，陈国符完成了研究《道藏》的开拓性巨著《道藏源流考》主要部分的手稿。1946 年，他在南京任职期间："几乎每日下午皆往金陵大学图书馆翻检全国地方志，前往国学图书馆与泽学书库翻阅宋、金、元、明、清文集，道教名山志，宫观志，摘录历代《道藏》与道书储藏处所，增入《道藏源流考》。1949 年，由中华书局出版《道藏源流考》。"这本巨著被有关的国内外学者称为"经典"和研究《道藏》的必读书，而陈国符的确是当时中国或世界上唯一全部翻阅《道藏》的人，并且是深入研究《道藏》中各方面史料的学者。

1923 年 10 月至 1926 年 4 月，李盛铎、康有为①、赵尔巽②、梁启超、黄炎培③、张謇④、田文烈⑤、董康⑥、熊希龄、钱能训⑦、江朝宗⑧、张元济⑨和傅增湘⑩等 13 人根据《正统道藏》又影印了涵芬楼"小道藏"，白云观方丈陈至霖提供了大力支持。当时的民国政府总统徐世昌，因信奉道教，非常支持此事，请当时的教育总长傅增湘负责这件事，所用底本就是白

---

① 李盛铎、康有为：清末出洋考察五大臣中的两位，民国成立后，历任大总统顾问、参政院参政等职。
② 赵尔巽：清末任东三省总督，时任清史馆总裁。
③ 梁启超、黄炎培：发起成立中华职业教育社，创建中华职业学校。
④ 张謇：清末状元，近代著名实业家。
⑤ 田文烈：北洋将领，历任农商总长、内务总长等职。
⑥ 董康：清末进士，民国成立后，历任法制编纂馆馆长、司法总长、财政总长等职。
⑦ 熊希龄、钱能训：北洋政府前国务总理。
⑧ 江朝宗：曾任北京步军统领。
⑨ 张元济：商务印书馆馆长。
⑩ 傅增湘：字叔和，后改字沅叔，号润元，创办北洋女子师范学堂及京师女子师范学堂。后任北洋政府教育总长。1927 年，任故宫博物院图书馆馆长等职。

云观珍藏的明版《道藏》的原本。傅增湘曾在《白云观全真道范》序中说:

> 余自桑海以来,游涉郊坰,时往(指白云观)瞻礼,嗣以重印《道藏》全经,与前方丈陈君过从渐密。经营三载,苦心毅力,同排浮议,卒底于成。玉笈金函,流传薄海内外,真诠秘典,因之大彰,此正道教振起之机,不徒为本观中兴之绩也。前岁陈君羽化,继住院事者为安君世霖,兴利除弊,百废俱举,忍辱负重,独力支持,艰辛既历,神明焕然,顿还旧观。惟值兹世变纷乘,人心漓薄,惧法纪之陵夷,致前修之或轶,乃手编《全真道范》一卷,上自方丈、监院逮于群众,职司巨细,毕赋洪织,不失定为法则,咸共率循。观其申明旧制,分订专条,规律一准,夫精严措置务期于公允,知安君之所以纲纪群伦厘叙百务,孳孳而不已者,其用心亦良苦矣。①

这说明白云观曾对《道藏》的影印工作给予了巨大的帮助。对于这段历史,陈晓维先生披露傅增湘信函如下:

> 敬启者:昔年增湘创议影印《正统道藏》,历时四载,奔走南北,譬解疏通,乃得定议,允假出照片。旋由东海助资,贵馆协力,卒以告成。惟当时事属创始,初无把握,故原预约只一百部。嗣目期满截止,已售去九十余部。深恐不敷分布,乃议加印五十部,然此后五十部系重制版,

---

① 傅增湘:"序",载《白云观全真道范》,白云观藏版,1940,封1、封2。

又多费矣。出版后三年，存书已全数售罄。近来中外人士及边远省份向敝处询问者日日不绝。肆间悬千金以求亦不可得，近且有出千五百金者，而在沪平两馆来购者亦复甚多。盖此百余部流布后，当世颇知此书之宏富深玄。西洋人尤重之，购求更亟。鄙意为时势之需要及学术之宣扬，此书宜早为重版印行，以副海内之望。拟请贵馆查取昔日合同，急议重印办法。其部数以二百部为限，仍发行预约。其价应酌增若干，以现时工价物料为准可也。至制版，则以原书重照。较初办，自可轻减若干。用款一节，初次由东海垫出二万五千元，目前如再请东海出资，恐亦非易。以彼高年，或不愿分神及此。目前假定开办之始需费三万元，拟由仆与贵馆各认其半。俟预约截止，款项收齐，或赢或绌，彼时再计分担之法或分任拆息亦可。至分配余利，则酌前次合同行之。以鄙意揣之，其有赢无绌，可以断言。缘此次再版，知此书之重要者必多。其订购踊跃必较上次为甚。若加以宣传之力，百余部可以坐致。此等良机，似不可失。敬祈台端会商决定，早日施行。如有未尽事宜或须面议者，鄙人可以来沪陈述，更为妥协也。此上　菊生　拔可　云五　先生　傅增湘拜启　九月二十日①

据此，陈晓维还原了整个事情的经过，兹敬录如下：傅函主题是倡议加印《正统道藏》200 部。关于《道藏》的流传，据罗伟国著《佛藏与道藏》记载，宋、金、元三代所刻的《道

---

① 陈晓维：《好书之徒·商务印书馆旧档漫谈之一——涵芬楼影印〈正统道藏〉二三事》，中华书局，2012，第 147~148 页。

藏》均未流传下来，所以明代正统年间所刻《道藏》是《道藏》全书的唯一传本。《正统道藏》的经板传到清代，缺损已经十分严重，共计 12.15 万余块经板曾存放于大光明殿。1900年，八国联军攻陷北京，慈禧太后和光绪皇帝仓皇西逃，联军在北京四处烧杀掠夺，大光明殿因曾作为义和团拳坛而遭到报复性焚毁，殿内明代《道藏》原刻经板被付之一炬。幸好明、清两代朝廷先后将《正统道藏》和万历《续道藏》赐给不少道观，但经过多次兵燹，留存下来的也已经十分稀少。其中北京白云观和上海白云观各藏有一部，且相对其他藏本来说较为完整。两观对此书都奉为至宝，每年阴历六月初一，北京白云观都要举行隆重的晒经仪式，20 位道士用竹刀一页一页地翻经，要 3 天才能全部晒完一遍。

如傅增湘信中所言，商务印书馆以涵芬楼名义影印的《正统道藏》正是他在北洋政府教育总长任上"创议"促成的。可以说，傅增湘是《道藏》得以出版的推动者。《尺牍》中第一次提到《道藏》是 1918 年 3 月 14 日，张元济致傅增湘信中说："前日奉复一函，为影印《道藏》事。"傅增湘为壮声势，并拉上了李盛铎、康有为、赵尔巽、梁启超、黄炎培、张謇、田文烈、董康、熊希龄、钱能训、江朝宗、张元济等 12 位名流作为发起人。影印《道藏》，先要征得白云观的同意，对观中藏本清点页数，照相制版，并做出预算。北京白云观第二十一代方丈陈明霩对此事热心响应。

北京藏本虽在道光时曾由羽士郑永祥募金补抄，但日久年深，仍难免有残缺，须借上海本补足。说到北京白云观藏本的残缺，顾颉刚读书笔记中记有一段逸事，值得把话题岔开一下："北京白云观本，闻刘师培入观借览，以其有利于古籍校勘，凡其所需，皆被撕下，是已成一残本矣。其无行若此。"

既然需要上海本补足，张元济便找上海白云观商量此事，没想到方丈阎雪筠不配合，迟迟不予答复。张元济听说阎方丈背后有白云观的两位股东陈润夫①、葛虞臣拿主意，便亲自去见陈润夫。陈润夫这才摊牌：说借书可以，不过观里正在募资兴建殿宇，如果商务印书馆能捐款把屋顶全部换成琉璃瓦，便是护法，并且说明一定要付现金。张元济与陈老板谈完就给傅增湘写信抱怨："既要得钱，何以不早说。真闷损人也。敝处同人之意，至多不能逾千元，且须分期交付，以免中途变卦。"

商务印书馆开出的条件与陈润夫期望相去甚远，"陈君曾执旧书业。其言外之意，以为石印书籍必有千百部之销路，故欲借此居奇。无论区区千元，即令倍蓰，亦难满其欲壑。故去信竟作拒词"。张元济向老道借书碰了钉子。傅增湘是当朝大员，就提出联络淞沪护军使卢永祥，用官方力量迫老道就范。张元济回信表示反对借助官力。这样，影印《道藏》一事一度陷入了僵局。

后来，傅增湘又动员笃信道教的大总统徐世昌（即傅公函中所称"东海"）出资两万五千元，"钱""权"鸣锣开道，事情才又得以峰回路转。需要说明的是，徐世昌出资的性质并非捐赠，而是投资。1923年10月，《正统道藏》第一期终于印成，1926年全部出齐。《道藏》首次发行共印100部，此后又加印了50部。每部定价1000元，共收书1476种，装成1120册。

《道藏》的销售主要针对国内外图书馆、收藏家以及官绅富商。销售方法则和商务印书馆整理出版的《四部丛刊》一

---

① 陈润夫：上海总商会议董，经营天顺祥票号。

样，采用预约销售的办法。预订者先付款，可以享受比较低的折扣。一旦全书印完正式上市，再想要只能按 1000 元的定价购买。事实上，对《道藏》的销售情况，张元济一直不像傅增湘那样乐观。此事尚在筹议时，为其居中奔走的徐森玉就给张元济打过预防针"推销方法只能专用感情"。张元济在写给傅增湘的信中曾多次表示："道家势力似不如佛……此书预约含有孤注之势。若一发不中，我公责任固重，敝处亦措置较难。""此时预约，究竟能售多少，殊难预料。"临近《道藏》印成，他仍多次忧心忡忡地向傅增湘报告销售数据："共售出三十一部，希望尚有数部。但欲印百部，必须售出六十部，否则尚须垫本。""道藏已经开印，现又订出五部，印数一百。售数总可望五十部，仍乞鼎力吹嘘。""敝处实销，连尊处代招已购客户在内，共得六十部。私冀全书告成之日可望售去八十部。如此时局，如此书，可谓有成绩矣。"预约期结束，实际售出 63 部。其中，据《尺牍》记载，傅增湘先后认购了 2 部。张元济认购了 1 部，供在海盐张家祠堂里。1919 年 5 月 8 日，汉学家伯希和在礼查饭店请张元济吃饭时，也认购了 1 部。主要出资人徐世昌则自留 10 部。

　　徐世昌可以算是民国年间弘扬道家学说最得力的高官。据说他幼年时扶乩灵验，所以很笃信道家神秘文化。他当大总统时，白云观方丈陈明霖开坛说戒，他特赠白云观匾额"葆素涵真"。从民国政府退职去天津当寓公后，徐世昌在家里供起了吕洞宾，每天午睡后都要在吕祖面前叩首。"小楼一角藏身竹，万绿阴中读老庄。""拂衣起招赤松子，同听万壑风入松。"在他的《海西草堂集》中，这种思玄慕道的诗有很多。

　　《道藏》印成之后，徐世昌和张元济为此书闹得颇不愉快。

原因之一是徐世昌作为出版《道藏》的主要股东，嫌张元济拖拉，多次通过傅增湘，催促他结算盈利，并分配余书。另一件事则是在一·二八事变中，商务印书馆的东方图书馆被焚毁。次年，商务印书馆打算重建东方图书馆，张元济给徐世昌写信，恳请其为新图书馆捐赠 1 部《正统道藏》。徐世昌却通过傅增湘转达了自己的意思：愿意捐赠 1 部自己编印的清人诗集《晚晴簃诗汇》，《正统道藏》则只能按照市场售价 1000 元出让。张元济对此大感意外，他当然不肯低头，就让商务印书馆北京分馆的孙伯恒设法弄了 1 部，并特意写信告诉傅增湘"费银八百数十元"。这比从徐世昌手里买，省了 100 多元。

《道藏》全书之成，有三教九流的参与，利益关系错综复杂。达官、富商、学人、道士，轮番登场，热闹非凡。可以说，在这部大书的出版过程中，张元济一直对它能带来的社会效益和经济效益心存疑虑。以他将近退休之年，还要周旋于各类角色之间，于人事上也多生出不快乃至抱怨。再加之傅增湘提议加印《道藏》时，商务印书馆正在全力以赴赶印《百衲本二十四史》，我们可以想象张元济很难对傅的提议给予积极的回应。果然，傅信发出后十几天，商务印书馆便拟定了婉拒的回信。回信是这样写的：

> 沅叔先生大鉴：接奉九月二十日惠函，均敬诵悉。承示印《正统道藏》，宏富深玄，中外人士，无不重视。现在尚有愿出一千数百金无从购致者，是此书有重印之必要；并承尊示就全局计划，拟斥资与鄙馆合印，属即筹议办法奉商，具征盛情，尤佩宏愿！弟等极拟赞成，当即交往主管部门核实详细估计，据覆以现时制版工料已视前不同，

仅制版费一项，约须计洋五万元，再加纸料印工，如印一百部，每部成本至少七百余元，则售价千元，除去利息广告手续各费，尚虞不足。环顾国内物力艰困，百业凋敝，虽好古多财之士，不能不有所观望，此在营业方面虽甚过虑，实亦不得不预为筹及，再四思维，只得从缓，将来俟有善缘，再行奉商。有辜雅意，无任惶悚！专此布覆，敬颂台祺。二十四年　十月二日。①

信中所说的成本核算，并非托词。在这份卷宗里，还有商务印书馆接傅信后，所做的一份重印《道藏》的预算表。表中费用分一时费和永久费两大项。一时费是一次性投入，主要指制版费。无论印数多少，这部分的费用是固定不变的。永久费则包括纸张、印工、封面等项，随印数多少而变动。根据这份预算表，在 1935 年要重印《道藏》，以 100 部计算，折到每部所需的成本：石印制版费 420 元，上等连史纸 103 元，印工 37 元，装订 21 元，封面 9 元，其他费用 11 元。

此后，傅增湘还曾提出减少预算的办法，即改影印为排印，也未获商务印书馆响应。加印《道藏》一事也就到此作罢。

1977 年，台湾艺文印书馆缩小影印涵芬楼本《道藏》，编为 32 开本 60 册，另有总目和索引 1 册。同年，台湾新文丰出版公司也缩小影印涵芬楼本《道藏》，编为 16 开本 60 册，另有总目录 1 册。

1986 年 10 月，日本株式会社中文出版社缩小影印涵芬楼

---

①　陈晓维：《好书之徒·商务印书馆旧档漫谈之一——涵芬楼影印〈正统道藏〉二三事》，第 154~157 页。

本《道藏》，称为《重编影印正统道藏》，编为 16 开本 30 册。

1988 年，文物出版社、上海书店、天津古籍出版社三家联合影印《道藏》，缩小之后编为 16 开本 36 册。由于白云观藏明版《道藏》于道光二十五年（1845）修补时未能完全补齐，缺少 98 页，所以涵芬楼本影印出的《道藏》也是同样的残缺。这三家出版社在影印涵芬楼版本之前，借用上海白云观旧藏本补足，以成完璧，这个版本可以说是比较优质的。

这样，1977 年以来，中国和日本先后印制发行了 4 种版本的精装影印本《道藏》，发行数量相当可观，这是近 20 年来世界性道教研究热潮推动的结果。由于近年来私人藏书的增加，影印出版的新本《道藏》大有供不应求之势。自古被道教奉为"金函玉册"的"无上经宝"，终于"下凡"走到了寻常百姓的家中。可以说，历史上《道藏》屡编屡损的悲剧不会再重演了。

1996 年 8 月，中国道教协会、中国社会科学院世界宗教研究所道家道教研究中心、华夏出版社联系北京、上海、四川等省市的部分道教专家学者，在北京白云观召开了《道藏》整理座谈会，决定以明编《道藏》《续道藏》为底本，对原编所收各种道书作校补、标点、重新分类，改编为一部新的道教经典丛书，定名为《中华道藏》。会上决定成立《中华道藏》编纂委员会，由中国道教协会张继禹副会长主持编修，中国道教协会主要负责联系有关事务的安排落实，道家道教研究中心筹划全书的整理点校工作，出版事务由华夏出版社负责。此举获国家宗教事务局批准，列入国家"十五"重点古籍整理项目，发起组织全国百名专家学者整理点校、编修这部道教文献总集——《中华道藏》。

《中华道藏》以明代《正统道藏》、万历《续道藏》为底本，保持三洞四辅的基本框架，对三洞四辅以外的经书又根据不同内容进行了相应的归类。全藏分为三洞真经、四辅真经、道教论集、道教众术、道教科仪、仙传道史和目录索引七大部类。各部类所收经书，按道派源流和时代先后编排次序。

《中华道藏》按现代人阅读习惯和图书整理规则进行编修，全藏分为两种体例：一为点校，即对保存完整的藏书加以新式标点并进行必要的文字校勘；二为合校和补缺，即在点校的基础上，对残缺的藏书以数种残卷相互校补，以合成完整的版本，同时增补了数十种原藏未收录的明代以前的道经。所收每种经书名标题下，均由整理者增添简要说明，注明作者、卷数、所用底本及参考版本等事项。

《中华道藏》用繁体字重新录排，古体竖版，文字清晰，全藏分为 49 册，每册约 130 万字。全藏既有分册目录，又有总目录，并附目录索引、引用书目录索引、人名经名索引等，既符合现代规范，又有古书风范，还能适应信息化发展的要求。

2003 年 10 月，《中华道藏》编纂出版座谈会在北京人民大会堂隆重举行。全国人大常委会副委员长傅铁山、全国政协副主席刘延东、中国残联主席邓朴方、中国道教协会会长闵智亭等出席了会议。

2018 年 12 月 20 日，中国道教协会启动了《中华续道藏》编纂出版工程，启动仪式在中国道教协会大礼堂（北京）隆重举行。中共中央宣传部、中共中央统战部、文化和旅游部、国家图书馆、国家古籍保护中心的有关领导以及中国道教协会、四川大学、中国社会科学院、北京大学、中国人民大学、厦门大学等单位的近百名代表参加启动仪式。会议确定四川大学作为学术牵头单位，聘任该校老子研究院院长詹石窗作为项目首席专家与执行主编，负责联络全国学术界，具体开展工作。中国道教协会会长、《中华续道藏》主编李光富道长，四川大学党委书记王建国出席仪式并讲话。中国道教协会副会长兼秘书长张凤林道长主持仪式。仪式上，四川大学詹石窗教授就《中华续道藏》工程缘起的文化背景、编纂意义、前期准备、架构内容与实施步骤做了简要介绍。他表示，编纂《中华续道藏》不仅有助于中华文脉的传承，而且有助于促进社会和谐有序和助推实现国家文化安全。《中华续道藏》项目工程主要采集明代万历以来至 1949 年中华人民共和国成立以前的道教文献，该工程主要任务分为三大系列：一是编纂影印本《珍本道书集成》(《中华续道藏》之原始文献编)；二是编纂点校本《中华续道藏》；三是建立《中华续道藏》电子文献数据库。整个工作时间预计为 10 ~ 12 年，分为三期工程进行。每个阶段围绕一个中心任务展开。《中华续道藏》编纂工程被列入国家"十三五"规划文化重大工程。

第四节　长春宫与处顺堂、白云观

元太祖十八年 (1223)，长春真人丘处机从西域归来，任太极宫住持。当时宫内一片凄凉，遍地瓦砾，丘处机遂命盘山栖云子王志谨主领兴建，历时三年，宫观焕然一新。

王志谨，又叫王栖云，生于金大定十七年 (1177)，金元全真道士，法号志谨，又称栖云真人。他自幼夙有道缘，及长至山东拜郝太古为师，口传心授，道法大进。太古仙逝后，王志谨韬光晦迹，由是获全于乱世。后从长春真人北游燕蓟，隐居于山林之间，诸方学者多从之质疑，令闻遐播。长春仙去，遂远出游方，所至之处，老少贵贱与方外之士皆罗拜于前，愿为门弟子者动以千数。无论童隶，凡有拜问，即答之：

> 凡隶玄门，皆太上之徒，吾之昆季也。天下之患，莫大乎傲慢轻易。道性人人具足，奚分长幼乎？[1]

闻者无不叹服。金宣宗贞祐年间（1213~1216），志谨于盘山开门授徒，讲道论玄，四方学者称集，于元世祖中统四年（1263）羽化，倾城号泣三日。其著作为《盘山语录》，认为金丹乃是人的本来真性，修行者首先得明白自己的本分；其次要通教化，尤其要在境上炼心，对境无心，不染不着，顺其自然。又称"人生于世，所为所作，无不报应"[2]。他借佛教轮回报应说，屡屡告诫习道之人要常思己过，切忌骄矜，应韬光晦迹，安贫守朴，"苦己利他，暗积功行"[3]。其于初学者确有指点迷津之功。可见王志谨论道，以《清静经》为宗，融合禅宗心性本净之说，颇具道禅混融色彩。元朝时，王志谨被赐号"惠慈利物至德真人"。

　　1227 年，丘处机于太极宫羽化，皇帝谕旨改"太极宫"为"长春宫"。翌年，丘处机弟子尹志平于宫东营建一道院，谓之"白云观"。尹志平藏丘处机仙蜕（尸体）于观中，谓之"处顺堂"，揭开了白云观历史新的一页。

　　在此后的一个世纪中，白云观曾多次举行普天大醮、罗天大醮。对于尹志平的修道历程，后面有专门介绍。对于当时的白云

---

① 李道谦：《甘水仙源录》，《道藏》第 19 册，第 756 页。
② 论志焕编《盘山栖云王真人语录》，《道藏》第 23 册，第 726 页。
③ 论志焕编《盘山栖云王真人语录》，《道藏》第 23 册，第 729 页。

图 37　瘿钵：丘处机遗蜕的埋藏处

观规模，元至元八年（1271）二月十九日，翰林学士王恽游长春宫作诗说：

> 鸣珂振毂满重城，花衣春光沸玉笙。
>
> 放眼壶天如隔世，侍谈仙驭胜蓬瀛。
>
> 松风韵飒金档静，竹露寒光鹤梦清。
>
> 且莫临漪门外去，夕阳正在总真明。①

随着明王朝的建立，一度被冷落的白云观又出现了新的生机。明太祖二十七年（1394），燕王朱棣命再建长春宫，由于它被破坏得太严重，荒烟蔓草旧址难明，在不得已的情况下，便修缮了近在咫尺的白云观，以处顺堂为前殿，又修建了后殿和廊庑厨库及道侣藏修的地方，但仅建成前后两殿。1395 年，

---

① 　（元）王恽：《秋涧集》卷十六，第 2 页。出自（清）纪昀《钦定四库全书》。

燕王来此观礼。1396年，世子朱高炽亦来此观礼。但明朝皇帝向来喜好正一，而不重视全真，从朱棣以后，政府再也没有出钱修缮过白云观，只是在住观道士的自力更生和朝官们的支持下，不断增建，日益扩大，恢复了昔日的丛林旧观。

明成祖朱棣是位十分崇奉道教的皇帝。他登基后，大规模地修建道教宫观庙堂。朱棣之所以这样做，除信仰的因素外，通过官方承认，把大量民间神纳入道教正统体系，不仅笼络了民心，而且减少了民间信仰反抗性的潜在威胁。应该说，其效果更甚于免租减税，因为物质的多寡是暂时的，精神的认同却是永远的。

明宣宗宣德三年（1428），太监刘顺于此修建了三清大殿。

明正统三年（1438），住持倪正道与内官协力创建玉皇殿。正统五年（1440），复建处顺堂。正统八年（1443），于玉皇阁前建延庆殿，重修四帅殿和山门，更建棂星门于外。

正统八年，长春宫正式改名为白云观。如今白云观山门上悬挂的"敕建白云观"的这块匾额，就是当年明英宗皇帝所赐之物。匾额系生铁铸造而成，其寓意是企望白云观坚固持久，像铁铸一般。是故，自此遂有"铁打的白云观"之美誉。

景泰七年（1456），重修四帅殿和七真殿。此后的半个世纪，白云观甚是衰微。时有诗曰："长春宫殿锁寒烟，驻马斜阳锦树边。白鹤不归云影外，黄花仍发酒杯前。"又曰："红尘飞尽白云生，一径深深草树平。丹灶已空仙去远，琳宫犹枕旧辽城。"

明弘治七年（1494），张诚首倡修整白云观，历时两年，白云观焕然一新。明末，朝政衰微，白云观亦自废颓。

此后，在嘉靖十年（1531）和万历初年的1576年又两次修建，最后一次还增建了钟楼、鼓楼、长生堂和施斋堂。这些都是住观道士倪正道、邵以正、李得晟和太监刘顺、张诚、冯保等人所集资修建的。在这里，我们有必要说明的一点，就是这些道士都不是龙门嫡系。

关于倪正道的记载，道教史迹阙然，但在白云观中有一通赐经碑，碑文曰：

正统十二年八月十日，今上皇帝刊印道藏经成，颁赐天下，用广流传，乃以一藏安奉白云观永充供养。时主持道录司右元（玄）义臣倪正道稽首载拜安奉讫，复命工砻石而勒圣谕于上，属翰林院修撰臣彬题志年月于下方。臣彬仰惟太宗文皇帝临御之日，尝命道流合道藏诸品经纂辑校正，将锓梓以传，而功未就绪，奄忽上宾。肆今皇上以至圣之德统承天位，体皇曾祖之心，以天下生民为念，追尊先志，于是重加订正，增所未备，用寿诸梓。计五千三百五卷，通四百八十函。其为经，包括三乘，类分条析，自太上立教之端，以至道家从事之要，罔不备载。于以颁之天下，藏之名山秘宇，听所在道官、道士看诵赞扬，上为国家祝釐，下与生民祈福，甚盛举也。呜呼！皇上之用心何其若是之至耶！夫追崇先志，善继善述，孝莫大焉！嘉与万方，敛福锡民，仁莫重焉！仁孝之道，自古帝王鲜能尽之，今我皇上，仁孝之实著于躬，行心得之余，所以格庙社、康兆民其所由来有自矣，臣敢不拜稽首，敬书于后，以为万万年宗社生民蒙福之贺。

正统十三年八月□日 翰林院修撰□□臣许彬□□□①

———————————

① 陈垣编纂，陈智超、曾庆瑛校补《道家金石略》，第 1257~1258 页。

我们从碑文中可以知悉，倪正道时任朝廷设置管理道教的部门道录司右玄义一职。

邵以正，号承康子，别号止止道人，明英宗、明代宗时期昆明人。据《明史稿·本传》记载，邵以正先祖世居姑苏，洪武中随父母迁居滇南，后居昆明。邵以正自幼丰神秀颖，警悟过人。长大后拜高道王云松为师，跟随全真高道刘渊然弘扬道教，刘渊然赞扬其勤勉，将全部道秘传授给他，邵以正通过勤奋修炼，一一领悟。当刘渊然入京主领天下道教事时，邵以正亦被皇帝诏入，授予道录司右玄义一职，历右演法、右正一之职，进封守玄冲静高士，得赐"通妙真人"号。皇宫内每有大的修建、大的祈禳，一定是邵以正主持。其淡泊存心、简静处己、平言接物、以诚求道的修为使其卒成名冠羽流、望隆缙绅。

李得晟，道号天希，天津清微派第七代传人，弘治十六年（1503）被封为道教最高管理机构道录司的官吏——左至灵，正八品。正德十一年（1516）前，被封为妙应真人。李得晟曾任北京朝天宫住持管道录司事，后为嘉靖皇帝求子，带领门人到齐云山做金箓大醮；后从北京至天津掌小直沽天妃宫（天后宫）。明嘉靖后他一直住在天津，为天津道教有文字记载的最早的道士。其曾收徒四人分别掌管天后宫四个主殿，即"四大门"。

李得晟精通道教醮斋科仪，清微诸阶雷法，且医术高绝，行医治病，从不收费。正德四年（1509），身为道录司官员，他拜谒白云观处顺堂并进行视察，目睹了这里"檐牖脱落，日就倾圮"的状况。这以前，李得晟的前代师祖赵宜真曾得全真丹诀之传，他遂"思继先志，召匠鸠材，以坚易朽，补缺为完"，使之比以往更加壮丽恢宏。李得晟修复处顺堂后，又命令匠人依照白云观旧有全真七子像，除丘处机外，增塑了其他六位真人神像。正德十一年（1516），李得晟撰《长春殿增塑七真仙范记碑》，道家俗称为《小直沽天妃宫住持李得晟碑》。碑云：

> 白云观旧有处顺堂，创自未混一时，清和尹宗师藏厥师长春丘真人仙蜕于下，封土为冢，构此为覆者也。景泰丙子，我师祖通妙邵真人，撤堂拓地，备勒贞珉。……旧壁图绘十八大师及五真人像。

据此碑文可知，此前李得晟已任天津小直沽天妃宫住持。碑中叙述了处顺堂的历史渊源、随丘处机赴西域十八弟子的姓名。此碑成为后世考证白云观历史文化的重要佐证。《金鼓洞志》以《人海记》和《小直沽天妃宫住持李得晟碑》为本，溯本穷源，补全了丘处机十八弟子的姓名。① 由此可知李得晟碑的重要文献价值。

李得晟是嘉靖帝的宠臣，嘉靖十一年（1532）五月，任钦差前往皖南道教名山齐云山为嘉靖皇帝祈嗣，所带之人郝永亨、

---

① 嘉庆丁卯开雕、光绪己卯重梓《金鼓洞志》卷六《教祖》引《人海记》曰："白云观在天宁寺西北，前为玉历长春之殿，殿右有儒仙之殿，再后为七真翕光之殿，堂中列七真像，旁绘十八弟子，拂拭尘土，隐约可辨者。北殿侧：抱元宗师赵道坚、太元宗师宋道安、清和宗师尹志平、太素宗师孙志坚、守一宗师夏志诚、明真宗师何志清；东壁：冲和宗师张志素、崇真宗师李志常、洞明宗师綦志远、□阙宗师潘得冲；西壁：敷化宗师孟志稳、光教宗师郑志修、抱扑宗师鞠志圆、光范宗师于志可、□阙宗师王志明。"按《小直沽天妃宫住持李得晟碑》曰："尚有宋得方、张志远、杨志静三人已漫灭，不可复识矣，又北为真寂堂，即处顺堂故址。堂中塑邱真人像二，其大者，双瞳点漆，精采如生，非阿尼哥、刘銮辈能为也。冲和宗师本潘得冲号，而画壁作张志素，又孟志源，乃作志稳，皆与李孟谦《甘水仙源录》异，惟十八人姓名则《甘水仙源录》未备也。"

沈得登、蒋振先、张振通、王振聪、李常经、屈常絙、王常镐、杨存禶、刘存恩等，都是其同门。同年，他以天津小直沽天妃宫住持的身份为著名的《老子八十一化图》撰写序言，从中可窥其道学功底之深厚及不凡的社会知名度。此书现有多个版本保存在海外各图书馆，如今已成珍贵文物。

在明代，李得晟与前代师祖赵宜真、刘渊然、邵以正、喻道纯等，长期活跃于宫廷，对当朝统治者曾经产生过不小的影响。《钦定日下旧闻考》《明实录》《明史》等对此均有所载。据天后宫道士世代口头传承及相关史料记载，李得晟儒书道经，深造有得，融汇道法，传道授徒，努力弘扬道教文化——其时天后已被列入道教神仙。

据传，李得晟无子嗣，早期先后吸纳四个门徒，分别掌管庙内河伯殿、火帝殿、龙师殿和药王殿四个主殿，即日后世代相传、经管庙产的"四门"，时称"四大门"。这四徒后来又各收六个徒弟，形成二十四家，分掌二十四配殿。

李得晟为何要设"四门""二十四殿"？这与他深谙道法有关。道教有"四御"之说，即仅次于三清尊神主宰天地万物的四位天帝。正一道创始人张道陵著道书二十四篇，创教时曾设二十四治（教区），弘扬二十四气（道气），选配二十四法箓，以治精鬼，消灾灭祸。为此，李得晟设"四门""二十四殿"，以示尊祖循道之志。

李得晟统揽全局，善理枝蔓，他制定的道士管理制度，虽烦琐却体现了公平与合理，因而传承数百年。他精通医术，讲究医德，把脉问诊、行医治病从不收费，威望颇高。李得晟仙逝后，葬于城西天妃宫道士祖坟。

第五节　陈明霈、陈撄宁与白云观

一　陈明霈成立中央道教会

清朝末年，白云观有全真和正一两派的道士居住，但里面还供有菩萨像，甚至还有佛教的僧侣在白云观修行。

为了振兴道教，北京白云观方丈陈明霈（1854~?）于1912年发起成立"中央道教会"，争取生存，力图发展。陈明霈于辛亥年（1911）被道众推举担任方丈，于1913年开坛传戒，宣演大法，得皈依弟子320余人。1919年，他又开坛说戒百日，得皈依弟子400余人，为全真龙门弘扬教法做出了榜样。虽然如此，道教教团却失去了经济基础，政府对道教没有财政支持。但在北京等地举行的传戒活动，却得到了上至大总统黎元洪，下至省长、商会会长等人以私人名义的赞助。

陈明霈，法名至霈，字钟乾，号毓坤，道号玉峰子，天津人。他从小聪明敏捷，很有孝心，为了服侍母亲，跟着吃素食，从不沾荤酒。成年后的陈明霈产生了超凡出世的想法，于是在他24岁那年拜河北新城圣海宫陈圆岚为师，正式出家修道。在研究道经妙法的过程中，陈明霈别具慧心。后来他遍游名山访道，多次遇到异人，传授给他道教心法。

清光绪八年（1882），陈明霈到北京白云观受了高仁峒方丈的戒。由于陈明霈在戒子当中才华出众，被监戒大师张明治看中，将张宗璿老方丈传戒的方法全部传授给了他，让他代替其传承道脉。陈明霈道德修养很高，被道众所钦佩。光绪十年（1884），白云观高仁峒方丈再次开坛传戒，任命陈明霈为引礼大师。后来陈明霦又被高仁峒任命为白云观总理，管理各路执事，并负责修建后花园和处理永久会务。这时陈明霦就在后花园中修建了这座专门用来传戒演礼的戒台。接着，陈明霦又在昌平买下田地十三顷，充当白云观的香火钱。

光绪十七年，高仁峒传戒时他又担任监戒大师，后又担任证盟大师，时刻肩负着重任。同年冬月，因积劳成疾，他退隐宣武玉皇庙养病，并自署斋名"安乐洞天"。

光绪二十二年，陈明霦回到新城圣海宫侍奉师父陈圆岚，直到其羽化登仙。同年秋，高仁峒方丈又开坛传戒，陈明霦担任证盟大师，事后回到圣海宫主持事务。

光绪二十六年（1900），八国联军侵华，新城首当其冲，陈明霦誓守庙土，与联军长官接洽，订立保护居民的协议，使乡民财产转危为安。1902年，陈明霦聚集庙资在新城创办小学，招收乡邻子弟入校读书，不收学费。学校教授中西科学，为社会造就了许多人才。当时袁世凯任直隶总督兼北洋大臣，特意赠给圣海宫"德水滂仁"的匾额。

清宣统元年（1909），北京白云观礼请陈明霦担任监院，三年后推举其担任方丈。1912年，陈明霦在北京创立"中央道教会"，号召各省道庙设立分会，以整顿道教清规，推广地方慈善事业，并发起国人道德思想爱国教育。1913年，陈明霦开坛演戒，得戒弟子320余人。1919年农历三月，陈明霦又开坛说戒百日，祈祷世界和平，庆祝欧战告终，得戒弟子432人。为此，徐世昌颁给白云观匾额"葆素涵真"。1926年，陈明霦与徐世昌接洽，献白云观明版《道藏》，影印流传。1927年，陈明霦再次开坛传戒，为全真龙门弘扬教法做出了表率。不久，陈明霦放弃白云观一切职务，游方而去，莫知所终。

二 陈撄宁宣扬仙学爱国思想

1915 年，熟谙道教经典总集《道藏》的陈撄宁至北京寻访炼养功夫高深的道长，住在北京白云观、北京西四砖塔胡同内一个道教小庙中修炼道教内丹功法。1916 年，陈撄宁离开北京后与夫人吴彝珠居住上海，并在民国路开设中医诊所行医。1924年，在上海创办《扬善半月刊》和《仙道月报》，宣传道教仙学爱国思想，北京的道教文化爱好者便受惠于他。

图 38 陈撄宁

陈撄宁在《答复北平学院胡同钱道极先生》时说：

> 成仙在中国，做鬼也在中国！羡慕外国就朝外国跑，祖国谁改造？个个都希望死后往生西方极乐世界，不必说是一种梦想，就算是成为事实，亦表示我们自己毫无能力，

完全要仰仗外力来救拔。

　　我们自己有祖传之神仙秘宝，为什么不探索发掘？况且仙学修养法讲现实，追求的是形体长生，却病延年，深有深的功效，浅有浅的收益，较其他道门实际，为什么不发扬国粹？①

陈撄宁这种朴素的爱国之心，深深地打动着北京的信众。

陈撄宁还在继承传统仙学的基础上，援引科学解释来改进仙学。他的学生张化生评价说：

　　当兹生物学、生理学、生殖学、生态学、发生学、化学、物理学等大明之时，似宜适应新潮，将仙术建筑在科学的地平线上，俾唯心唯物之粗暴威权，消融翔洽于唯生的大化炉中，造成生平和乐的世界。②

这表明了陈撄宁对待仙学与科学两者之间的态度。

对于长生，他认为长生不是永生，而是对生命的延长：

　　人生在世，有生就有死，有死必有生，古之称之为造化。有生为造，有死为化。而在修炼大道的人，偏要打破这个生死常规，做到长生久视，以与造化相抗衡。如果缺乏超群的毅力、深厚的道德、高远的智慧，结果定难实现。③

---

① 陈撄宁：《中华仙学》，真善美出版社，1978，第288页。
② 陈撄宁：《仙学解秘：道家养生秘库》，大连出版社，1991，第529~530页。
③ 田诚阳编著《仙学详述》，宗教文化出版社，1999，第194页。

他发愿："定要永久长住在这个世界上，改造此世界，方见得道家真实的力量比任何宗教为伟大。"① 对于成仙，他认为："抽尽秽浊之躯，变得纯阳之体，累积长久，化形而仙。"② 至于修道成仙的方法，他创造了"三元丹法"，即天元丹法，亦称大丹，指清修；地元丹法，亦称神丹，指外丹；人元丹法，亦称金丹，指性命双修。进而言之，分为静功、动功、女丹修炼等。在对待仙学与道教信仰的问题上，他提出仙学可以与信仰分离，也就是说不信教的人也可以修炼仙学，从而使神仙信仰有了更广泛的空间。

第六节　当代监院承继道统

1949 年以后，中国共产党和人民政府贯彻执行宗教信仰自由政策，保护公民个人宗教信仰自由，促进了社会的安定团结，道教活动逐渐得到恢复和发展。1950 年，北京市尚有道教宫观 67 处，道士近 200 人。

1956 年，全真派第一丛林北京白云观由政府出资重新修复。11 月 26 日，中国道教协会筹备委员会在北京成立，沈阳太清宫岳崇岱方丈被推选为筹委会主任、北京火神庙监院孟明慧道长被推选为筹委会副主任。刘之维在担任中国道教协会筹备委员会委员的同时，还担负维修白云观的工作。

1957 年 4 月，中国道教协会在北京成立，会址设在北京白

---

① 牟钟鉴：《长生成仙说的历史考察与现代诠释》，《上海道教》1999 年第 3 期，第 12~14 页。
② 牟钟鉴：《长生成仙说的历史考察与现代诠释》，《上海道教》1999 年第 3 期，第 12~14 页。

云观，岳崇岱当选为会长、孟明慧当选为副会长，刘之维当选为常务理事，驻会北京。是年冬天，陈撄宁来到北京，住在中国道教协会所在地北京白云观。时值"反右"斗争运动，中国道教协会在北京西郊宾馆举行"大鸣大放"运动，时任中国道教协会办公室主任的屈大元，身为陈撄宁的学生，知道老师朴直憨厚，不让陈撄宁参加运动，帮助其请病假休养于白云观中。尔后政治运动频繁，陈撄宁始终保持清静修持，待人诚恳，敦厚慈善，对党和政府竭力拥护，得到了时任中共中央统战部李维汉部长等的赞扬。

1959 年，刘之维与佛教界联合创办北京嘉兴寺塑料厂，任副厂长兼统计员。

1960 年，陈撄宁当选为全国政协委员。1961 年，他当选为中国道教协会第二届会长，在白云观内成立了道教文化研究室，创办《道协会刊》，开展学术研究。他说："新中国成立前他无意仕途，可说是一界不入，年近八十，在新社会才正式入道教协会做负责人，想在有生之年，把自己的才能贡献给道教界，贡献给社会。"这质朴的话语表达了他爱国爱教的热情。"文革"期间，北京大多数宫观被拆毁、占用；道士被遣散驱逐；道教经书、法器、珍贵文件遭到破坏。陈撄宁、刘之维等受到"红卫兵"的批斗，但仍坚持保护白云观的文物。

1978 年，党的十一届三中全会召开，中国共产党的宗教信仰自由政策重新得到落实。

1979 年，刘之维任白云观监院，重新主持观务。

1980 年，政府拨款再次修缮白云观，刘之维第二次主持白云观的修缮工作。

1982 年，修葺一新的白云观被国务院定为全国重点宫观之一，北京市文物保护单位，成为全国开放的重点宫观，北京市风景名胜区。

1984 年，白云观陆续从外地请来老道长和来观参访的年轻全真道士常住，加上中国道教协会的全真、正一两派道士，当时在观中的道士有 60 多人。同年，白云观成立"民主管理委员会"，实行十方丛林管理制度，推选监院、知客、都管等执事，并开办劳动自养的"白云观服务社"，包括旅馆、餐馆、停车场、道家书屋等。

1986 年，刘之维当选为中国道教协会副会长，主持教务工作。同年，由于刘之维到中国道教协会工作，未到而立之年的黄信阳当选为白云观监院。

黄信阳出生在一个世代信奉道教的家庭，从小深受道教熏陶。1974 年，他年仅 12 岁，经家中父母同意，便到本村东华道观出家，成为一名小道士。他不惧出家人生活的清苦，认真研习道学典籍，曾用正楷毛笔字工工整整地抄写了一木箱的道学典籍。1981 年，黄信阳跟随师父到全国各地云游寻访，途经北京，时任白云观监院的刘之维一眼就看上了这个心有慧根、眉清目秀的小道士，想把他留下来做接班人，可是同行的师父舍不得，只好作罢。第二年，刘之维协同中国道教协会的负责人远赴浙江，再三劝说黄信阳的师父，才把黄信阳带到白云观。1983 年，黄信阳来到北京白云观常住，从此，更加勤奋学习道学教义。1984 年，他参加中国道教协会举办的"第二期道教知识专修班"学习。1985 年，他进入北京白云观管理委员会，管理经堂，任高功，兼导游。因长期潜心研习和宣扬光大道家教义，绩效显著，他先后被推选为高功、执事、律坛保举大师，并先后当选为中国道教协会常务理事、副秘书长、副会长。中国各地道教宫观的当家人一般被称为监院或住持。监院或住持一般由众道士公选而定，三年一任，可连选连任。黄信阳在任白云观监院期间，他厉行革新改制，恢复了白云观传统的道观执事职称，成立了白云观民主管理小组，充分发挥群策群力，加强白云观的管理，注重做好道观的接待参访、劳动自养、修葺殿堂，组织和强化道教义理学习等多方面的工作。

1987年，白云观恢复了春节庙会，更名为"白云观民俗迎春会"。1989年1月，刘之维在北京仙逝，享年75岁。同年，白云观制定了《北京白云观接纳道教居士办法》，恢复了北京道教居士的活动，进一步加强了宫观管理体制，由监院与执事管理教务，开展正常的宗教活动。11月10日，白云观举办了中辍60多年的传统授戒仪典，迎请王理仙道长升座为白云观第二十二代方丈，举行为期20天的传戒活动，传戒弟子75人。

王理仙11岁时入私塾习儒业，读书6年。家有一兄一妹，父母劳累早逝，其长兄早已自立另居，王理仙靠劳动谋生并抚养幼妹。24岁时，妹妹出嫁，王理仙无意随俗浮沉，投奔怀德县杨大城子无量宫出家修道。师爷为王明露道长，师父是赵至善道长。

入道出家8年后（1943年），适逢沈阳太清宫金崇泽方丈在黑龙江双城县无量观开坛传戒，戒期100天，王理仙入坛受戒为"天字第一号"戒子。1966年"文化大革命"爆发，道教受到猛烈冲击，西安八仙宫部分被砸毁，部分被占用，道士被强迫遣散。王理仙处此逆境，内心焦灼而又惶惑，但他坚持信仰，以庙为家，虽受迫害亦不离庙，最后占用八仙宫的工厂也只得留下他，作"看门"使用，给他起码的生活费用。王道长只求能栖身道观，虽箪食瓢饮，安之若素。他为人沉默寡言，神情慈祥温和，与人无争，"看门"则尽其职守，闲暇则手不释卷，故而在"十年动乱"中他也还能侥幸平安度过。

1980年，党和政府贯彻落实宗教信仰自由政策，西安八仙宫依然由道教界收回管理，原观中道众陆续返回八仙宫，推选王理仙道长为监院。同年五月，他出席中国道教协会第三次全国代表大会，当选为第三届理事会常务理事。西安八仙宫当时已残破不堪，百废待兴，百事待举。他带领全观道众一方面组织劳动自养，一方面依靠地方政府资助修缮八仙宫这一古建筑。

1984年9月，他与陕西六大宫观（华山道院、八仙宫、楼观台、佳县白云观、户县重阳宫、龙门洞）的负责人共同筹备成立陕西省道教协会，他被推选为筹备组组长。1986年冬，陕西省道教协会成立，他以年迈隐退，只担任名誉会长。同年，他推举闵智亭道长担任八仙宫监院，自己只是协理庙务，颐养晚年，日以读书、静修为乐。1989年11月10日（农历十月十三日），道教全真第一丛林——龙门祖庭北京白云观举办已中辍60多年的传统授戒仪典。事前，1988年中国道教协会理事会便决议恭请王理仙道长升座为白云观第二十二代方丈。这次戒期20天，受戒弟子75人。王理仙方丈神态慈祥，仔细为受戒弟子说戒并发予戒牒。他成为全真道教授戒盛典的中兴者，是白云观法统继往开来的一代宗师。他告诫受戒弟子要"爱国爱教""诸恶莫做，众善奉行"。1992年3月，中国道教协会召开第五次代表会议，他被敦聘为名誉理事。1995年，王理仙逝于西安八仙宫。

道教文化是中国传统文化的重要组成部分。道家的音乐很有特色，白云观的道教音乐用的是韵腔，属于全真正韵的十方韵。据传，清末著名的白云观住持孟永才把十方韵改为北京韵后，使其更加闻名遐迩。孟永才住持精于道家斋醮礼乐，为留住过往云游的道家高士，共礼三清，光大白云观，他把道家通用的音乐进行了修订，加入北京地方的特色，被称为北京韵，从此天下闻名。但是后来，随着众多高龄道长的羽化和云游他方，这里的特色音乐濒临失传。

为了恢复白云观往昔的音乐，抢救这一珍贵的民族文化瑰宝，黄信阳和其他道友一起开始了长达十几年的努力。黄信阳是个有心人，早在温州的时候，他就注意收集有关方面的资料。20世纪80年代，他来到北京时，就带来了一些十方韵的资料，就是当年孟永才主持创编北京韵的音韵基础。在白云观期间，黄信阳对这些资料进行了长期的研究，后来，他们又请了中国音乐学院的音乐专家和全国各地名观大庙擅长道教音乐的道友一起来挖掘整理白云观的音乐。经过多方的努力，白云观终于恢复了过去的全真斋醮音乐。

1988年，中国音乐学院、北京音乐家协会和白云观共同组建了"北京白云观音乐团"，由黄信阳担任团长，对道教斋醮音乐进行集中整理和研究并举行了公开演奏。在音乐界和道教界引起巨大反响。近年来，"北京白云观音乐团"多次出访新加坡、加拿大等国家和我国台湾、香港地区，均受到好评。鼓是道教音乐的主要乐器，黄信阳擅长鼓和提钟的演奏，被公认为白云观道教音乐的"第一鼓手"。后来黄信阳还主编出版了道教的图书和音乐音像资料。

1989年4月至2004年，黄信阳为北京市七届、八届、九届、十届政协委员（民宗委副主任）。1989年11月，北京白云观举行全真传戒，他担任保举大师。1992年，任中国道教协会理事会副秘书长，兼白云观监院。

1995 年，北京白云观、香港青松观和台北指南宫在白云观联合举行了"护国佑民"的罗天大醮法会。罗天大醮——道教斋醮科仪中最隆重的活动之一。"罗天"是指三界之上的大罗天。所谓"罗天"，是指天外之天、最高最广之天。"醮"乃是道教祭祀三清、四御、五星列宿的一种仪典。早期道教举办醮仪的目的是治病、宥罪。醮仪最初是在夜间、露天设供祭诸神的。唐代《六典》中列有七种斋仪：黄箓、金箓、明真、三元、八节、涂炭、自然等斋。这时"斋"已成为一种宗教活动的仪式。唐以后，"斋"与"醮"开始并存。宋代王钦若著《罗天大醮仪》，道教遂具有了普天大醮、周天大醮、罗天大醮等盛大的祭祀仪式。明代邓仲修等编定《大明玄教立成斋醮仪范》时，将斋、醮合并，其成为道教宗教科仪的统称。

据道经规定，普天大醮应供奉 3600 个醮位（即神位），周天大醮供奉 2400 个醮位，罗天大醮供奉 1200 个醮位。三种大醮做法、规模虽有区别，但其目的都是一护国佑民，二延寿度亡，三消灾禳祸，四祈福谢恩。另外，还有金箓大醮、玉箓大醮、黄箓大醮等大型道教仪式。

唐以后，历朝不少帝王都是每逢国家有大事或大灾，均诏请道士在宫中或名山宫观设坛建醮。清代以后，这种大型道教斋醮活动就很少见了。

罗天大醮的主要科仪有焚香、开坛、请水、扬幡、宣榜、荡秽、请圣、摄召、顺星、上表、落幡、送圣等。在诵经礼拜时还伴有优美的道教音乐和动作、队形变化多样的步罡踏斗。隆重的罗天大醮，须搭设九坛奉祀天地诸神，上三坛称普天，由皇帝主祀，祀三千六百神位；中三坛为各周天，主公卿贵族祀之，设二千四百神位；下三层为罗天，由人民供祀一千二百神位，醮期则长达七七四十九天，并分七次举行七朝醮典。醮科包括福醮、祈安醮、王醮、水醮、火醮、九皇礼斗醮以及三元醮等。罗天大醮不仅祭仪隆重，醮期长，普度区内更要用五色布遮天，无论内坛或外场都显得极为隆重庄严，所耗费的人力、物力也超出一般醮典十倍以上，加上普天又须皇帝主祭，封建社会时代，民间少有能力建此大醮。1993 年 9 月 17 日至 26 日，在北京白云观举办的罗天大醮，是该观自清代以来最大的一次盛典。参加大醮的有 9 个内地经团，还有我国香港、台湾地区和美、加、澳海外经团。

1999 年，尤法肇、李宇林当选为白云观副监院，负责管理日常事务。同年，白云观成立修缮委员会，黄信阳任主任，对白云观进行维修。2000 年，北京白云观隆重举行了修缮竣工、方丈升座和神像开光活动，谢宗信荣任白云观第二十三代方丈。

谢宗信大师为中国道教协会常务副会长，原籍湖北黄陂，1914 年生于武汉市，俗名谢仁铭，1927 年在木兰山祈嗣顶出家，拜李理清道长为师。入道后他学习道教经典，深悟道德真义，诵道经，习科仪，学习道教传统医药和养生法，成为一个以道教为事，道教知识丰富，为人正直的道教徒。谢宗信大师谦虚谨慎，平易近人，爱国爱教，得意弟子有吴诚真、贤金等，并传授其九卦九宫图与中医术。谢宗信大师一生接法弘道、济世度人、功行两俱、妙法圆通，为道教的发展做出了卓越的贡献。谢方丈始终高举爱国爱教的旗帜，对道教与社会主义社会相适应的重要性、必然性有着极高的见解，对爱国爱教的真正含义有着深刻的感受。他被海内外道教界所推崇，誉为"爱国爱教，艰苦奋斗；谦虚谨慎，平易近人；济世利民，肝胆相照；修真悟道，普度众生"之道德典范。

2001 年，北京白云观被列为全国重点文物保护单位。

2005 年、2010 年、2015 年，白云观分别进行了三次民主选举，李信军被推举为监院兼管理委员会主任，全面负责白云观的管理工作。

李信军祖籍河北省临漳县。1986 年入道出家，学习道教斋醮科仪、太极、养生、书法等传统文化。1988 年于西安八仙宫拜华山派宗师闵智亭道长为师，1992 年常住北京白云观，其间多次赴新加坡弘道。2002～2004 年底，被派往江西武宁县太平山道观主持工作。2005 年至今常住北京白云观。

李信军道长自幼接受中华优秀传统文化的熏陶培育，致力于道教传统文化的学习、研究和弘扬。在北京白云观常住期间，李信军道长注重抓道教宫观的管理，在继承道教优秀传统的基础上，与时俱进融入现代管理理念，并积极服务社会，多年来为社会公益慈善事业做出突出贡献。

李信军道长非常注重道教学术研究，先后编著了《百家论道》、《水陆神全》、《中华道学百问》（上、中、下）、《太上感应篇释义》、《李信军书法集》以及《玄门日诵早晚功课经》、《道教礼仪》、《顺拜星太岁》音像资料等。

2021 年 8 月，经大众推举、国家宗教事务局批准，孟至岭升座为白云观第二十三代方丈，同时李信军正式升座为白云观监院。

第三章　方丈、律师

　　方丈是道教十方丛林中最高教职的称谓。道教讲人心方寸，天心方丈。成玄英疏《庄子·天下》曰："方，道也。"[1] 《大戴礼记·本命》曰："丈者，长也。"[2] 方丈即对有道长辈的尊称。郑玄注解《周易》说："丈之言长，能御众，有正人之德，以法度为人之长。"[3] 因此，方丈具有开坛传戒、以法普度弟子的职责，所以通常把传授戒律的方丈称为方丈大律师。

　　方丈的选拔也很严格，必须受满三坛大戒，而且接过"方丈法"，德高望重、戒行精严，受全体道众拥戴，始许选为方丈。《三乘集要》："方丈乃人天教主，度世宗师，演龙门之正法，撑苦海之慈航，常怀传贤之心，素无吝道之意，作全真之模范，律门之纲领，非有道之师，不可立也。"[4] 《全真须知·长春真人执事榜》："方圆端正谓之方，保障丛林谓之丈，阐扬大道，以德化人，抚孤恤寡，敬老怀幼，无功不积，无善不为，天人共仰，一切咸钦，作戒子之纲领，撑苦海之慈航，需有道

---

① （清）郭庆藩撰，王孝鱼点校《庄子集释》，中华书局，1961，第1065页。
② （清）王聘珍撰，王文锦点校《大戴礼记解诂》，中华书局，1983，第254页。
③ （汉）郑玄撰，林忠军导读《周易郑注》，华龄出版社，2019，第199页。
④ （清）任永真辑著，刘康乐、高叶青校注《重刊三乘集要》（上卷），社会科学文献出版社，2020，第49~50页。

有德之士，经天纬地之人任之。"①《初真戒·三师原说》："传戒本师乃太上继宗演教、接化大德之师，不受天仙戒者，不得传戒。"②

全真道士必须受满初真、中极、天仙等三坛大戒，接过律师传法，持戒精严，德高望重，做全真大众模范，律门纲领，受十方丛林宫观全体道众恭请拥戴，才能担任方丈职务。方丈开坛传戒期间，便可称为"律师"。

依据白云观祠堂院供奉历代方丈、律师牌位，从第一代方丈律师赵道坚到今天，白云观已有二十三代方丈、律师传承。

表1　白云观历代方丈、律师简表

代数	方丈	律师
第一代	赵道坚	赵道坚（虚静）
第二代	张德纯	张碧芝（德纯）
第三代	陈通微	陈冲夷（通微）
第四代	周玄朴	周大拙（玄朴）
第五代	张静定	张无我（静定）
第六代	赵真嵩	赵复阳（真嵩）
第七代	王常月	王崑阳（常月）
第八代	谭守诚	谭心月（守诚）
第九代	詹太林	詹怡阳（太林）
第十代	穆清风	穆升阳（清风）
第十一代	朱一和	朱怀阳（一和）
第十二代	袁阳举	袁九阳（阳举）

① 邢赴灵等撰，李礼清记，纪至隐编辑《全真须知》，奉天小西关太清宫印行，戊寅（1938）订，第8~9页。
② （清）王常月：《初真戒说》，《藏外道书》第12册，第20页。

续表

代数	方丈	律师
第十三代	王来还	王却尘（来还）
第十四代	白照图	白复礼（照图）
第十五代	程本焕	程香岩（本焕）
第十六代	张合皓	张朗然（合皓）
第十七代	张教玄 孟教龄 郭教仁 张教智	张精一（教玄） 孟松云（教龄） 郭教仁 张合德（教智）
第十八代	严永宽 吕永震 郑永祥 袁永亭 孟永才	严冲阳（永宽） 吕乾初（永震） 郑瑞阳（永祥） 袁真一（永亭） 孟豁一（永才）
第十九代	张宗璿	张云樵（宗璿）
第二十代	高仁峒 刘诚印	高云溪（仁峒） 刘明印（诚印）
第二十一代	刘至融 陈至霖	刘林泉（至融） 陈毓坤（至霖）
第二十二代	蒋宗瀚、王理仙	蒋宗瀚、王理仙
第二十三代	谢宗信、孟至岭	

第一节　赵道坚与龙门派

龙门派是全真道影响最大的支派。它承袭全真教法，由丘处机所传，尊丘处机弟子赵道坚为创派宗师。

赵道坚（1163~1221），原名九古，道号虚静子，人称虚静先生，祖籍檀州（今北京市密云区），父任平凉府同知时，徙

居平凉（今属甘肃）。李志常《长春真人西游记》记载其事，
《终南山祖庭仙真内传》列有其传。他是金末时期全真道的重
要人物，生前曾是丘处机最器重的弟子，羽化后被龙门派尊奉
为第一代大律师。赵道坚小时候就天资澹静，风清骨奇，喜欢
参悟道家经典，尤其喜读老庄。本来性格内向，加之少时父亲
去世，"每有升虚之志"①。

图 39 赵道坚

金大定十七年（1177），赵道坚正式入道，拜于道人崔羊头
门下。崔羊头违反常理，让赵道坚执厨爨之役，每晚做五到七次
饭，每次都要变换味道，做好进呈后也不多吃，还不让多做，使
他通宵不能睡觉。这样持续了 3 年，赵道坚毫无怨言，反而"心
益恭，亦无分毫骄气，人以内奉先生呼之"②。崔羊头知道赵道
坚是一个可教之人，遂于大定十九年（1179）将其推荐到华亭

---

① 《道藏》第 19 册，第 528 页。
② 《道藏》第 19 册，第 528 页。

（今甘肃省平凉市华亭县）马丹阳门下。第二年（1180），马丹阳回归终南山，让赵道坚前往龙门洞师事丘处机。丘处机便给其取道名道坚，这当然与丘处机早年在磻溪苦修时立志有关，当时丘处机曾写诗《坚志》说："吾之向道极心坚，佩服丹经自早年。遁迹岩阿方十九，飘蓬地里越三千。无情不做乡中梦，有志须为物外仙。假使福轻魔障重，挨排功到必周全。"①

跟随丘处机期间，赵道坚"诚敬精严，执弟子礼"②，受到格外赏识，被授以清虚自然之秘法。在龙门归隐修道期间，他曾跟随丘处机到燕地传道，而且"时往来于平凉"③。大致在这一时期，他常回平凉探母或游历传教，所以《金盖心灯》卷一和《龙门正宗觉云本支道统薪传》也载其"出抚西北路七载，安堵流民二十余万人"④。

金大定二十六年（1186），赵道坚随丘处机到终南山祖庭。金大定二十八年（1188），丘处机应金世宗完颜雍的诏请到金中都（今北京），让其师事李灵阳。金明昌二年（1191），赵道坚随丘处机东归山东栖霞太虚观，过掖城（今山东省莱州市）时，丘处机命其拜谒刘长生。丘处机让赵道坚师事两位前辈，实际上是在有意对他进行培养。

不久，丘处机命赵道坚归栖霞，让他充文侍，掌管经籍典教，实际上他成为丘处机的得力助手。这一方面是因为赵道坚本人确实具有很强的能力，特别是文笔、书法非常出众；另一

---

① 丘处机：《磻溪集》卷一《七言律诗》，《道藏》第25册，第811页。
② （清）闵一得：《金盖心灯》卷一《赵虚静律师传》，《藏外道书》第31册，第176页。
③ 《道藏》第19册，第528页。
④ （清）闵一得：《金盖心灯》卷一《赵虚静律师传》，《藏外道书》第31册，第176页。

方面是经过长期历练，丘处机认为赵道坚已具备了相当的资历。大致也就是在此期间，赵道坚在全真道内的声望和地位开始得到提升。

元太祖十四年（1219），丘处机应成吉思汗之诏赴西域，赵道坚遂为十八随行弟子之一。历时一年有余，于元太祖十六年（1221）五月渡陆局河，七月越阿不罕山，十一月至赛兰城。赵道坚对尹志平说："我至宣德时，觉有长往之兆，尝蒙师训，道人不以死生动心，不以苦乐介怀，所适无不可。今归期将至，公等善事父师。"① 数日示疾而逝。丘处机命门下弟子葬其于东郭原上。观上述赵道坚行谊及其所处的时代背景，他似无创立与延续龙门派的行为和打算；而龙门派以之为宗主者，恐系出于依托。后世龙门派道士为了证实赵道坚为该派创建人，另有一番描写。《金盖心灯》卷一《赵虚静律师传》曰："师姓赵，名道坚，号虚静，南阳新野人。"②

在赵道坚仙逝后，有关他的神异事件时有出现。《终南山祖庭仙真内传》载："初，长春过阿不罕山，留宋道安等九人建栖霞观以待。至壬午为恶人妒忌起讼，众皆忧惧。道安昼寝，见先生自天窗而下，曰：'吾师书至。'道安曰：'自何来？'曰：'自天上。'受而观之，止见'太清'二字，宋觉白于众。翌日，果有书自行在，讼事乃寝。盖先生之阴护也。……既达汉地，自云中、武川、瀍阳、燕蓟十余处见先生单骑而至。预报：'长春宗师东还，何不远迎？'其神异之迹不能备纪，姑录一二，以表死

① 《道藏》第 19 册，第 528 页。
② （清）闵一得：《金盖心灯》卷一《赵虚静律师传》，《藏外道书》第 31 册，第 176 页。

而不亡者也。"①

赵道坚羽化后受到全真道祭祀和朝廷册封。南宋淳祐十年（1250），李志常掌管天下道教事务，奉命褒美道门师德，赠赵道坚"中贞翊教玄应真人"号，葬其冠履于五华山，每岁祭祀。元至大三年（1310），朝廷下令，正式敕封赵道坚为"中贞翊教玄应真人"。

至于赵道坚与龙门派的关系，据《金盖心灯》卷一《赵虚静律师传》说：

（赵道坚）闻七真演教，独携瓢笠，谒长春丘祖，诚敬精严，执弟子礼。丘祖与语而奇之，曰："此元（玄）门柱石，天仙领袖也。他日续心灯，而流传戒法者，必此子矣。"遂侍（丘）祖游燕阐教……祖乃传以清虚自然之秘，栖隐龙门者多载。复出侍（丘）祖于白云观，统大众。师于至元庚辰正月望日，受初真戒、中极戒，如法行持，无漏妙德。（丘）祖乃亲传心印，付衣钵，受天仙戒，赠偈四句，以为龙门派，计二十字。……师谨识之，未敢妄泄。是为第一代律师。……（赵道坚）修持凡三十年，功圆行满，将示化，始以戒法口诀，于皇庆壬子年十月望日，郑重其礼，亲授河南道士张碧芝名德纯。②

此传本较之王常月《钵鉴》，其文稍简。将此传与《长春

① 《道藏》第19册，第528页。
② （清）闵一得：《金盖心灯》卷一《赵虚静律师传》，《藏外道书》第31册，第176页。

真人西游记》《终南山祖庭仙真内传》比较，可以发现：除改变籍贯外，主要是略而不提赵道坚的真实经历，而是将其时代延后，着重叙写他在元世祖至元十七年（1280），如何受丘处机传三戒、付衣钵等事。其目的是在标榜龙门派的建立乃出于丘处机的意思，而赵道坚是丘处机衣钵的继承人，即龙门派的创建人。

据《钵鉴》《金盖心灯》等所记，赵道坚下传第二代宗师为张德纯，号碧芝，河南洛阳人。元皇庆元年（1312）受教，隐居华山，元至正二十七年（1367）以教付陈通微，不知所终。

总之，元代全真道呈衰微之势后，一些龙门派道士重新理清传承谱系，赵道坚跟随丘处机多年，深受器重，很多情况都确实符合谱系传承的需要，故被尊奉为龙门派第一代大律师。清代全真道龙门派第七代律师王常月撰写《钵鉴》5 卷，对全真道龙门派传承世系的追溯就是以赵道坚为龙门派第一代律师。但此书已佚，清代道士闵一得根据此书记于《金盖心灯》卷一，而《龙门正宗觉云本支道统薪传》据《金盖心灯》更加肯定了这一记载。

第二节　王常月中兴全真道

清代，白云观在道教整体走向衰弱过程中反而出现了兴旺景象。清康熙四十五年（1706），道众重修白云观，建起了灵官殿、玉皇殿、七真殿、长春殿、三清殿、四御殿、山门牌楼、石桥、钟鼓楼、东西祠堂、道众宿舍等，颇具规模，极为壮观。今天的白云观基本上是这一时期所重建。王常月祖师在白云观传戒十次，度弟子千余人，大振玄风。白云观也从此声名大噪，享誉大江南北，前来求戒和参访的道友络绎不绝，整个全真道兴盛起来。

龙门派以第一代赵道坚为开教祖师，第二代张德纯活到元末，第三代以后进入明代。据此，明代实为龙门派的肇建时期。在那个时期，徒众甚少，还未形成独立道派。如第四代宗师周玄朴于洪武二十年（1387）受教，其传记曰："是时元（玄）门零落，有志之士，皆全身避咎。师隐青城，不履尘市五十余年，面壁内观，不以教相有为之事累心，弟子数人，皆不以阐教为事，律门几致湮殁。"[1] 第五代宗师沈静圆于明天顺三年（1459）至金盖山，挂单于书隐楼，亦发出"慨仙踪之不振，吊逸绪之无承"[2] 的浩叹，而"有终焉志"[3]。其后，终明之世，道教发展不见起色。

明末清初，形势有所变化。清统治者为了笼络汉人，在顺治、康熙、雍正三朝，实行较为宽松的宗教政策，为道教的发展提供了较好的政治条件。加上当时民族矛盾尖锐，使一批怀着国破家亡之痛，又耻于剃发易服的明朝遗民，不肯事清，而愿隐居山林或遁入佛道，为道教的复兴扩大了道士来源。在上述情况下，龙门派第七代宗师王常月从华山北上京师，挂单于灵佑宫，不久移住白云观，在那里传戒收徒，方使龙门派一度获得复兴，一改明代衰落的旧观。

---

① （清）闵一得：《金盖心灯》卷一《周大掘律师传》，《藏外道书》第 31
　　册，第 178 页。

② （清）闵一得：《金盖心灯》卷一《沈顿空律师传》，《藏外道书》第 31
　　册，第 180 页。

③ （清）闵一得：《金盖心灯》卷一《沈顿空律师传》，《藏外道书》第 31
　　册，第 180 页。

图 40　王常月坐像

王常月（？～1680），明末清初著名道士，俗名平，法名常月，号昆阳子，潞安府长治（今山西长治）人。对于王常月的神奇经历，《龙门祖庭白云观》有着详细的记载：王平幼时，有一天在家门口玩耍，有个道人经过，见到这个孩子骨相不凡，不由得心血来潮，掐指一算，连连赞叹："樵阳真人再生身，又到人间走一遭。太上律宗，将再次风行于天下。"① 在大笑声中，道人踏步远去。道人的话引起了王家人的注意。自此以后，王平的父母常常留意观察自家的孩子，却也未发现有何奇异之处。慢慢地，大家也就淡忘了无名道人的话。

---

① 闵一得：《皇极阖辟证道仙经·炼虚合道第十》："樵阳者，古真人之号，姓王，不知何代人……樵阳再生矣，太上律宗，从此复振矣。"《藏外道书》第 10 册，第 381 页。

王平的父亲、兄长都是虔诚的道教信徒，他们特别尊重一位名叫张麻衣的道长。张麻衣在山上搭了个茅棚，平日里居无定所，出没于山林云霞之间。他擅长道法，尤其精于祛疾疗病之术，名声传遍了周围的十里八乡。王家人空闲时，常去茅棚找张麻衣聊家常，并顺便给他送去时新菜蔬，家中有人生病也请他治疗。

王平二十岁时得了恶疾，浑身发烫，整个人昏迷不醒，眼看着就挺不过去了，这可吓坏了全家老少。王平的大哥急忙上山去请张麻衣。说来也巧，虽说张麻衣平日里行踪不定，但此时却恰好在茅棚静坐。得知情况后，他二话不说，稍事准备，就随王平的大哥下山。张麻衣进得门来，不慌不忙走到床前，握住王平的手说："孩子，坐起来吧，病已经好了。"只见王平"哇"的一声，吐出一口浊气，慢慢睁开眼睛，还坐了起来。张麻衣摸出一粒药丸，让他就水咽下。紧接着，又开了一张药方，向王平父兄交代一番，然后飘然离去。王家人急忙照方抓药，精心照料，没过多少时日，他就恢复了健康。

王平醒来后，像换了个人似的，整日默默不语，似乎在沉思着什么。等病情好转，他就赶紧上山去找张麻衣。到了茅棚，他才发现里面空空如也，连蒲团、斗笠也已不在，张麻衣已云游江湖去了。王平禁不住泪流满面，跪在茅棚前泣不成声。过了许久，他止住哭泣，恭恭敬敬地向茅棚三叩首，然后郑重立下誓言："师父，虽然没能得到您的许可，但弟子决心已定，从今以后，我就是您的入室弟子。弟子发愿成为一个像您一样的道人，用自己的道术救济普天下的百姓，以此报答您的救命大恩。无论您在哪里，我都要走遍天涯海角找到您。"说罢，他站起身，踏步走到高山之巅，面对着无尽的苍穹，向天地山川叩首行礼。礼毕，他静静地凝望着山下的王家庄，然后迈步向山林深处走去。从此，山西潞安府的王家就丢了一个儿子，而江湖中则多了一位游方的云水全真。出家后，他的法名叫作王常月。

王常月受法之后，在华山北斗坪搭了一座茅庵，从此，他隐居华山礼斗参玄。不论雨雪风雹，不管严寒酷暑，昼则闭户静坐，夜则朝礼北斗，用功不懈，从无间断。

王常月遍游名山，饱经风霜，历尽险阻，在兵荒马乱的日子里，也不知参访了多少座道观，拜求了多少位道长，真正是吃尽了苦头。但他始终也没有找到张麻衣。不过，在参学访道途中，他也渐渐掌握了道门祛疾疗病之术。多年来，他一边替人看病，一边寻师访道。他相信终有一天能与张麻衣重逢。

王常月有一天赶到王屋山时，顿觉心潮阵阵涌动，难以自已，不由得停住脚步，心中暗道："莫非明师确实在此地？"他在山中寻觅一处平地结茅而居，饮清泉，食松子，白天则外出寻访，夜晚则静坐存思，就在王屋山中住了下来。

一日，王常月在山中采摘野果，忽见一位采药老翁踏歌而来。只见这老人白须飘飘，精神矍铄，身轻步健，走山路如履平地。王常月暗暗称奇。但听老翁歌道：

> 大道不远在身中，万物空时性不空。
> 性若不空和气住，气归元海寿无穷。[①]

王常月心头一亮："这是虚靖天师的悟道诗，深山老翁怎么

---

① 《道藏》第 4 册，第 608 页。

知道？看这老人气宇不凡，红光满面，莫非真人确实在这里？"

王常月走上前去问道："老伯适才所歌，可是虚靖天师之诗？"

老翁笑道："正是张虚靖的诗。"

王常月叩头便拜，说道："老神仙在上，请受弟子一拜。"

老翁赶忙扶起他，笑道："老朽只是山野村夫，哪里是什么神仙。小老弟要寻神仙，倒也凑巧。此山中有个清虚洞，洞中有一位赵真人，那才是活神仙。闲暇时，老朽常采些山果、草药送些给他，赵真人也常说些道理给老朽听。张虚靖的诗句，就是从赵真人处听来的。"

这真是"踏破铁鞋无觅处，得来全不费工夫"，王常月心头暗喜，又问道："看老伯年近百岁，眼不花，齿不摇，身健体轻，莫非已得长生之术？"

老翁笑道："老朽曾听赵真人说：'草木根生，去土则死；鱼鳖沉生，去水则死；人以形生，去气则死。所以，古来圣贤仙佛皆知气之所在以为宝，故而有和气致祥之教。说到底，延年长生多以养气为下手功夫。'老朽数十年来也只是做得这'和气致祥'四字罢了，哪里懂什么长生之术。"

王常月向老翁深施一礼，说道："老伯所言，贫道受教了。敢问这王屋山清虚洞在何处？贫道想去拜访赵真人。"

老伯道："沿着这条山路，一直向北，约十里处，有一汪碧水潭，清虚洞就在潭畔。"

王常月辞别老翁，回到茅庵，心潮起伏，不能自已。

当日黄昏，他在清泉中沐浴一番，穿戴一新，焚香默祈，整整一宿诵经不辍。次日，天光初亮，他便顺着山路赶去清虚洞。走了十余里，果然看到一处碧水潭，潭边有个山洞。王常月心道："这个山洞定是那老翁所言的清虚洞。"到得洞口，但觉四边静悄悄，只能听到潭水声。王常月朝里一看，只见一位老道长面壁独坐。王常月一躬身，朗声道："华山王常月恳请赵真人指示。"但见那老道长浑若未闻，纹丝不动。王常月在洞口直跪到日落西山，老道长还是岿然不动，不言不语。夜色渐深，王常月只得趁着月色回去。就这样，整整一个多月，王常月天天在洞口拜求，但老道长只管默坐，从不说一句话。

且说这日，王常月又跪至暮色苍苍，老道长还是一言不发。无奈之下，王常月只得回去。快到茅庵时，只见庵中烛火闪烁，烛光中依稀可见一位道长身影。王常月推门而入，定睛一看，庵中的人正是张麻衣。

王常月赶紧拜伏于地，热泪直流，说不出话来。张麻衣扶起他，笑眯眯地说："既已出家，如何还做此儿女之态！"二人坐定，王常月悲喜交集，恳请张麻衣收他为徒。张麻衣笑道："傻孩子，你早就是麻衣弟子了。此次前来，我正是要将道术传授给你。"言罢，张麻衣解开包裹，取出一个一尺见方的石匣，掀开匣盖，从中取出一部书来。张麻衣捧着书，对王常月说："这部古医经是我道门秘笈，传到为师这里，已经是第九代了。为师平生所学，尽在于此，你若能潜心探求，日后道业不可限量。"王常月拜倒在地，接过书册。张麻衣收起笑容，凝视着王常月说道："为师此番前来，还有一桩大事因缘要了结。"王常月见张麻衣说得郑重，忙收起医经，端身恭听。

张麻衣道："你可知清虚洞中的老道长是何许人也？"

王常月摇头道："我只知山中人都叫他赵真人。"

张麻衣说道："这位赵真人就是龙门律宗第六代宗师赵复阳真人。因太上律宗向来都是单传密授，故赵真人之名多不为世人所知。为师与复阳真人相交多年，深知此人乃当今天下第一流的高士，也是天底下第一等的孝子。"

王常月奇道："赵真人还是个大孝子？"

张麻衣说道："赵复阳原名赵得源。早年粪土功名，有出尘之志。他二十岁时，已经精通经史，博览道佛要典，真是个学究天人，不同凡俗。在他二十五岁时，发生了一件大事，他的一生也就此改变。"

王常月问道："是何事？"

张麻衣道："那一年，赵复阳父母双亡。他悲痛不已，彻夜苦思，望能报答父母厚恩。但父母已亡，欲报无门。后来，他听一位道长说及：子女若能成道，父母则能超升天界。于是，他弃家云游，立志成道，以求拔度父母超升天界。真是'世上无难事，只怕有心人'。果不其然，数年后，他就遇到了张无我真人。"

王常月问道："张无我真人又是何许人？"

张麻衣道："张无我真人是龙门律宗第五代宗师。他被赵复阳至诚所感，于是出山收他为徒。又经多年查勘，最后给赵复阳传授了天仙大戒，指示他修道正途。赵复阳得法后，就依师父指点，来到王屋山清虚洞精修不二法门，彻夜存思，功夫精成，结果引得黄鹤来翔，白猿奉果。功夫到此地步，赵复阳道心也更加坚固，决心面壁入定。面壁之前，他立下誓言：'若不得超升双亲，则不下座。'"

王常月心头一震，暗自道："这位赵前辈真是了不得，这分明是舍命求法。"

只听张麻衣说道："赵复阳这一定，整整定了三年。须发长如乱草，结果引得鸟雀把他的发髻当成了草堆，还在上面做了个窝。"

王常月奇道:"如此大定,赵真人如何出定呢?"

张麻衣笑道:"这可真应了那句话:'孝悌之至,通于神明,光于四海,无所不通。'① 一日,赵复阳在定中忽然听到山中有熟悉的笑声,声音越来越近,也越来越清晰,呼唤着三个字:赵得源、赵得源……依稀是父母的声音。赵复阳睁眼一看,悲喜交集,真的是父母降临。原来,赵复阳的孝行感动了上苍,天帝敕命赵父赵母下界呼唤复阳出定。二老抚着复阳的后背,说偈道:'是是非非古到今,是非不动至人心。若是至人心不动,动心还是是非人。'赵复阳拜伏在地,双眼泪流,良久方道:'二老所言甚是。不过,双亲前来,儿子要是不动心,还是个人吗?仁至义尽,正是天理自然,二老无须担心儿子因心动而退转。儿子不孝,生怕罪孽深重,本心还有昏昧,二老之来,又怕是意念虚造,并非上天所命。今日凿破混沌,心地干干净净,见事明明白白,再无丝毫夹杂粘缚。二老此来,的的确确出自天命,再无半点含混。今二老已升天界,不用担心聚散无常。'二老相视而笑,告诉复阳:'天帝知你已修成大道,故超度我二人上升天界。今后,你要好自为之。'言毕,二老乘云升遐。自此以后,赵复阳六通具足,成为太上律宗一代宗师。"

张麻衣一番话,听得王常月心潮起伏。

王常月问道:"师父刚才说要来了结一桩大事因缘,不知是何因缘?"

张麻衣道:"学医济世,可以积功累德;但要入圣登真,

---

① (宋)林之奇:《拙斋文集》,台湾商务印书馆影印文渊阁《四库全书》本,第1140册,第308页。

还须另寻道路。"王常月不解。张麻衣说道："既入玄门，当求最上乘法。古人说：'仙圣无门，皆从戒入；圣贤有路，皆自戒行。'这个'戒'字，实在是入圣登真的要路通衢。自古仙佛神圣，无不从戒定中一步步行来。所以说，不从戒定修行，怎得太上衣钵？你今当效法上古圣贤，从戒上入手，方为稳当。"王常月连连点头。

张麻衣叹道："我道门自五祖七真阐教之后，玄门衰微，戒律威仪，四百年不显于世。究其根源，都因教门之中，未曾有人出来担当大任，把这盏照道的天灯，点拨得明明亮亮，使得天下修行之人，走上正大光明之道。怪不得旁门邪道，反通行于天下，倒把清静解脱、正大光明之道撇在一边，默默无闻。"

王常月低下头，暗想这些年参学访道，一路上所见所闻，不由得感触良深。张麻衣睁开双眼，说道："重振玄宗，不从戒入，皆是水中捞月。若要精严戒行，舍律宗而何往？为师此番出山，正是要请赵复阳收你为徒，传承龙门律宗法脉。"王常月乍听之下，不觉泪下，忙叩谢师恩。张麻衣扶起王常月道："天光将亮，我师徒二人这就到清虚洞求请戒律。"

师徒二人穿密林，过清涧，不觉已到碧水潭边。只见赵复阳早已站在洞口等候。赵复阳上前相迎，作揖道："多年不见，贫道见礼了。"张麻衣回礼毕，王常月也以晚辈之礼见了赵真人。赵张二人携手进入洞中，席地而坐，王常月侍立一旁。

坐定后，赵复阳说道："麻衣兄隐居山林，自在逍遥。今日出山，不知何事？"张麻衣笑道："我是无事不登三宝殿。此番下山，确有一事相求。敢请道兄看我薄面，就收王常月做个弟子。不知意下如何？"赵复阳颔首微笑："道非私有，岂敢自珍。"张麻衣喜笑颜开，忙让王常月跪拜行礼。礼毕，赵复阳对王常月说："自此以后，你就是龙门律宗第七代传人。"王常月伏拜受教。张麻衣又道："王常月是个云水全真，这些年涉水登山，南奔北走，一心寻师访道。我暗中跟随多年，未曾见他稍稍懈怠，确是个道门法器。此番若能蒙师授戒，定能担当律宗法脉。"赵复阳说道："太上律宝，贵在得人。得人而传，亦复何言。"张麻衣闻言大喜。

赵复阳望着王常月，缓缓道："自我长春真人以来，太上清净律宝，心心相印，祖祖相传，历代传人都持守静默，厌弃有为。太上律宗因单传密授而得以保存真脉，但也因单传密授而难以广泛流布。以致数百年来，羽流道侣已经很少有人亲见道门威仪，也几乎没有人知道玄宗还有戒律。今日，因缘成熟，你将担当起传承太上律宗的大事，你愿意吗？"王常月拜倒受教。

说罢，赵复阳带张麻衣、王常月出得清虚洞天，穿林涉水，不多时，来到天坛峰王母洞。在王母洞前，赵复阳与王常月告盟天地。礼毕，赵复阳将两卷书授给王常月。赵复阳对王常月说："一个'戒'字，乃参玄悟道下手功夫。你先受初真戒，降伏身心，使方寸不乱。然后进受中极戒，开辟性灵，使玄关通彻。最后可受天仙戒，精研妙义，使智慧圆通。这两卷书是《初真戒》与《中极戒》，你先收起来。自今而后，重新参悟，心上用功，忍一切辱，受一切苦，修一切行，去除杂念，磨炼身心。天仙大戒，待机缘成熟，再传授于你。"王常月应道："弟子谨遵师教。"

赵复阳说："成道甚易，但也甚难。详说起来，千头万绪，简而言之，必须以苦行为先。苦行之要，在乎戒行精严。持戒在心，如持物在手。手中之物，一放就丢；心中之戒，一放就破。世间王法律例，犯者招刑；天上道法、女青之例，犯则受报。'戒行精严'四个字，降心顺道，唤作戒；忍耐行持，唤作行；一丝不杂，唤作精；一毫不犯，唤作严。始终不变，唤作持戒。穷困不移，唤作守戒。听我偈言：'时光容易过，心性要光明。有过须急改，全凭戒行精。万法千门内，修心最上乘。无岸无边海，循戒慧光明。'"王常月听得赵复阳一番话，马上省悟，拜伏称谢。

赵复阳又说道："参玄悟道，除精严戒行，还须潜心教典。要明圣贤仙佛之心，先要明圣贤仙佛之理。我道门三洞四辅，道藏经典，都要放开眼界，深研妙谛。其中，尤须留意《道德》《南华》二部大经。《道德真经》内藏自然之玄奥，《南华真经》暗蕴活泼之真机，若能虚心体贴，修道自能上路。你大器当晚成，切忌贪功躁进，更不必欣羡他人。功到自然成就。"王常月再拜受教。

赵复阳说："师父引进门，修行靠个人。你我下得山去，自走自路。若缘未尽，我们还会相逢。"言罢，向张麻衣作个揖，飘然而去。张麻衣也与王常月洒泪而别。

王常月自别过张麻衣后，数年之中，饥餐渴饮，晓行夜宿，周流诸山，随处是家。一路上，他牢记赵复阳教诲，参详《戒经》，精严奉行。同时留心搜集三教经书，细心研读，孜孜不倦。

一日，他路过一处古观，因天色已晚，四无人家，就留宿观中。观中有一处藏经阁，道籍很多，还存有一部《道藏》。他不禁大喜过望。住持见他虔心修道，在此乱世实属难得，于是留他住在观中，并允许他进入藏经阁阅读道书。多年奔波劳苦之后，还能有此乐事，王常月不敢怠慢，昼夜不息，潜心读书。时值乱世，纷乱四起，观中也非常穷窘，难以充足供应灯油。每当灯油快用尽时，他就点燃檀香，接续灯火，借香头的微光照书而读。如此八九年，他道行大进。在这期间，王常月还不时出外寻访，先后参师二十八处，印证五十多人。

战乱频仍，百姓流离，道观也收留了不少逃难来的百姓。一次，从一个湖北难民口中，王常月听说九宫山有很多修行的奇人。他按捺不住，又上路了。来到九宫山，他到处参访，寻找隐士，可就是遇不到高人。就这样，他越走越深，进到了山林深处。一日，他在密林中行走，远远看见在山林幽深处，有一人端坐在石头上。他急忙跪下，膝行向前。到近处一看，原来是赵复阳真人。师徒重逢，他不由得大喜过望。赵复阳问道："一别十年，你持心应物，何得何失？"王常月悲从中起，叹道："个中甘苦，难与人言。如人饮水，冷暖自知。"原来，他十年来行走江湖，尽看见玄纲不振，道风颓败，邪说蜂起，外道流行，兵祸相继，生灵涂炭。种种艰难困苦，也不知多少回引得他对月浩叹。

王常月抬起头，望着赵真人，问道："师父，君子亦有穷乎？"赵真人正色道："君子穷于道，谓之穷；通于道，谓之通。道备于我身，何患宗风不振！"王常月豁然开朗，不由得长叹一声，又问道："师父，弟子不能明心见性，功夫在何处欠缺？"赵真人笑道："正要你有此一问。功夫欠缺，只在一个'密'字。行持不密，唤作有漏之因，如何证得无为之果？"王常月身心大震，如遭雷击，有如大梦初醒，浑身汗出透衣。赵真人接着说："密也者，潜修密证也，其要只在不求人知，但在自家心地上细密用功。若能做此秘密功夫，早已见了性、立了命。若不能秘密用功，则心不明。心不明，则性不见也。"王常月拜伏于地，恳请道："请师父指示密修之法。"赵真人从怀中取出一本书，对王常月说："十年前，我传授你《初真戒》

《中极戒》，今日再授你《天仙戒》，你须仔细追求，行一百八十细行密戒，做三千六百善事，参研《道德经》，功行圆满，还你个天仙戒果。"王常月拜谢受戒。赵真人又道："三坛大戒，原本一体，却为何分别先后呢？这个道理，也甚是明白易见。你受的初真十戒，乃是教你拘制色身，不许妄动胡行的。中极三百大戒，乃是教你降伏顽心，不许妄想胡思的。这天仙妙戒，乃是教你解脱真意，不许执着粘缚的。自此以后，种种外务，一概扫除，专心奉持天仙大戒，精精密密做心地功夫。"王常月叩拜受教，心中喜悦。

赵真人低头问道："如今为何大道不行，教门衰微？"王常月道："只因本教全真道士，不能度己，先要度人。这八个字实乃败坏我全真教门的大罪根。"赵真人赞道："说得好。以盲引盲，人己两失，甘露醍醐，反成毒药！大道正途，须先度自己，方好去度化众人不迟。你且说如何度己呢？"王常月道："以诚而入，以默而守，以柔而用。"赵真人笑道："这三字（诚、默、柔）若能行二十年，许你济度众生。"王常月叩首道："弟子谨遵师教，愿尽二十年功夫行此三字。"

赵真人说："我有三百年来独任的一件大事，当交付给你。"说罢，取出衣钵，对王常月说："太上律宗衣钵在此，还不快快领受。"王常月汗流浃背，说道："弟子愚钝，不敢领受衣钵。"赵真人道："为师得人而传，为徒当仁不让。"王常月起身向前，接过衣钵。赵真人说："二十年后，你北游燕京，到白云观拜谒丘祖，中兴龙门。时至而兴，大振玄风，传戒阐教，舍你其谁？"王常月再拜受教。

王常月告别赵真人后，独自前往王屋山结庵隐居，潜修密证，这一住就是二十年。

清顺治元年（1644），王常月下山，秋游北京，挂单灵佑宫。后担任北京白云观方丈。

顺治十三年（1656），岁次丙申，王常月被封为国师，开戒坛于北京白云观，传授初真、中极、天仙三坛大戒，宣讲太上戒律。北京白云观的后花园中有一座戒台，相传就是王常月真人当年设坛传戒的地方。戒台上方正中有一块牌匾，上书三字"致中和"。这三个字虽出自儒家经典《中庸》，但也正是全真龙门三坛大戒的宗本所在。

王常月在白云观先后三次登坛说戒，得受戒弟子千余人，道风大振，龙门中兴。种种经历，皆如赵真人所预言。《道藏辑要》所收《初真戒》一书，据说是王常月在北京白云观传戒的戒本。

此后二十多年间，王常月遍走诸山，传戒阐教，天下名山几乎走遍，授戒弟子，威仪楚楚，遍布南北。其中最重要的传戒有以下几次。

康熙二年（1663），王常月说戒于金陵（今南京）碧苑。王常月在南京碧苑说戒的记录，经后人整理，结集为《龙门心法》，又名《碧苑坛经》。

康熙三年（1664），王常月从京师出驻浙江，阐戒于杭州宗阳宫。

康熙六年（1667），王常月阐戒于湖州金盖山和松塵山。

康熙七年（1668），姑苏施亮生法师、吕守璞律师来迎王常月出山，到苏州穹隆山传戒阐教。

康熙十三年（1674），王常月阐戒于武当山玉虚宫。

康熙十九年（1680），王常月在九月九日以衣钵授弟子谭守诚，留颂而逝，葬于白云观偏院。后北京白云观道众在观中专门修建了祠堂院，供奉王常月真人和历代律师。①

综上所述，王常月生逢明季之乱，慨然有出尘之心。中年时拜龙门派六世祖赵复阳（即赵真嵩）为师。赵授以戒律，嘱之曰："成道甚易，然亦甚难。必以苦行为先。种种外务切须扫除，依律精持，潜心教典，体《道德》自然之元（玄）奥，探《南华》活泼之真机，方为稳当。"② 又曰："吾有三百年来独任（即律宗三坛大戒）之事，当付于子，宝而秘之，时至而兴，大阐元（玄）风。"③ 王常月牢记其师振"宗风"之训诫，毅然以振兴龙门派为己任。辞师后，周游神山仙洞。八九年间学师共约二十八处，印证五十余人。后隐居华山，刻苦修道。清顺治十二年（1655），他离开华山到北京。"丙申（1656）三月望日奉旨，主讲白云观，赐紫衣凡三次，登坛说戒，度弟子千余人，道风大振。"④ 从此，王常月成为全真道龙门支派律宗的第七代律师，他最大的贡献在于，让本已衰落的龙门派复兴，可以说也是令全真复兴，甚至可以说是整个道教离现今时代最近一次的复兴。王常月本人也被誉为"中兴之祖"。康熙年间（1662~1722），王常月又率弟子詹守椿、邵守善等南下，先后至南京隐仙庵、杭州宗阳宫、湖州金盖山、湖北武当山等地传戒收徒。二十余年间，其度弟子甚众，使久衰的全真道顿呈中兴

---

① 张兴发、冯鹤、郝光明编著《龙门祖庭白云观》，华夏出版社，2011，第113~134页。

② （清）闵一得：《金盖心灯》卷一《王崑阳律师传》，《藏外道书》第31册，第183页。

③ （清）闵一得：《金盖心灯》卷一《王崑阳律师传》，《藏外道书》第31册，第183页。

④ （清）闵一得：《金盖心灯》卷一《王崑阳律师传》，《藏外道书》第31册，第183页。

之象。康熙十九年，他传衣钵于弟子谭守诚后羽化飞升。后于康熙四十五年（1706），得赐"抱一高士"的称号。

王常月羽化后，其弟子又在各地开山授徒，形成许多龙门小支派。如黄虚堂（道名守正）启苏州浒墅关太微律院支派，门下有孙碧阳。陶靖庵启湖州金盖山云巢支派，门下有陶石庵—徐紫垣—徐隆岩递相嗣传。金筑老人盛宗师启余杭金筑坪天柱观支派，门下有潘牧心—王洞阳—潘天匡递相嗣传。黄赤阳（道名守圆），住持杭州大德观，下传周明阳，启杭州金鼓洞支派。吕云隐（道名守璞），启苏州冠山支派，门下有吕全阳、鲍三阳、樊初阳、翁朝阳、金玉衡、徐艮阳、邱寅阳、钱函阳、孙则阳、归南阳、邵悟真、徐鹤岭、潘无尽等，十分兴盛。其中邱寅阳又启嘉善长春宫支派，钱函阳又启无锡长春宫支派。另外王常月还有不少弟子，或云游四方传道，或隐居一地修炼。其中谭守诚（？～1689）则得王常月衣钵，住持北京白云观。后来吕云隐门下鲍三阳继任白云观住持。

与王常月同辈的沈常敬一系，门庭亦盛。沈常敬门下有孙玉阳、黄赤阳，黄赤阳又从王常月受戒，合王、沈二系传承于一。孙玉阳住持茅山乾元观，下传阎晓峰、周明阳（派名太朗）、范青云（派名太青）。周明阳又从黄赤阳受戒，开杭州栖霞岭金鼓洞支派，一时影响颇大，从学者千余人。其中高东篱（1616～1768）晚年继范青云住持天台山桐柏观，门下有方镕阳、沈轻云、闵懒云（派名一得），门庭最盛。

第三节　张宗璿授受高仁峒

全真龙门派以丘处机为始祖，以赵道坚为第一代祖师，从道字辈起，百字辈如下。

> 道德通玄静，真常守太清。一阳来复本，合教永圆明。
> 至理宗诚信，崇高嗣法兴。世景荣惟懋，希微衍自宁。
> 惟修正仁义，超升云会登。大妙中黄贵，圣体全用功。
> 虚空乾坤秀，金木性相逢。山海龙虎交，莲开现宝新。
> 行满丹书诏，月盈祥光生。万古续仙号，三界都是亲。①

在传到第二十三辈"宗"字派时，出了位高道名叫张宗璿（亦名张圆璿，字耕云，号云樵子）。张宗璿天生聪慧敏捷，仪表端庄，容态雅致，志向高洁。据《太上律脉源流宗谱》中谓，他是山东登州府福山县人，从小仰慕仙道，在山东莱州即墨崂山三官庙出家。他博览道典，遍访名山宫观，广泛拜谒高贤，一心追求玄妙诀理。后来他在江南天宝观常住，道众云集。因兵荒马乱，移居南阳玄妙观。当时吕永震律师任玄妙观监院，与他日谈道教发展事宜，夜习道教修炼功法，志气相合。后来吕永震律师回归京师，玄妙观道众便推举张宗璿为监院。从此，张宗璿勤奋处理玄妙观宗教事务，夜以继日，精修妙行，严于律己，宽以待人，道众无不心悦诚服。

同治四年（1865），吕永震将张宗璿召至京师白云观，传授宗门大法。同治六年（1867）丁卯，应北京白云观道众之请，升座为该观第十九代方丈，开坛传戒。戒期圆满后，张宗璿又回到南阳玄妙观。同治九年（1870）庚午，张宗璿再次来到白云观开坛传戒，玄风大振。

---

① 李养生：《新编北京白云观志》，第 438 页。

光绪十年（1884），张宗璿重赴白云观，传法开坛，门下弟子多达一千余人，其受戒弟子中便有宫廷内务府副总管、太监刘多生，受戒后为白云观第二十代法裔，法名刘诚印。张宗璿方丈同时还授受一戒子云蒙山高仁峒（云溪，1840～1907），传付大法，以承嗣宗，后升为白云观第二十代方丈。

太监刘多生之所以与白云观关系密切，据《太上律脉源流宗谱》记载，与慈禧母亲去世后棺材存放在白云观有关：（同治九年庚午）"时值皇亲照公府太夫人灵寄观中，师（张宗璿）为虔诵《血湖经》。一藏半载之久，靡有怠容。蒙慈禧皇太后恩赐紫袍玉冠，捐金助坛开大戒场，伯子公侯，接踵而来，请谒声名，播于远方。"刘多生遂与张宗璿方丈及高仁峒等结识并交往。

张宗璿方丈与刘诚印（多生）的师徒关系及高仁峒与刘诚印的师兄弟关系便于此时建立。按白云观律师传承，同治、光绪年间第十八代传戒律师为吕永震（字乾初，号雷鸣子）；第十九代为张宗璿；第二十代则为高仁峒。高仁峒升座为白云观方丈后，刘诚印屡次担任白云观护坛化主，曾输资巨万，道众咸仰食焉。见现存白云观祠堂院内高仁峒作《刘诚印墓志铭》：

> 兹者刘素云炼师，法篆诚印，直隶东光人。自幼好善，儒道兼优。皈依在第十九代方丈张耕云名下为徒，曾为本观护坛化主，计自同治辛未，募捐五千余金为传戒费，受戒者三百余人。……高云溪为住持。云溪谓素云曰："戒至契辛，承素云竭力护法。"于壬午岁，复募七千余金为传戒费，受戒者四百余人。甲申岁，又募捐九千余金为衣钵口粮传戒费，受戒者五百余人。以至修屋建舍，刊板印

经，种种不胜枚举。庙事当为家事，道侣视为手足，观中各事无不兴废修整，是素云之功德，已足昭垂永久。兹又虑及燕九、九皇祖师两圣诞香供淡泊，敬约善信张诚明、张诚五以及内宫、信官助善者百余人，建立长春永久供会，起于光绪八年，每岁香供之费，约需三百余金。至丙戌岁，会中积蓄无多，素云恐失其传，又自捐三千二百六十金，购买昌平州地方上泽田十五顷有奇，每岁收租三百六十金交本观为业，作为二会香供灯果之资，以垂永久。如素云之凤具慧根，成此善果，询足为久远之基，是以共推功德护法之首也。云溪因为之立石，以传不朽云尔。

第四节　高仁峒与慈禧太后的道缘

高仁峒，法名明峒，字云溪，号寿山子。世代居住在山东任城。十六岁时，高仁峒的父母去世了，于是他在云蒙山出家，皈依在李真人门下。在云蒙山居住了五年，高仁峒辞别师父开始云游访道，曾经三次登上崂山。

同治九年（1870）庚午，高仁峒来到北京白云观，受戒在张宗璿门下。后来跟随张宗璿在陕西等省传戒。光绪二年（1876），回到北京，居住在西山圣米石塘山。光绪三年（1877），搬到白云观居住。同年，他被推举担任白云观监院，年仅三十七岁。接着，他继任白云观方丈，主持观务，经营有方，百废俱兴。高仁峒轻财乐施，性喜交游，宫中的大夫卿相，乘着车马登门拜访，一时声名响亮。光绪八年（1882）壬午，高仁峒开坛演戒 100 天，传授戒子 400 余人，并著有《云水集》。光绪十年（1884）甲申，高仁峒复开戒坛，刘多生法师募 9000 金为传戒费，受戒者多达 500 人。光绪十四年（1888）戊子，日本神户关帝庙落成。全真龙门云巢支派分支海上觉云派开派，王来因、程来永、姚来监为启派宗师。在上海雷祖殿住持、全真龙门派二十代方丈高仁峒的帮助下，以北京白云观下院的名义，请得明版《道藏》《续道藏》800 余卷，由海路运送至沪。雷祖殿遂更名为"海上白云观"，成为全真十方丛林。光绪十五年（1889）己丑，农历正月十五日，慈禧太后带领光绪帝载湉到北京白云观向玉皇大帝上香，赐住持高仁峒"金印"，封为

图 41　高仁峒

"总道教司"。光绪二十二年（1896）丙申，高仁峒再次开坛传戒。

高仁峒与慈禧太后的密切关系开始于光绪三年（1877）他担任白云观监院时，因为主持观务有方，他深得慈禧太后的赏识和眷顾，还与大太监李莲英结成了异姓兄弟。据传，高仁峒一方面以进献长生不老术得到慈禧太后的信任，经常被召进宫廷；另一方面慈禧太后以高仁峒为其替身代为修道，并称之为"老神仙"。高仁峒在晚清常出入宫廷，往往停留数日之久。慈禧太后则常到白云观玉皇殿上香，甚至有时还住在白云观后花园小蓬莱。同时，高仁峒还有一点深得慈禧太后的赞赏，那就是他高超的外交能力。

在晚清民国乃至新中国成立后的众多回忆录、文史资料中，很多地方都提到慈禧太后与北京白云观道士关系密切，遇事皆向道士问卜。这位卜卦的道士就是高仁峒。高仁峒术数高超，深得慈禧太后信任。辛酉政变时，高仁峒与慈禧太后来往密切，数次卜签课卦，以定吉凶。

由于得到统治者的眷顾，白云观影响力日增，在晚清全真道的兴盛中发挥了重要作用，成为当时道教的中心。

第五节　医道兼修的蒋宗瀚方丈

蒋宗瀚，字宣富，号得舒，道号清容子。清光绪二十七年（1901）八月，出生在浙江省黄岩县前蒋村后窑。从小家境贫困，父亲为锯板工。蒋宗瀚兄妹四人，他排行老大。八岁那年，蒋宗瀚的父亲辞世，一贫如洗的家境无法安葬父亲，他的母亲只好忍痛割爱，将蒋宗瀚的三弟卖掉，蒋宗瀚也被送到长潭乡广福宫当烧火工。由于家庭的困苦，九岁时蒋宗瀚正式冠巾，拜在蒋理富道长的门下，成为全真龙门派第二十三代法裔，开始他人生的修道之旅。

图 42　蒋宗瀚

蒋理富见徒儿年幼，心思纯正，且天资聪颖，有意培养他日后成为一个有学识的道士，便将他送到乡间私塾学校读书。1913 年，已经十二岁的蒋宗瀚深感山乡僻处不能成就其才，山民饥寒交迫不能脱贫致富，百姓疾病缠绕不能延年保命，于是立志走出山村，学习医学，治病救人。从此，他以坚韧不拔的毅力，克服种种困难，经过五年勤学苦练，终于学到了中医的理论和方法，步入了乡间医生的行列。

1918 年，蒋宗瀚入住黄岩委羽山大有宫，潜修道法，行医布道。由于他功夫到家，心地善良，慈悯众生，精确诊断，很快声名鹊起，求医问药者络绎不绝。

1925 年，应海门（今椒江区）乾元观邀请，蒋宗瀚登坛打醮，为道众所钦佩，便请他到乾元观常住，范陶氏和杨氏两家为了庆贺此事，赞助在乾元观内盖起了老子殿三间，后来又帮助扩建了厨房和卧室。自此，蒋宗瀚便定居在乾元观修道，并精研道医。

1927 年，蒋宗瀚开始闭关，不见宾客，闭门修学，专习道教清修功法和医学。三年闭关期满后，蒋宗瀚到武汉长春观受三坛大戒，得天字第一号（相当于状元）。

1933 年，蒋宗瀚主持委羽山大有宫讲席，收徒传戒，授得陈宗耀、张诚乐、许诚谦等弟子。

中华人民共和国成立后，蒋宗瀚继续在道观行医布道。1952 年，海门信孚药店礼聘蒋宗瀚坐堂门诊。1956 年，蒋宗瀚加入海门联合诊所，并入海门中医院担任副院长。1959 年，蒋宗瀚调入温州市第一人民医院，讲授针灸。1960 年，蒋宗瀚调入杭州莫干山医院工作，不久被浙江医科大学聘为副教授，并参加浙江省中医研究所科研工作和浙江省第一医院门诊。

1962 年，中国道教协会召开第二届代表大会，蒋宗瀚当选为常务理事和副会长。同年，经中国道教协会常务理事会决定，恭请蒋宗瀚道长到北京协助陈撄宁会长主持中国道教协会工作，并兼任北京白云观方丈。蒋宗瀚信仰虔诚，大有振兴道教之志，毅然决然放弃浙江所有医务工作和职称，来到北京。他一方面主持中国道教协会道教徒进修班的教学工作，另一方面领导白云观教务工作。此外，他还参政议政，列席中国人民政治协商会议，并接待中外慕名来访的人士。由于他医术高超，慕名求医者亦不在少数，他都会一一接待，悉心予以治疗。

1965 年，由于社会的不稳定性，蒋宗瀚内心颇为不安。1966 年，蒋宗瀚的母亲生病，于是他以此为由请求回到浙江黄岩。黄岩县第二人民医院得悉后立即聘请他为副院长，参加医院医疗工作。"文化大革命"爆发后，蒋宗瀚受到严重冲击。

1978 年，党和政府落实宗教信仰自由政策，蒋宗瀚这样的爱国道士终于能够得到平反。他抱着赢弱的身躯重新回归医疗战线，坚持为群众治病，为百姓分忧。然而时间不久，仅一年时间，于 1979 年 12 月 17 日仙逝，直到逝世他都在为人治病，为人民做好事。

蒋宗瀚的一生是爱国爱教的一生，是为亿万群众排忧解难的一生。他是一位虔诚的道教徒，是一位医德高尚的医生，是中国共产党忠诚的朋友。尽管他在"文革"中受到迫害，但他只痛恨造反派，对党和国家无比热爱，拥护党和政府的领导，拥护社会主义制度，甘做有益于人民、有益于社会的事。

第六节　王理仙方丈开坛传戒

1989 年，初冬时节的北京白云观内彩旗迎风招展，一派喜庆景象。来自全国各地的全真派道士，麇集祖庭，准备接王理仙方丈的传戒。王理仙方丈这次开坛传戒，是继白云观中断了 60 多年的首次传戒，有承先启后的重要意义，也是道教全真派在新中国成立后首次传戒。来自全国各地宫观组织的 75 名全真道士进行了受戒。

11 月 12 日，白云观山门上挂起了"热烈欢迎各地名山宫观道长来祖庭受戒"的巨大横幅。山门内大旗杆上升起了"风调雨顺""国泰民安"两面龙旗。东西两侧悬挂着"六根清净"

"道果圆成""修真有份""近道无魔"等条幅标语，使白云观充溢着庄严的宗教气氛。

凡来京受戒的弟子，在农历十月十五日前均要来到白云观。他们按照张贴在老律堂东西两侧的"告诸戒子榜文"和"戒坛清规"进行挂单。戒子们一个个认真回答知客提出的问题，接受考核。

老律堂的大门正中悬挂着"全真戒坛"四个醒目大字。殿内地面铺着地毯，拜垫摆得整整齐齐。戒坛上的供桌上摆好了供品，供奉着十八位戒坛神灵。农历十月十五日清晨，天还没有亮，一阵清脆而有节奏的敲击木板声把戒子们从熟睡中唤醒，这是十方丛林的"夜巡板"，由夜巡绕白云观一周敲击。紧接着又是一阵击板声，这是"催板"，催促道众速临执事岗位，准备"开静"。巡察接催板于大殿前击板"起二清""落四御"交报钟，报钟"接三清""落四御"交大钟。这时钟楼上的大钟敲响了，紧接着对面楼上的大鼓也敲响了。在戒坛外排班站立的戒子身着黄色戒衣，手中提"规"捧"简"，依次进入大殿，朝上打一躬，分左右就位站立。这时经师也穿好经衣，待律师在八大师引道陪同进殿后，经师起韵诵《早坛功课经》并举行祝祷仪式。"早课"结束，律师和八大师列队走出殿门入"迎请堂"，戒子也依次列队出殿。传戒活动历时20天，除"戊日"外，每天早上要按时上殿念诵《早坛功课经》，中午要念《三官经》，晚上要念《晚坛功课经》。

十五日中午，戒子从戒坛出来，在经师的带领下，列队到"迎请堂"，举行隆重的请"五师"（演礼、引礼、纠仪、纠察、道值），并由戒子代表进入"迎请堂"，宣读迎请启文。戒子就地二拜之后各自回寮。下午接着进行迎请"十师"（保举、提科、登箓、迎请、主经、主忏、主翰、表白、通报、引赞），同时进行迎请证盟、监戒二师礼。

"演礼"是戒子在受戒期间要学的重要一课，戒子在十五日晚饭后，一起来到斋堂，学习提规、捧钵、出入殿堂威仪。第二天中午，戒子冒着刺骨的寒风，在白云观云集园的戒台下，请监戒大师江诚霖讲演执规、执简、展规、跪拜等仪规。晚上由保举大师黄宗阳（白云观监院）给戒子宣读"戒坛清规"，要大家虚心受戒。

十八日中午，行"开坛启师科"，全体戒子同经师、律师和大师到各殿参拜，回戒坛举行隆重的升表仪式。戒子同经师出戒坛列队到灵官殿行"祝将科"。高功同众戒子向灵官祈祷，奏表中文，然后再回戒坛。对戒子来说，这是最幸福的时刻，因为他们认为，自己的名字表奏到三官大帝那里，自己的一生就由三官大帝管理，死后阎王爷就管不着了。灵官是护教除恶之神，受戒之后，自己的行动就由灵官监察，至死也不能犯戒。

二十日中午，在斋堂内举行考偈仪式，由三位大师齐出一题，第一默写一段经文，第二作七言二韵冠顶诗一首，第三作一百字左右的短文一篇，除默写经文外，其余都是以"爱国爱教"为主题，戒子都认真地答卷。第二天，当"证真榜"贴出来时，戒子都争相观看。榜文以千字文排列名次，并注明所排字号者的姓名、年龄、师父及所在宫观。这次考偈（试），由中国道教协会专修班的白云观两名青年戒子孟至岭、田诚启夺得"天"字号和"地"字号的桂冠。

全真道认为，人生中有心或无心所造下的过失罪业，只有"朝斗"、念"皇经"才能解除，因而在戒期举行了"朝斗"和念"皇经"仪式。戒子们虔诚地礼拜，愿北斗解厄，玉皇赦罪，修道无魔。

审戒在传戒期间是一件很严肃的事，若不符合要求者无缘受戒。戒子向大师忏悔自出家以来自己所犯的过错，并表达今后的志向。晚上，律师和八大师到戒坛上坐，众戒子向上长跪，监戒大师逐条宣读戒子所犯过错，每念完一条，戒子同声回答："祈师忏悔！"然后，监戒大师又提出数十条，问戒子能否受持，每问一条，众戒子同声回答："能！"或"不得违犯！"监戒大师问完之后，朝上礼拜，恳求灵官赦免戒子过去、现在一切过恶，今后永不过犯，护佑戒子修道成真。

"过斋堂"是道教仪范之一，就是道众集体到斋堂用斋。一般有三种形式：一是便堂；二是过堂；三是过大堂。便堂不讲威仪，过堂和过大堂讲威仪，要求衣冠整齐，排班进斋堂用斋，有"请供""打梆""打点""画供""出食""念供养咒""念结斋咒""送供"等仪式。

二十五日上午，身着黄色戒衣，提"规"捧"简"的戒子举行降神的"三请律师科"。

第一次，经师身着红色经衣，打着法器，排班带领戒子从戒坛出发，在"开坛演教天尊"的韵调声中行进，到"迎请堂"门外列队排班请师。监戒大师担任高功，在"迎请堂"上香礼拜，二使者身着使者衣，头戴逍遥巾，捧起香烟缭绕的檀香炉出"迎请堂"，高功八大师跟随其后，经师和戒子随后而行。回到戒坛，使者把请来的香炉供在戒坛神位前，高功拈香礼拜，经师敲打法器起韵，众戒子就地礼拜。然后，使者、高功同八大师出戒坛，经师又带领众戒子随后在"开坛演教天尊"的音韵声中再次来到"迎请堂"。

第二次，如法请"皇经"一部，供奉在戒坛神位前。

第三次，如法请律坛"法统"一卷。全真戒坛第二十二代律师王理仙大师紧随其后。使者把请来的"法统"供奉在戒坛神位前，高功拈香礼拜，王大律师随后拈香礼拜，众戒子就地礼拜。在经韵声中，众戒子同经师、八大师送律师回"迎请堂"。

这一仪式为"请律师"。道教认为，"道""经""师"为其"三宝"，故而"道"无"经"不传，无"师"不明。"三请律师"正是请"道""经""师"三宝的体现，是开坛说戒必须做的事。对于诸戒子来说，这更是神圣的事。

图43　王理仙方丈传戒、说戒

律师传戒说法是戒期最主要的宗教活动，戒子在经师的带领下排班到"迎请堂"请传戒律师。经师和众戒子紧跟身着法衣的王理仙律师和八大师之后，步入戒坛。

王理仙律师位居上座，八大师分左右两侧而坐。戒子捧"简"长跪，听王理仙律师宣讲"初真戒"。初真戒包括"三皈依戒""五戒""十戒""女真九戒"。由于条件和时间的关系，"初真""中极""天仙"三堂大戒需要在戒期内全部受完。王律师每讲完一条之后，便问坛下诸戒子："此戒尔等可能持否？"众戒子异口同声回答："依戒奉行！"然后王律师又把此条做些讲解，使众戒子明白其意义。"初真戒"传毕，众戒子跪拜律师并同经师送王律师和八大师回"迎请堂"。而后又照此法，王大律师分别传授了"中极戒"和"天仙戒"。

道教认为，"中极戒"为"进道之舟航，乃升仙之梯级"，能受此戒者，可称"妙德师"，若能终身守持，"仙班可进"，可得"妙德真人"之号。"天仙戒"是道教戒律中的最高层次，共有十类，每类有二十七种，合二百七十法。若能受此戒者，可称"妙道师"，若三坛功德圆满者，可号为"妙道真人"。在传授"天仙戒"时，王律师每讲一条，便问众戒子："此无量心能持否？"大众齐声回答："尽形寿命，常持此心，依教奉行！"王律师要诸戒子"至心恒持诸戒"，皈依"道""经""师"三宝，大众同声回答："皈依道！""皈依经！""皈依师！"三堂大戒仪式就此结束。

在传授三堂大戒之后，众戒子请律师举行"传授衣钵科"，可成为正式受戒弟子。律师和八大师上座，天地两号戒子代表诸戒子把钵和戒衣交给律师，律师分别持钵和戒衣念咒在檀香炉上熏蒸，然后交给天地两号戒子，二戒子领受衣钵后，着戒衣在坛下行"十方对规礼"，在步虚声中拜谢十方诸神，众戒子同时礼拜。传授毕，众戒子和经师送律师和八大师回"迎请堂"。

此外，还举行了隆重的发戒牒仪式，经师和天地两号戒子带领众戒子排班至"迎请堂"，请律师和八大师至云集园戒台，众戒子参拜律师和大师，天地两号戒子在戒台上代表众戒子行"十方对规礼"，行礼毕，按《千字文》名次发给戒子"戒牒"，众戒子依次上戒台接受律师亲手发给的"戒牒"。戒牒是戒子受戒的凭证，他们的名字已载入《登真箓》，取得了受戒道士的资格。

十一月初四日，众戒子在经师的带领下，进入戒坛，举行"大回向"仪式，虔诚礼拜，忏除在受戒期间，有心或无心之过失，恳祈诸神赦除，他们的名字再次依次表奏天界，众戒子发愿长跪，礼谢"道""经""师"三宝。

在戒期内，各位大师分别向戒子讲述《邱祖垂训文》《太上感应篇》《道德经》等，还学习"道教徒的修养"以及"道教知识"等，使戒子进一步提高道教知识水平，更好地发扬爱国爱教精神。

此次传戒是道教界的一件大事，得到道长们的高度评价。

年逾古稀的崂山道教协会副会长孙真淳道长高兴地说："这次传戒，是我们道教界的一件大喜事，说明道教后继有人了。"

陕西楼观台的老道长任法玖说："60多年前在北京白云观受过戒的孟元合道长，已于1989年春天羽化了，其余的道友们无一人受过戒。我们是多么盼望像孟元合道长那样，成为一名真正的道士，用全真教的清规戒律来约束自己。今天这一愿望终于实现了。"

湖南长沙河图观的年轻坤道周至仁说："我们河图观全是坤道，现有道士10多人，除我之外，她们年龄最小的60多岁，最大的已是80多岁了，可无一人受过戒。这次能选派我这个年仅20多岁、1987年才入道的新道士来受戒，既是我的荣幸，也寄托着全体老道长对我的厚望。我要用清规戒律要求自己，做一名名副其实的爱国爱教的好道士。"

甘肃省道教协会副会长、天水市道教协会会长阎兴隆道长这次有幸被选为大师，他感慨地说："传戒这一宗教活动已中断五六十年，如今能开坛传戒，不但说明党的宗教信仰自由政策得到了真正的落实，同时也说明，如今政局稳定，国泰民安。来祖庭受戒，使我系统地学习了戒律和道教知识，真是机会难得。通过受戒，我们不能只做念经、吃饭的道士，更要把道教的优良传统传下去，遵纪守法，爱国爱教，为社会主义建设事业多做贡献！"他的话道出了全体戒子的心声，他们都将用自己的实际行动为国家的兴旺、为发扬光大道教的优良传统而奋斗。

主持此次传戒的王理仙方丈是位全真派高道，为北京白云观第二十二代方丈，传戒律师。王方丈生于 1913 年，吉林省怀德县秦家屯人，1943 年入道，出家 8 年，适逢沈阳太清宫金崇泽方丈在黑龙江双城县无量观开坛传戒，戒期 100 天，他入坛受戒为"天字第一号"戒子。获戒后，他云游参访天下名山企觅高师以探寻大道的奥秘。他一篮一钵一笠一衲，踏遍万水千山，坚心求道。大自然陶冶了他的真朴之性，遇名师指点而使他道行精进，成为一位有道教学识、有高尚道德、有修持成就的全真道士。

1952 年，王理仙至西安八仙宫常住，一边修持，一边参加该观农业生产劳动。1962 年，被选拔参加中国道教协会首届道教徒进修班学习，曾受业于蒋宗瀚、黎遇航等道长，并曾受时任中国道教协会会长陈撄宁先生的熏陶。

1965 年，进修班结业后，王理仙道长仍回西安八仙宫常住。

1966 年，"文化大革命"爆发，道教受到猛烈冲击，八仙宫建筑部分被砸毁，部分被占住，道士被强迫遣散，但王道长坚持信仰，以庙为家。

1980 年，党和政府贯彻落实宗教信仰自由政策，西安八仙宫依然由道教界收回管理，原观中道众陆续返回，推选王理仙道长为监院。同年五月，他出席中国道教协会第三次全国代表会议，当选为第三届理事会常务理事。西安八仙宫当时已残破不堪，百废待兴，百事待举。他带领全观道众，一方面组织劳动自养，一方面依靠地方政府资助修缮八仙宫这一古建筑。

1984 年 9 月，他与陕西六大宫观（华山道院、八仙宫、楼观台、佳县白云观、户县重阳宫、龙门洞）的负责人共同筹备成立陕西省道教协会，被推选为筹备组组长。

1986 年冬，陕西省道教协会成立，他以年迈隐退为由，只担任名誉会长。同年，他推举闵智亭道长担任八仙宫监院，自己只是协理庙务，颐养晚年，日以读书、静修为乐。

1992 年 3 月，中国道教协会召开第五次代表会议，他被敦聘为名誉理事。

1995 年，王理仙方丈仙逝于西安八仙宫。①

第七节　道行高超的谢宗信方丈

谢宗信，湖北黄陂人。他幼年受道教影响，渐生信念，弃家投奔黄陂木兰山道观出家，为全真龙门派第二十三代玄裔弟子。少年时起，他便随师父学文化、诵道经、习坛仪并学习道教传统医药学和养生法。谢宗信多才多艺，办事干练，为人正直洒脱，慷慨有义风，在道众中有较高声誉，被推选为木兰山

---

① 据李勇刚《北京白云观举行方丈升座典礼》整理而成，《中国道教》1990年第 2 期，第 2、11 页。

道观住持。1951 年，任黄陂国瑞庵住持。长期以来，他一方面
为管理道教宫观而辛勤工作，一方面为人民群众治疗疾病而
效力。

20 世纪六七十年代，由于政治运动较为频繁，道观不免受
到冲击，他觉得与其苦闷于观中，不如到观外去献身医疗事业，
济世利民，积功累德。在这种思想支配下，他只身到武汉从医，
亲手创办武汉硚口汉水医院，并担任该院院长。这是一所中西
医联合施诊的医院。

1978 年，中共十一届三中全会召开以后，党和政府拨乱反
正，认真贯彻落实宗教信仰自由政策，道教爱国组织（如各级
道教协会）得以恢复工作，道教宫观亦得以恢复正常宗教活
动，均受法律保护，不受干扰。谢宗信对此倍感欣慰，又重新
恢复宗教修持生活，于 1982 年毅然辞掉汉水医院院长职务，常
住武昌大东门全真丛林长春观，担任武汉市道教协会副会长。①

当时武昌长春观还有部分殿堂被工厂、机关占用，而且殿
堂均因年久失修，有倾圮危险，因而百废待兴，谢宗信肩上担
子很重。他一方面依靠当地党和政府落实政策，逐步收回在
"文革"中被工厂、机关占用的庙产，维护道教的合法权益；
一方面筹集资金，逐步对危、旧殿堂进行修复，殿堂修复后还
要新塑神像，配置香案、经幢幢帐以及供器、跪垫等。他带领
道众，苦心经营，终于恢复了古长春观庄严宏伟之原貌。

武汉市道教职业人员有近百人，且不少是丧失劳动能力的
老人，这近百人的生活自养问题，也是谢道长要设法解决的。
他因地制宜，从长春观的实际人力、物力出发，开办了道家素

---

①　1981 年 11 月，武汉市道教协会第三届代表会议召开，谢宗信当选为副会长。

食馆、服务部、蜡烛生产组等，通过多种形式的劳动就业，来谋取宫观自养。

在繁忙的工作中，他十分关注对年轻道教徒的培养教育，他亲自主持开办了多期道教徒培训班，学文化、学经典、学斋醮科仪、学时事政治，多方面提高青年教徒的素质，为道教培养人才。

谢宗信道长是武汉市著名的中医，他擅长将中国传统医药学与道家养生学相结合，为求治者治疗与保健服务。慕名前来求诊的人很多，他总是尽量满足患者的要求，而且是不收取分文报酬，对贫穷者还给钱买药和资助路费。由于他道行高超、学识丰富、神态慈祥，平日来求学参道者络绎不绝，他总是劝导人们要"多积累功德，多善行，多做有益于社会的事，以后修道才能有成效"，他从不故弄玄奥，误人子弟。

图 44　谢宗信方丈

1988 年 6 月，谢宗信道长应加拿大安大略省多伦多市道家太极拳社和多伦多香港蓬莱阁道观分院之请，与闵智亭道长前去讲授道教哲理和道教气功养生法。他年近八十，皓发银须，仙风道骨，道貌超凡，加之他深谙道家动静功法，因而演讲很受欢迎，载誉而归。这是中国道教史上道教徒首次飞越太平洋到加拿大去讲学传道，此行加深了多伦多华裔人士对祖国的了解，增进了东西方道教信徒的友谊，是中加两国道友文化交流的良好开端。

谢宗信道长从 1981 年起便当选为湖北省政协委员，1980年起当选为中国道教协会理事。1989 年冬，他参加北京白云观传戒盛典，受方便戒，成为道教界的大师。1992 年 3 月，在中国道教协会第五次代表会议上，谢宗信当选为中国道教协会第五届理事会常务理事、副会长。2000 年 10 月 15 日，被北京白云观礼请为第二十三代方丈。

2005 年，谢宗信方丈羽化。2008 年 5 月 2 日，谢宗信方丈的宝塔在武昌长春观落成。包括来自中国、东南亚国家和地区的 200 余名道教界人士在武汉长春观举行法会纪念谢宗信方丈。

第八节　从小隐到大隐的孟至岭方丈

晋代诗人王康琚说："小隐隐陵薮，大隐隐朝市。伯夷窜首阳，老聃伏柱史。"[1] 唐代大诗人白居易亦说："大隐住朝市，

---

① （晋）王康琚：《反招隐诗》，钟来茵撰《中古仙道诗精华》，江苏文艺出版社，1994，第 169 页。

小隐入丘樊。"[①] 这是对闲逸潇洒生活的概括与追求，指人不一定要到林泉野径去才能得到真正的隐修生活，更高层次的隐逸生活是在都市繁华之中，在心灵净土中独善其身，找到一份宁静。

有的人希望借助周围的环境忘却世事，沉湎于桃源世外，这是指小隐。真正有能力的人却是隐匿于市井之中，那里才是藏龙卧虎之地，这是指中隐。只有顶尖的人才会隐身于朝廷之中，他们虽处于喧嚣的时政中，却能大智若愚、淡然处之，这才是真正的隐者。这说明隐士有三种精神境界。

第一种，是看破人生的人才往往想过隐居的生活，与世无争，所以有人解甲归田，这是小隐。

第二种，是隐居在喧闹的市井中，视他人与嘈杂于不闻不见，从而得心境的宁静，这是中隐。

第三种，是在朝为官，面对尘世的污浊、倾轧，钩心斗角却能保持清静幽远的心境，不与世争，不与世浊，悠然自得地生活，这才是归隐的最高境界，这样的人才是真正的隐士，所以谓之大隐。

白云观孟至岭方丈是一位当代道门隐士，他践行了从小隐到大隐的修行生活。

孟至岭，字正然，号云卿，别号寂寥叟、寂寥山人等，俗名孟宪岭。1959 年，孟宪岭出生于山东省微山县傅村镇班村的一个农民家庭，自小聪明好学，成绩优异。1979 年，本有机会参加高考的孟宪岭由于家境原因而放弃。于是孟宪岭乘着改革

---

① （唐）白居易：《中隐》，朱金城笺校《白居易集笺校》，上海古籍出版社，1988，第 1765 页。

开放的春风做起了小生意，在赚得第一桶金后谋求大发展，旋即开起了贸易公司，在 20 世纪 80 年代初那可谓是一个大胆的尝试。很快孟宪岭便成了"万元户"，积攒了数十万的存款，成了微山甚至济宁地区响当当的人物，堪称那个年代的创业典范。然而，那个时候孟宪岭却做出了更令人吃惊的举动，那就是萌动了出家的念头。

改革开放后，随着物质生活的丰富，文化精神生活也日益繁荣。先是连环画和《射雕英雄传》《三侠五义》《神雕侠侣》等武侠小说的出版发行，后是《霍元甲》《少林寺》《八卦掌》等电影的公映，使一批热血青年纷纷向往崂山、少林与武当，甚至不少人因此走上了出家之路。拥有一定文化基础的孟宪岭亦深受影响，做生意之余不忘读书，武侠小说与电影深深吸引着他年轻的心，于是他在 1985 年冬天走上了出家练武之路。

然而，孟宪岭的出家练武之路并不顺利，因为一心向往出家的孟宪岭当时还不太明白寺庙、宫观里出家人的生活。拥有数十万元身家的孟宪岭可不能苦了自己，他头戴貂皮帽子，身穿呢子大衣，脚穿苏联军用大皮鞋，在寺庙宫观附近的市镇上住最好的宾馆，在那个还要与陌生人同住宾馆一间房的年代，孟宪岭要一个房间付两个人的钱单独居住，在宾馆内或宾馆附近用四菜一汤的餐，甚至还喝上一瓶白酒，这样的生活不用说普通的百姓，连经济稍微宽裕的人也不能达到。当孟宪岭到庙观内要求出家时，庙观内的师父便会派人予以考察，结果发现孟宪岭的生活如此阔绰，哪里像是要到庙里出家过清苦生活的样子，于是他被一座座庙观拒之门外。从山东老家到湖北、湖南、广东、云南、四川等地，孟宪岭慢慢发现了被庙观所拒的原因，于是他开始深居简出，克服对物质的享用，穿戴简朴，与人同住。这样，他被云南和四川的一些小庙所接收，经过短暂的住庙和考察，他了解到修道的真实可行性，进而坚定了修道的信心。

其实，孟宪岭更向往道教清静简朴、逍遥洒脱的修炼生活，但是 20 世纪 80 年代初的老道长，刚刚经历"文化大革命"的洗礼，对年轻出家人的考察十分小心谨慎，所以试图在四川射洪金华山玉京观出家的孟宪岭被举荐给了离城镇很偏远的一座佛教小庙观音庙，住持还是一位年长的比丘尼。一心想出家的孟宪岭也没有多想，背上行囊前往观音庙出家，老尼见到孟宪岭也没有拒绝，就让他住了下来，这一住就是一年。在晨钟暮鼓中，在砍柴炊斋中，在孤灯清影中……孟宪岭的言行令老尼十分欢喜。但老尼仍然没有留孟宪岭出家常住，传承衣钵，因为老尼认为孟宪岭与佛教无缘，属于道门中人，认为他将来会成为道门高人，所以指点他下山往东北去，找有缘的道家师父，以完成出家心愿。

1986 年秋天，一位参访道长举荐孟宪岭到泰山碧霞祠出家，孟宪岭欣然接受，因为他知道泰山有一位修行高超的张常明道长。在路过河南省登封县时，听说在少林寺的嵩山上还有一座道教名观中岳庙，于是他在县城旅馆住下后便迫不及待地来到了中岳庙。当他进庙时天色已经很晚了，道长们已经关殿门下班，纷纷回丹房（宿舍）了。他匆匆忙忙地往里走，碰到了一位须髯飘飘的老道长，他下意识地问了一下庙里收不收出家人。老道长一看小伙子一表人才，欣然同意，便叫他住下来。孟宪岭心中非常惊喜，马上回到旅馆收拾行李退房，令旅馆服务员十分惊讶：刚住下来房钱都不要了，要到庙里出家。从此孟宪岭正式在嵩山中岳庙出家，跟随庙中老道长们修道。

1987 年，中国道教协会第四期道教知识专修班招生，中岳庙觉得孟宪岭是一位可造之才，并举荐他到北京学习。因为根据招生要求，每一位学员必须有师承关系且历经冠巾仪式，所以孟宪岭在中岳庙正式投师，嗣系道教全真龙门派嵩山分支，为龙门派第二十一代玄裔弟子，得赐道号孟至岭。不久孟至岭赴京参加中国道教协会第四期道教知识专修班学习，同年底结业并留京，常住北京白云观。

从 1988 年 5 月开始，孟至岭担任白云观管理委员会委员，担当管理白云观法务的重任。由于工作的需要，1990 年 3 月，孟至岭回到了他的出家地嵩山中岳庙，担任管理委员会委员。1991 年底，中国道教学院成立，中国道教协会招贤纳士，时任常务副院长的闵智亭道长和教务长陈兆康先生自然想到了品学兼优、修行严谨的孟至岭。孟至岭为了道教人才的培养，1992 年 3 月毅然放弃接任中岳庙监院的机会到中国道教学院担任副教务长并被选为中国道教协会理事。

在日后的教学工作中，孟至岭发现中国道教学院的教学思维与方法跟自己的理想大不相同，学生们的思维也与修道者的要求相差甚远，并且自己一直向往隐逸修炼的生活，所以 1993 年初，他辞去中国道教学院副教务长的职务，赴各地参学访道。

1998 年，孟至岭得名师指点后，独自定居于吉林省境内。他最初在吉林省西北地区一个黄土岗下开凿土洞栖身，后又转至吉林省东部松花江上游高寒山区独居。其间，他谢绝十方供养，几与外界隔绝，寻艰难，履窘境，居低下，学柔辱，苦磨慎守，冥道参玄，默持降心化性，以冀得悟天然。

在此过程中，他慢慢养成了每天只吃早餐的习惯，教门中真正的修道没有任何主观上的练习，但丹经上有"精满不思

欲，气满不思食，神满不思睡"的说法。在十五六年前，他因
为喜欢静坐（习惯上称"打坐"），时间久了，每天夜晚静坐时
就感觉腹中过满，于是就减掉了晚餐，觉得效果很好。五年后，
他又感觉夜晚静坐时食物还充满腹中，因此又减掉了午餐，只
吃早餐。一个人住在山里基本就是这样。如果感觉不饿也有两
天吃一餐的时候。来到城里，往常的规律被打乱，开始时有很
多不适应，精神消耗也太大，他就给自己规定不管饿与不饿每
天必须吃一餐。这样也正好利用中午和晚上，在其他人吃饭的
时间里，他每次能静坐两小时左右。

　　其实，孟至岭对养生有他独到的见解。他认为养生重视的
不是身体本身，而是主宰生命活动的"主"，是身体的主宰，
就是我们的本来面目，那叫"主"。重在顺应自然，忘却情感，
不为外物所滞。所以，养生可以分为两部分：一部分是健身养
寿；另一部分是修道，而庄子重视的是后者。自古以来，只有
大志猛醒之后，抛却了尘世的一切而彻底走向世外求真修道的
"载道之大器"，才有可能得到真正内丹法诀的传授。教门中真
正的修道之士，都是首先自度然后度人。自度的最高境界是得
道，这样才能度人、化人，为人指出正道。

　　这也正是教化和度人的意义所在。时下有些地方举办的所
谓养生班，尤其是什么"丹道"之类的养生班，应当说和道教
没有任何关系。在他们那里，"丹道"和"养生"的精髓早已
被剥离，徒留表层，甚至已经异化。不过，道教的太极拳、静
养功、吐纳等，只要能安静下来去学去练，就会对身体有好处，
是道教的健身法门。但如果说只靠这些就能引导众生修道成仙
成圣，则完全是不可信的炒作。到这里，大家可能就会明白孟
至岭为什么能够做到一日一餐或两日一餐了。

　　同时，对于宗教信仰、玄门讲经和人才培养，孟至岭均有
独到的见解。对于中国人的宗教信仰问题，孟至岭认为中国人
应该说有自己的信仰，也不能说中国人信仰缺失。中国人有自
己本来的信仰，有自己本来的传统思想和传统文化。中国传统
信仰有一个前提，就是相信天地有灵，神仙有灵。因此，如果
不敬畏天地神灵，就不会相信善恶报应、因果报应。很多人以
为因果报应是佛教独有的，其实道教思想中充满了善恶报应、
自然因果方面的内容，这都是中国的传统信仰。

　　中国人的宗教信仰总是围绕着至真至善。道家追求至真至
善、无为自然，最基本的要求是要守住自己纯真朴实的"初心"，
其他乱七八糟的念头都是巧智，都要放下。比如悬崖边一个孩子
要掉下去了，如果只用初心会一把抓住，但如果有了"二心三
心"，这个孩子就掉下去了。在市场经济为主的现代社会，信
仰是道德的净土，是社会的底线，是人们要倍加珍视、精心呵
护的领域。在一些地方，供奉神佛的寺院宫观竟然被承包，这
种现象所带来的直接影响就是信仰被贩卖。如果连信仰都成了
随行就市的商品的话，那是一件很可悲的事情。

　　对于道教界举办的玄门讲经活动，孟至岭认为就是以这种
千古不断的传承方式，用于修身悟道、度人化人、教化十方的。
全国性的讲经活动发挥了经典的根本作用，经过十六年的实践
和探索，其在道教界有了一定影响，也起到了一定的导向作用。
但是，不论是从活动的本身，还是从道长们讲经等诸方面，尚
属于探索阶段，有待进一步完善。讲经的作用，从主观上讲，
能促人修道、启人心性、导人向善，这是讲经的教化作用。然
而客观上，若能三者具备，则自能人心向化，教法兴行，这是
讲经的弘教作用。因此，讲经的基本功，首要在于内在的修持。

早年孟至岭曾参访过不少盛德内充、道境深邃的老修行，他们的共同特点是言清意玄，语出惊人，让人心动，让人震撼，甚至让人警醒。他们大都没有多少文化，语言上更没有什么高雅华丽的修饰，可是为什么他们说话就能让人震撼、让人警醒呢？这是因为，他们有内在心性上的修持功夫。具备此等功夫的人讲经，才能度人、化人。历史上，能登坛讲经的，必是具有内在修持功夫的人。所以，要想成为一名高明的讲经师，不是仅仅读了些经典，掌握些知识，具备些学问就能胜任的，而是首先必须具备内在的修持功夫、超然的智慧境界；其次是对道学原理的准确把握、对"信仰"的正确理解、对经文经义的融会贯通；最后是对教内教外各方面知识的广泛了解。较好的语言表达能力和洪亮清晰的语音都是技术层面的问题，不应成为讲经好坏的主要标准。

在此，孟至岭以诚心善意提醒年轻的道友们，切不可把讲经当作简单容易的事看待，不可当作热闹好玩的事看待，更不可当作荣耀之路看待。应该当作慈悲行化、度人弘教看待，当作道德高士之本分看待。如果你有志于讲经度人弘教，那么，一定要在日常生活中，在努力刻苦学习经典、学习各类知识学问的同时，还必须坚持个人内在的心性修持功夫，这也是一个道教徒最根本的东西，是成为"有道之高士"最重要、最核心的功夫。有了内在的修持功夫，才可以"无不为"，那么，讲经说法、度人化人，便是易事了。

对于道教人才培养的问题，孟至岭认为一个宗教的良性发展，重要的因素是靠教门中的教徒，尤其是靠具有较大影响的宗教骨干分子，而更重要的，也是最重要的是这些骨干分子要具备足够的宗教修养，要具备足够的教化之德，要有渊博的宗教学识，要有深邃的宗教智慧，要有超出世间人之上的对人生、对社会、对天地万物明达的感悟——这便是宗教中的高人。宗教中有一批这样的高人，是宗教的基础。只有这样，才能凸显宗教的智慧和精神，这个宗教也才能自然荣居于世间众生所尊崇的地位。

关于道教教育问题，孟至岭认为，从长远看道教教育若要走出困境，有两个最基本的方面需要转变。第一，需要教育家办教育。教育是有其内在规律的，办道教教育的人，不但要懂得道教，也要懂得教育、懂得教学规律，敢于在实践中大胆探索，创新教育思想、教育模式和教育方法，形成具有道教特色的教育模式和办学风格，也是必需的业务素质。在行政方面，只需要把握好政策法规，使其不偏离大方向就可以了。第二，需要专职化的师资队伍。目前，很多宗教院校的领导班子都是宗教大师和行政领导兼任的，这一体制在一定时期有它的益处，但是，长远来看，还是要建立一支业务过硬的专职师资队伍，全身心地专职办教育，这是办好宗教院校的重要保证。宗教团体高层领导做宗教院校的坚强后盾，效果会更好。①

孟至岭道长以上的真知灼见，在道教界产生了广泛而深远的影响。正是在他这种理念的推广下，中国道教学院成功地举办研究生班，并进行学院教师的职称评定，有数届道教研究生毕业后参加到实际的工作岗位之中。

由于工作表现突出，2008 年孟至岭被任命为中国道教学院教研室副主任。2010 年任中国道教协会副秘书长，2012 年任中

---

① 参见夏云《真心清静道为宗——对话中国道教协会新闻发言人孟至岭道长》，《中国宗教》2012 年第 5 期，第 41~44 页。

国道教协会新闻发言人，2015 年 6 月，在中国道教协会第九次
全国代表会议上当选为中国道教协会副会长。2020 年 11 月，
在中国道教协会第十次代表会议上连任中国道教协会副会长，
中国道教学院副院长，北京市西城区政协第十四届委员会常务
委员等职。2021 年 9 月，孟至岭荣任北京白云观第二十三代
方丈。

第四章　高道传略

白云观牌楼前额题为"洞天胜境"，形容这里是道士们居住的人间仙境；后额题为"琼琳阆苑"，形容这里是用美玉建成的清静超凡之地。阆苑，乃神仙居住的地方；"琼"和"琳"，皆为美玉之称，泛指美好、珍奇。在传统文化里，有关这方面的成语太多了，如琼楼玉宇、琳琅满目、琼楼金阙、琼琳满眼、琼花玉树、琼阁秀玉等。可见，白云观在人们的心目中，是何等的美好和奇妙。

这些美好与奇妙是白云观历代高道经过千辛万苦、千锤百炼才获得的，诸如萧道熙、刘德仁、丘处机、尹志平、王常月、闵智亭等，他们用自己的人生修持铸就白云观灿烂的历史与文化。

第一节　太一道师萧道熙

太一道由萧抱珍创立于金代天眷年间（1138~1140）。

萧抱珍，卫州（今河南省卫辉市）人。据《元史·释老传》记载，萧抱珍得仙圣所授"太一三元法箓之术"①。其道大行于金代天眷初年，名太一教。起初，他在家传教，建立第一

---

① （明）宋濂等撰《元史》卷二百二，《列传·释老》第八十九，第4530页。

个庵堂——太一堂，认为"太一者，盖取元气浑沦，太极剖判，至理纯一之义"①。后来，他在卫州三清院故址建庵，"以神道设教，远迩响风，受箓为门徒者，岁无虑千数"②。金皇统八年（1148），金熙宗诏其赴阙，颇为礼敬，赐予其所居庵"太一万寿"匾额，太一教由此显赫。金世宗大定二年（1162），诏准入粟购买度牒。此后，萧抱珍又创建太清、迎祥二观，广收门徒。在朝廷的大力支持下，太一教得到了很大的发展。金大定六年（1166），萧抱珍羽化。元世祖时，太一万寿观升为"太一广福万寿宫"，赠萧抱珍"太一一悟传教真人"号。

萧道熙，本姓韩，其父韩矩与母阎氏皆太一道教祖萧抱珍弟子。萧道熙幼时养于道宫，从小受度为道士，师事萧抱珍。萧抱珍羽化时，他十岁。萧道熙嗣教事，遵从师训，造坛屋安奉道经，加以分类、增广；资质聪颖，读书有儒者风范，博学善文辞，工书画，乐与四方贤士大夫交游；好赈施，养老恤孤近百人；尤以精通太一法箓，善于召劾祈禳驰名。③ 金世宗大定十一年（1171），他应诏住持中都天长观，士庶参礼者甚众。大定十四年（1174），萧道熙乞归乡里，曾住赵州太清观。大定二十二年（1182），他被召入内殿问以养生之道，因应对称旨，被赐予甚厚。他奉敕于太一万寿观内立御赐额碑。当时太一教大行于中原，东渐于大海。大定二十六年（1186），萧道熙忽思栖身岩壑，传教于弟子萧志冲，飘然而去，不知所终。

---

① 参见胡孚琛主编《中华道教大辞典》，中国社会科学出版社，1995，第141页。
② （元）王恽：《秋涧集》，（清）纪昀：《钦定四库全书》集部卷一万六千二百一十七，第9页。
③ （元）王恽：《秋涧集》，（清）纪昀：《钦定四库全书》集部卷一万六千一百零三，第9、11页。

元世祖至元三年（1266），赠其号曰"嗣教重明真人"。

图 45　萧道熙像

　　萧志冲，字用道，博州堂邑（今属山东）人，本姓王，号"玄朴子"。据《滹南遗老集》卷四十二《太一三代度师萧公墓表》记载，其家族世代奉道，并受真人法箓。年十六，父兄议婚，不愿娶，到卫州始师事尊宿霍子华，后师太一二世祖萧道熙。大定十六年（1176），朝廷普试僧道，其以经文中选。大定十七年（1177）授度，任卫州管内威仪，领教门事。二代师将退席，付以法嗣，乃改姓萧。未几，有司选奏荐为高德之士，补住中都天长观。后河水浸犯都城，城中百姓纷纷迁移，天长观中的道众也大多移居河南辉县，本在外地的萧志冲反而返回天长观中，每天求教者接踵而至，一年时间，受教者达数千人。泰和元年（1201），皇帝以春秋已高，而皇嗣未立，设普天大醮于亳州太清宫，志冲首与之；泰和五年（1205），又赴中都太极宫，诵经百日；泰和七年（1207），由于萧志冲驱蝗有功，金章宗赐给他"元通大师"号，并任道教提点；后来他又为后宫的女官们治好了病，卫绍王即位后，赐给他"上清大洞"道服。萧志冲"除老庄之外，兼通诸史诸书，而尤长于《左氏春秋》"①。贞祐四年（1216）七月，萧志冲羽化，享年六十六岁，谥号"虚寂真人"。

太一道第四祖是萧辅道。由于在继承教位之前，他就和忽必烈有来往，所以在金朝灭亡后，极大地巩固了太一道在元初的发展。萧辅道，卫州（今河南省卫辉市）人，字公弼，号"东瀛子"。忽必烈诏其至和林，应对称旨，被留居宫邸。辅道凭借与元帝室的特殊关系，广交上层官僚、士大夫及文人雅士，太一教派力量渗透于各阶层。元定宗二年（1247），萧辅道羽化，赐号"中和仁靖真人"。其著名弟子萧居寿继掌其教，是为第五祖。

萧居寿，金末元初人，本姓李，道号"淳然子""贞常大师"，卫州汲县西晋里人。《秋涧集》卷四十七《太一五祖演化贞常真人行状》记载，居寿自幼喜道学，年十三，师从太一道四祖萧辅道。及长，受戒为道士，命典符箓科戒道职。元世祖居潜邸，召萧辅道，辅道荐居寿才识明敏，请传嗣为太一道五祖，乃赐改李姓为萧，赐号"贞常大师"，授紫衣一袭。通《三式》《易传》《皇极》之学。其于太一道嗣掣纲领，持守成规，宏展道纪，信徒甚众。忽必烈中统建元（1260）春正月，奉诏于本宫设黄箓大醮。秋九月，又奉谕祈祓金箓醮筵，赐号"太一演化贞常真人"。中统二年（1261）冬，上命祭斗于厚载门。至元三年（1266），元世祖忽必烈赐宅一所。至元十一年

① （金）王若虚著，胡传志、李定乾校注《滹南遗老集校注》，辽海出版社，2006，第512页。

（1274），特旨创太一广福万寿宫于两京，建斋坛，领祠事，且禋祀六丁。至元十三年（1276），赐太一掌教宗师印，掌管道教事。后留宿宫禁，参与廷议。至元十七年（1280），萧居寿羽化于西堂方丈室，归葬于卫州汲县四门村祖茔。弟子萧全佑是为第六代祖，萧全佑弟子萧天佑为第七代祖，直到元朝泰定帝时，太一道仍盛于中都一带。

第二节　真大道师刘德仁

真大道教，由刘德仁创立于金朝初年，为道教的一个教派。据元代田璞《重修隆阳宫碑》记载，刘德仁为金朝沧州乐陵（今属山东）人，号"无忧子"。金皇统二年（1142），刘德仁托言"有老人须眉皓白，乘青犊车至，遂授玄妙道诀而别去，不知所之"①。于是，乡人得疾病者远近而来，"请治符药，针艾弗用也"②。刘德仁得《道德经》要言，玄学顿进，开示门徒戒法，其目有九。金大定十四年（1174）后，刘德仁应诏居京城天长观，赐号"东岳真人"，传其道者几遍北方，教以信徒"清静无为为本，真常慈俭为宝"③。行教三十八年后，刘德仁传法于大通真人陈师正。元代加封其为"无忧普济开微洞明真君"。

刘德仁羽化后，其教赓续不绝，但在金哀宗正大六年（1229），真大道教曾一度被禁止。此时金人与蒙古人正在激烈交战，真大道教在这以后近三十年间，隐于民间传播。直到元宪宗时，

---

① 陈垣编纂，陈智超、曾庆瑛校补《道家金石略》，第 823 页。
② 陈垣编纂，陈智超、曾庆瑛校补《道家金石略》，第 823 页。
③ 陈垣编纂，陈智超、曾庆瑛校补《道家金石略》，第 823 页。

五祖郦希诚得到元宪宗的信任，真大道教才改变其隐于民间的局面。

刘德仁羽化后，相继掌教的有陈师正、张信真、毛希琮、郦希诚。郦希诚，金、元时妫川水峪（今河北省怀来县）人，一名希成，号"太玄真人"。田璞《重修隆阳宫碑》记载，郦希诚少年出家，勤学苦读，后为教门举正，嗣教山东，真大道教第四祖毛希琮将逝，急召回，嘱其承教。初不愿，隐遁山林，从者甚众。后乃出山，重整颓纲。其传教行化至河北、北京、河南、山东、山西、陕西等地，道风大振，庵观丛立。其后居燕京天宝宫（位于北京南城），得到元宪宗宠遇，赐改"大道教"为"真大道"，授"太玄真人"号，赐印玺、紫衣冠服等，令其总领道教事。真大道教传至第七代李德和时，发展仍然兴旺。至元十八年（1281），在北京长春宫（原天长观，今白云观）修订《道藏》时，李德和便与全真道、正一道的高道大师们共同参加编纂。

第三节　开山宗师丘处机

丘处机是全真龙门派的开山祖师，生于金朝皇统八年（1148）农历正月十九日。

根据《玄风庆会图》记载，丘处机出生在山东登州府栖霞县滨都里，取名丘哥。他们家祖祖辈辈从事农业生产，乐善好施，社会上均称其家为"善门"。他的母亲姓孙，在他出生不久后便去世了，他是由继母抚养长大的。

丘处机从小聪明颖慧，过目不忘，识量不群，但他却向往

图 46　丘处机像

修炼"成仙"："幼稚抛家，孤贫乐道。"① 他不追求仕途，单独栖身在村北山中，过着"顶戴松花吃松子，松溪和月饮松风"②的生活。当时，他写下《坚志》一诗来表明他的志向：

> 吾之向道极心坚，佩服丹经自早年。
>
> 遁踪岩阿方十九，飘蓬地里越三千。
>
> 无情不作乡中梦，有志须为物外仙。
>
> 假使福轻魔障重，挨排功到必周全。③

---

① 丘处机：《磻溪集》卷五《词》，《道藏》第 25 册，第 835 页。
② 丘处机：《磻溪集·序》，《道藏》第 25 册，第 808 页。
③ 丘处机：《磻溪集》卷一《七言律诗》，《道藏》第 25 册，第 811 页。

丘处机生活的滨都里虽然是小村庄，但这里却是栖霞的一块风水宝地。因为有闻名遐迩的牙山、艾山、唐山、方山、崮山、蚕山等，虽然众山形貌不一，但都山清水秀；所辖大河——黄水河、清水河、白洋河、清扬河等，河水回环逶迤，源远流长。这滨都里便是千山总汇，百川源头，所以被称为"栖霞的一颗明珠"。

滨都里北边的牙山与西北的艾山，奇峰刺天，峰巅相连，松柏苍翠，草木葱郁，云雾缭绕。尤其是艾山，海拔 814 米，因产"灵艾"而得名，是栖霞最高的山峰，也是胶东半岛第三高山，因为山势险峻，素有"小华山"之称。艾山与崂山（1133 米），昆嵛山（923 米）呈鼎足之势，构成了山东半岛千岩竞秀、万壑争流的壮丽景色。

丘处机经常登临艾山观景、舞剑、打坐，入关帝庙，坐白云宫，默念道经，默背"五戒"，抱元守一，脑无杂思，心无旁骛。为了磨炼自己的意志，他将一枚铜钱从崖上丢到沟里，然后从山上跑下来，到沟里摸出铜钱再跑回崖上，周而复始，日复一日，年复一年。功到自然成，他几乎到"唯铜钱是视"的地步，即使在黑夜，将铜钱从崖上丢进沟里，仍然可以闭着眼睛轻易摸出铜钱，一点不费周折。他脚步所经过的地方，已成为深凹进去的道路，此崖便成为有名的"摸钱崖"。

金大定六年（1166），年仅十九岁的丘处机正式弃俗入道，到位于文登西北的昆嵛山出家修行。

昆嵛山，又叫姑余山，素有"仙山之祖"的美称。按照《仙经》的说法，姑余山因麻姑曾在此山修道升天，有余址尚存，因此得名。东华帝君王玄甫也曾经在山上栖息。所以，人们都说昆嵛山是神仙会聚的地方。究竟此山如何秀丽，仙气如何旺盛，十九岁的丘处机暗暗下定决心，非去看个明白不可。

这年秋天，他告别故乡，直奔宁海而去。一路上，人们告诉他："昆嵛山是再美不过的，自从盘古开天地，没有一个山能够如此秀丽；昆嵛山又是再高不过的，所以凡夫俗子是上不去的。"

"年轻人啊！你是不是去观赏景致？"一位老人问道。

丘处机说："栖霞山多，只能藏龙卧虎；昆嵛山高，才能隐修神仙。我是来这里出家修行的啊！"

老人看他诚实，就告诉他："现如今山里面有位仙姑，她本是大户人家的小姐，二十多岁的时候，突然向家里人宣布，她不愿意再享荣华富贵，也拒绝攀龙附凤，她要修道成仙。从此，她独自跑进昆嵛山居住在岩洞里修炼。父母命她不依，姐妹情她不顾，在野兽、洪水面前泰然处之。久而久之，家里人看她没出什么事儿，便不再为她操心了。这些年，有缘见到她的人都说她仍然是鹤发童颜哩！小伙子，就看你有没有缘分遇见她。"

谢别老人家，丘处机走啊走，远远望见混沌一片，山中白云翁郁腾起，峨峨云山，若隐若现，扑朔迷离。又走啊走，丘处机才看清是一座座秀丽的山峰，山势重叠起伏，沟壑纵横交错，南面没有岸，北面没有边。他心想，这就是仙山昆嵛了吧。

按照人们的指点，丘处机径直向昆嵛山西北角这个云霞最厚、峰峦奇异的地方攀登。他多想一口气爬到最高处。他爬一爬，看一看，还在山脚底下。他爬一爬，再看一看，也不到半山腰呢。好在山里面泉水潺潺，野果也正好成熟，随意尝点不耽误赶路。他一口气爬了三天三夜，仔细一看，怎么又返回到了前一天走过的地方？他起初不在意，以为迷路是人常有的事，何况是到了这人生地不熟的山上呢。接着，他又走了三天三夜，还是照样走回了老地方。丘处机这才相信，昆嵛山果然有仙气，名不虚传。

在这种情况下，丘处机一点也没泄气，反而认定有神仙在考验自己。后来，他爬到第三个三天三夜，这才爬上了山顶。丘处机在山顶举目远眺，千柱翠峰悬浮于悠然舒卷的白云之上，宛如虚无缥缈的仙山琼阁。几百里的昆嵛山脉，真像一只万年的老龟，从东海爬上岸头，那隆起的老龟"脊背"，异峰兀立，古木参天，那老龟的"身子"，夹杂着数不尽的岩洞和沟壑，奇异的山石，点缀着山峰，犹如星星闪烁，遍布山坡。四只"龟足"却有三只仍在海里，那就是与昆嵛山相连的海上仙山——蓬莱、方丈和瀛洲。

自然，要看山景到处都是，可是仙姑在哪儿呢？她住哪个洞？她饮哪个泉？丘处机犯难了。他到处走着、瞧着、攀着、寻着，一刻不停。

这一天，正值日轮从东海跃出来的时候，丘处机来到一股清泉边，那泉水从石窟中淙淙涌出，在几步远的地方汇成一池碧水。看一看，晶莹清澈，纤缕得见；尝一尝，味道甘甜，沁人肺腑，就像王母娘娘的蓄水盆。再向北瞧，那是什么？脚印！丘处机眼睛一亮，啊！莫非有另一个凡人也像我一样，正在寻找神仙，还是这泉清石秀的地方原来有人家居住？丘处机仔细观看脚印消失的地方，正长出一株灵芝，不！又一株，三、四、五、六……他数都数不过来了，方才想到，是否有人到这儿采灵芝呢？太阳从东边移到西边，快要落山了，丘处机还是没找到采灵芝的人。他想喘口气，再说肚子也饿了，双手无意中触到了灵芝的小伞，猛然想，采片灵芝尝尝吧！他不想摘大的，又不忍心摘小的，摸过来抚过去，一时拿不定主意。

"年轻人，这里的灵芝全是神仙种的，只种不收，要尝灵芝跟我来吧！"随着说话声，丘处机看见前面不远处站着一位老妇人，她多么像丘处机的外婆啊！此刻，丘处机看清了她头上的几缕银发，腰间的一束藤绳，她手里拄着树根拐杖，眼睛炯炯有神，容光焕发。

老妇人把丘处机径直领进一间依靠悬崖搭建的草房，嘴里叨念些他听不懂的词，却又不提灵芝的事。刹那间，房屋忽然飘起来，顷刻，周围便没了茅屋和老妇人的踪影。丘处机看见崖壁上忽然出现了图文，凑近一看，上面写着："丘门小子非吾徒，王重阳告尔宜师。须记来年九月里，范园好把七莲收。"下方还画着一位道人像。

丘处机这才真正明白，急忙跪下，朝那崖壁连连叩头，嘴里说："恕我凡眼不识仙姑，望仙姑再现仙容，收我做弟子。"自然，不管丘处机怎么哀告也无济于事。等到红日再从东方升起的时候，他才如梦方醒，这会儿连崖壁上的图文也无影无踪了。

后来，丘处机便在灵芝岩附近选了个山洞，独自修炼起来。他不分白天黑夜，勤于修炼，在饥寒交迫、野兽威胁面前，毫不畏惧。他常常用松树激励自己的意志，以爬山来增强自己的体魄。他要用一片诚心来感动仙姑，以修炼仙道迎接来年九月拜谒祖师。

金大定七年（1167），王重阳道长从陕西终南山到山东宁海传播全真道。丘处机听说后急忙下山进了宁海城，果然在城中找到了范氏花园。丘处机来到园中，只见园中最深处果然有一座茅庵。丘处机心中只想着去年仙姑崖壁上所言，急切想探个究竟，竟然忘记通报，一头便闯进庵中正堂，只见一位体态端庄雄伟、美须髯的老道长正坐在堂中央，旁边还有一位四十岁开外的修行者在场。丘处机瞅见他们像老朋友一样自报家门，然后对着老道长问道："想必先生是重阳道长，这位是丹阳先生?"王重阳点头称是，伸出双手，左手拉着马丹阳，右手拽着丘处机，并且乐呵呵地念出一首诗："细密金鳞戏碧流，能寻香饵会吞钩。被余缓缓收丝纶，拽入蓬莱永自由。"①

在接下来的日子里，丘处机与王重阳促膝长谈，二人对道教的过去、现在和未来的看法十分契合。于是，丘处机正式拜王重阳为师，得训名处机，字通密，道号"长春子"。

丘处机天生聪明，学道非常勤奋，刻苦自励。他以虔诚、机敏和勤勉好学的作风，深得王重阳器重。丘处机后来之所以能够成为在中国道教史上影响很大的高道，这与王重阳对他的识拔与培养是分不开的。

王重阳在培养丘处机的时候，要求非常严格，他特别重视对丘处机悟性和自我思考能力的锻炼。王重阳让丘处机每日劳作、诵经、打坐，从来不给他讲解经典内涵和修真体会，每次与其他弟子讲道时，丘处机总是被王重阳关在门外。时间长了，丘处机也有犯嘀咕的时候。一日，王重阳正关着门在内堂给马丹阳讲解内丹大要，丘处机就躲在窗户底下听。王重阳知道后，故意压低嗓门，使丘处机根本无法听到。这下可急坏了丘处机。他干脆破门而入，直接质问王重阳说："师父为什么这么偏心，从不为我讲经?"王重阳并没有生气，而是笑着回答说："天下万事万物缘起缘落，机缘和合时便是道成时，一切因缘都在你

---

① 王嚞：《重阳全真集》卷二《七言绝句·赠丘处机》，《道藏》第25册，第704页。

的心中，只有通过锻炼，你才能领悟到它。"丘处机听后，略有所悟，后悔不已。为了这件事，丘处机在晚年的时候回忆说："我服侍师父重阳三年，从来没有得到一句讲解原始经典的教诲，所以我起了嗔心，这是我做得最愚蠢的事情。师父之所以这样做，是时刻地鞭策我勤奋修道，是真真切切地爱护我啊！"

跟随王重阳出家的马丹阳本是宁海的大富豪，舍弃万贯家产心中不免有些舍不得，所以在修道过程中不免有些哀叹。为彻底断了马丹阳的尘俗念头，王重阳决定带领大家到山里去修炼，于是丘处机向王重阳举荐了自己曾经修炼过的昆嵛山。

金大定八年（1168）农历三月，丘处机和马丹阳、谭处端、王处一三位师兄随师父王重阳来到昆嵛山，果然如丘处机所说景色秀丽，环境幽雅，犹如仙境一般，于是与师父和众师兄在山上开凿烟霞洞，居住修炼。

由于王重阳迫切地希望马丹阳早日得道，继承衣钵，所以急切地把内丹心法传授给了马丹阳，导致马丹阳在练功的过程中出现了偏差，患上了偏头痛，不得不下山回家疗养。一日，王重阳叫来其他弟子说，马丹阳在家破了酒戒，弟子们都不太相信，因此派丘处机下山前去验证。结果，丘处机到了之后才知道王重阳所言极是，原来马丹阳为了治病，用酒来做药引，没想到用之过量，这使丘处机和众师兄们对王重阳佩服不已。

在昆嵛山修炼的日子里，丘处机还积极参加王重阳的弘道活动，协助王重阳在文登创立三教七宝会，在宁海创立三教金莲会，在登州福山创立三教三光会，在蓬莱创立三教玉华会，在掖县创立三教平等会，极大地弘扬了全真道。

金大定九年（1169），丘处机和王重阳与众师兄下山焚毁全真庵，轻装西行，途经汴梁（今河南省开封市）时，居住在岳台坊王氏旅店中，与回乡奔丧的官员孟宗宪相识。孟宗宪经过王重阳点化，拜王重阳为师，成为丘处机的师弟。

金大定十年（1170）正月初四日早晨，王重阳把丘处机、马丹阳、刘处玄、谭处端、孟宗宪叫到床前说："丹阳已经得道，长真（处端）已知道，我没有什么可以顾虑的了。今后处机学道，丹阳你要好好造就他，他以后在道门内和社会上的地位将非常特别，一定会大开道门，是你们不能比及的。"说完，王重阳便羽化登仙了。

丘处机与马丹阳等人把王重阳的灵柩暂时寄放在孟宗宪家的花圃，随即到陕西终南山拜谒王重阳的道友和玉蟾、李灵阳及王重阳早年弟子史处厚、刘通微、严处宽，共同在王重阳从前修道的刘蒋村为他修建坟墓，第二年（1171）建成。丘处机等人又在长安等地募化善款作为王重阳的归葬经费。善款筹齐后，丘处机等随即到汴梁迁王重阳灵柩，归葬刘蒋村祖庵，然后集体守墓，就这样，丘处机随师兄马丹阳等护灵柩守孝三年。其间丘处机在马丹阳、谭处端、刘处玄的教诲下，知识和道业迅速长进。

金大定十四年（1174），一个皓月当空的夜晚，丘处机与马丹阳、谭处端、刘处玄在陕西户县秦渡镇真武庙中，各自表达志向。丘处机说"斗闲"，马丹阳说"斗贫"，谭处端说"斗是"，刘处玄说"斗志"。四人所说虽然不尽相同，但是都表达了通过修炼心性，使自身修养达到更高的境界，以继承王重阳的遗志，大力弘扬全真道。他们最终商定以马丹阳为掌教人留守刘蒋村，谭处端、刘处玄二人东去洛阳传教。丘处机则去宝鸡隐居，从而开始了长达十三年的苦节修炼。

第二天，丘处机告别马丹阳等人一路西行，最后来到了磻溪（今陕西省宝鸡市西南），在附近开凿的山洞中居住了下来。

在接下来修道的日子里，丘处机忍受了许多常人难以想象的艰辛。他每日到渡口为来往行人免费背渡，每天只吃一顿饭，外出就披一件蓑衣，箪食瓢饮，人们称他为"蓑衣先生"。尽管生活贫穷艰苦，但是对胸怀献身道教事业、以弘扬全真道为毕生奋斗目标的丘处机来说，根本算不了什么，因为他心中的志向与宏愿非常坚定。他在《秦川》诗中说："十年苦志忘高卧，万里甘心作远游。特纵孤云来此地，烟霞洞府习真修。"① 表明他甘心忍受艰苦与寂寞的修道生活，在他看来，这些都是修行悟道的好时光。相反，许多人朝思暮想、拼命追求的功名利禄，他认为是过眼烟云，黄粱一梦。他在《无俗念·乐道》中说："迎今送古，叹春花秋月，年年如约。物换星移人事改，多少翻腾沦落。家给千兵，官封一品，得也无依托。光阴如电，百年随手偷却。"② 所以，丘处机忘却了艰苦的生活，把感情寄托在山水间，陶冶情操。

虽然出世，但是丘处机并没有忘记入世度人。他与当地人士友好相处，向他们传播全真道思想，发展信众。在传教的过程中，丘处机认为只凭神仙故事教化人过于空洞而且神秘，世俗间的人因为没有见到而收效甚微，如果通过斋醮教化就会容易被人们接受。所以，丘处机经常应邀做斋醮以联系众人，争取当地人士信奉全真道，其弘道的效果是非常好的。当然，他对通过斋醮敛财的行为和在斋醮过程中浪费的现象也进行了遏制。

---

① 丘处机：《磻溪集》卷一《七言律诗》，《道藏》第 25 册，第 810 页。
② 丘处机：《磻溪集》卷一《词·无俗念·乐道》，《道藏》第 25 册，第 833 页。

在磻溪穴居修炼的六年间，丘处机苦苦追求着祖师的玄风，无论是文化修养，还是对道教玄机的感悟与实践，均达到相当高的层次，他已经成为名副其实的高道。

然而，修道已成的丘处机并没有急着出山展现才华，却又进入更为偏僻的陇州龙门山（今陕西省陇县龙门洞）修炼。虽然龙门山风景秀美，环境清幽，又有天然洞穴、泉水，又是汉代娄景修行的场所，但是生活条件是更加艰苦的。他选好栖身洞穴后，即按当年王重阳所传授的修炼方法，继续修炼。丘处机这样一住便是七年。

这段时间，他"烟火俱无，箪瓢不置"①，"败衲重披，寒坑独坐"②，生活极为清苦。但他"静思忘念，密考丹经祖"③，潜心于养生学和道学的研究，并广交当地文人学士，获得了丰富的历史、文化知识。丘处机认真研读道经，读《黄庭内景玉经》时，见其中有"昼夜不寐乃成真，雷鸣电激神泯泯"④ 的语句，就夜战睡魔，勉强不眠，终于战胜了睡魔。从此，丘处机夜不倒卧，只以打坐入静为休息。四方学者，慕名前来受教。毕知常、蒲察道渊、赵九古、镏琼等都成了丘处机的弟子，受教的人都称自己是全真道龙门派。从此，全真道的又一个支派诞生了。

金大定二十六年（1186），京兆路统军夹谷清臣邀请丘处

---

① 丘处机：《磻溪集》卷五《词·无俗念·居磻溪》，《道藏》第 25 册，第 832 页。
② 丘处机：《磻溪集》卷五《词·无俗念·岁寒守志》，《道藏》第 25 册，第 832 页。
③ 丘处机：《磻溪集》卷六《词·青莲池上客·入关》，《道藏》第 25 册，第 840 页。
④ 刘长生注解《黄庭内景玉经注》，《道藏》第 6 册，第 500 页。

机到终南山修葺王重阳故居，命名为"祖堂"。此时，全真道已成为北方大教，上显于朝廷，下示于民间。

金大定二十八年（1188），金王朝希望效仿宋王朝，以儒家思想为本，以道佛文化为辅，来实践治理国家的方略。这时全真道已成为我国北方较有影响力的道教教派，金朝当局想通过优待全真道来取得民心，以巩固政权。因为他们已经礼请了丘处机的师兄王处一，收效明显。他们听说丘处机通过在磻溪和龙门长达十三年艰苦卓绝的修炼，无论是在道学修养和儒、佛学识上，还是在社会交往中，均已闻名遐迩，急忙颁发诏书，邀请丘处机。农历三月，丘处机答应了金世宗的召见。

丘处机来到金朝的都城中都［原称燕京，金贞元元年（1153）改称中都，即今北京］后，金世宗向他请教养生与治国之道。丘处机回答说，修身养性最重要的是寡欲，治理国家最重要的是保民。世宗听后，十分赞同丘处机的观点，赐赠丘处机道袍冠巾等物，让他居住在天长观。不久，金世宗过生日，称为"万春节"。金世宗让丘处机主持"万春节"斋醮，由于出色的表现，丘处机在朝野声名显赫。因此，金世宗让丘处机主持修缮京城西北的全真庵，丘处机在庵内塑吕纯阳、王重阳、马丹阳（时已去世）像，并彩绘供具。农历四月，全真庵落成，金世宗御笔题写"全真堂"。

全真堂的建成，大大提高了全真道在社会上的地位，为全真道更大规模的传教活动创造了便利条件，这是丘处机在金朝都城传播全真道获得成功的重要标志。农历五月十八日，金世宗在长松岛再次召见丘处机，问其长寿延生的大道。丘处机回答说："抑情寡欲，养气煦神。"并告诫世宗皇帝要"持盈守成"。世宗听后十分高兴。农历七月十日，金世宗又召见丘处机，丘处机为世宗剖析天人合一的道理，阐述《道德经》的宗旨，并赞誉金朝治国有方，对朝廷重视道教更是给予了很高的评价。世宗听后，特赐上林桃表示尊重。不久，丘处机就再三恳请归山，世宗见其去意已决，只好答应，并赐钱十万，丘处机坚辞不受。

金明昌二年（1191），由于丘处机等全真道徒的努力，全真道的发展十分迅速，从而引起了金王朝的惶恐不安，担心全真道和其他宗教教徒的聚集，威胁金朝的统治。因此，金章宗一度下令禁止传教活动，排斥打击全真道。这年冬天，丘处机只好带着赵虚静、宋道安等几名弟子离开陕西，回到了阔别二十多年的故乡山东栖霞。丘处机将旧宅拓建为太虚观作为传道处所，继续弘扬道法。他常把富人捐赠的钱粮拿出来救济灾民，深受燕赵、齐鲁地区百姓爱戴，人们称他为"父师"。地方官员见他确实在为百姓做好事，也就默许他去做，丘处机的慈济名声因而享誉朝野。于是，山东的达官贵人都争着与丘处机交朋友。

金泰和六年（1206），丘处机重返宁海，将马丹阳故居改为玄都观。金泰和八年（1208）后，丘处机曾两访崂山，足迹遍及青州、登州、莱州等地，扩大了全真道的影响。

金贞祐二年（1214），由于蒙古势力进入中原，金宣宗被迫迁都汴梁。不久山东大乱，发生反金起义，益都（今山东省青州市）杨安儿起义军攻克登、莱等州，负责平乱的金朝驸马都尉仆散朝恩知道丘处机很有名望，就请他招安登州和莱州一带的义军。由于丘处机德高望重，所以各地的义军都表示愿意接受招安。丘处机奉旨招抚杨安儿起义军，"所至皆投戈拜命，二州遂定"①，于是声名大振。丘处机等人得到了金王朝中诸如夹谷龙虎、元妃等一批对全真道深有好感乃至信奉的达官贵人的大力支持和帮助，加上丘处机等全真道高道非常重视与官方的合作，全真道很快得到了金宣宗的信任。可见，丘处机通过与金朝权势人物的交往，使全真道得到官方的支持和保护。同时，丘处机还广泛修建道观，通过大量的斋醮活动，使广大的社会下层群众参与醮事，扩大全真道在普通百姓中的影响；还培养了像赵道坚、尹志平、孙志坚等道教精英。

金贞祐四年（1216），金朝赐丘处机"自然应化弘教大师"称号，东平监军王庭玉奉诏邀请并拟护送丘处机赴汴梁，时居登州栖霞的丘处机已经清楚地看到了金王朝衰败与必将灭亡的命运，于是没有答应。第二年，丘处机移居莱州昊天观，金朝又两次派人来请丘处机，或因丘处机婉言谢绝，或因山东被南宋军队占领没有奏效。后来，金、元、南宋三足鼎立，金与南宋王朝争相诏请，丘处机一概不答应。虽逢乱世，丘处机却是个智商特别高的人，灵感清明，超凡脱俗，另辟人生境界。

金元光二年（1224），金宣宗驾崩，金哀宗继位。此时的元妃，更体会到人间的冷暖、执政的艰难，对道教信仰更加虔诚。她除辅佐幼帝外，每日均虔诚遥拜丘处机真人，奉为"师父"，赐给太虚、玉虚两观，并各赐《玄都宝藏》一部，永充奉存。

同时，元妃又向哀宗谏言："全真教丘处机真人，道学渊博，功夫超群，慈悲为怀，济世利人，在百姓中有很高的威望，

---

① 陈时可：《长春真人本行碑》，陈垣编纂，陈智超、曾庆瑛校补《道家金石略》，第 457 页。

何不请至朝中，以佐国家朝政。"

对于丘处机的功行哀宗已有耳闻，只是没有谋面罢了，于是便以"国师"之礼请丘处机赴朝辅政。

差使一路风尘仆仆，将圣旨送达太虚观。丘处机知其来意后，说："圣旨你就不必宣了，回去告诉皇上，修道之人，志在山林，不能被世事困扰，否则修仙就无望了。"差使没有办法，只好打道回府。

在蒙古军队挥师东进占领金朝中都（成吉思汗攻下中都后，设置燕京路大兴府）后，南宋乘机与蒙古签订盟约共同攻金，收复了原先被金王朝占领的山东。

南宋宁宗久闻丘处机大名，现在他又归为自己的臣民，心里自然高兴，于是派大将彭义斌与御史前来诏请。丘处机称病不去，婉言谢绝。

栖霞县的一些地方官吏和一些老学究听说后，觉得不可思议，纷纷找上门来，问道："真人拒绝金廷的邀请在情理当中，这宋廷来请你也拒绝，是不是有点太过分了？"

丘处机回答说："我的决定是按天意而行的，你们是不会理解的。"

众人听得糊里糊涂，但又没有任何办法，只好自行告退。

当时元太祖成吉思汗大举西征欧陆，至乃蛮国，深慕丘处机的仙名妙法，特地派遣专使盛邀。丘处机静观天下，预知成吉思汗雄才大略，天下必归他所有。丘处机一方面为了顺应天道，另一方面为了度化成吉思汗杀伐之心，以救苍生，虽然已逾七十岁高龄，仍不辞劳苦，跋涉万里，率领赵道坚（号虚静先生）、宋道安（号冲虚大师）、尹志平（号清和大师）、孙志坚（号虚寂大师）、夏志诚（号清贞道人）、宋德方（号清虚大

师）、王志明（号葆光大师）、于志可（号冲寂大师）、张志素
（号崇道大师）、鞠志圆（号通真大师）、李志常（号通玄大
师）、郑志修（号颐真大师）、张志远（号玄真大师）、孟志稳
（号悟真大师）、綦志清（号清真大师）、何志清（号保真大
师）、杨志静（号通玄大师）、潘德冲（号冲和大师）等 18 人，
跟随宣使刘仲禄，宣差阿里鲜，蒙古护持蒙古打、喝剌八海等
人，毅然西行。

　　1219 年，即南宋宁宗嘉定十二年，金宣宗兴定三年，元太
祖十四年，远在西域乃蛮国（今名奈曼）征战的成吉思汗听说
丘处机后，召集群臣到帐下议事。成吉思汗说："连日来本汗
听说山东有位丘处机道人，名望很高，百姓拥戴，宋、金朝廷
都争着邀请。将来我们要挥师南下，统一中原，势必要涉及全
真教，你们对此有何看法？"

　　刘仲禄说："全真教由王重阳所创立，当年他在陕西终南
山修活死人墓修炼三年，得钟离权和吕洞宾点化，到山东传教，
收下了马丹阳、丘处机、谭处端、郝大通、王处一、刘处玄、
孙不二七位高徒，创立了'三教平等会'、'三教金莲会'、'三
教玉华会'、'三教三光会'、'三教七宝会'五个教会。因王重
阳法术高强，当时数千人入会，成为全真弟子，丘处机便是在
这时入教的。丘处机后来不在山东修道，去了陕西磻溪六年，
专门为人背渡，不收分文，得'蓑衣先生'的称号。接着他又
到龙门洞修炼七载，经常托些巨石来回上下山，天长日久，竟
能玩之于股掌之中，这些巨石也被他玩成了小圆球。丘处机就
是这个时候练就了一身内力，能以掌力将大石头随手击打飞出。
至于小石头，能以掌力吸起，同时发出，击中数百米以外的目
标。金章宗听信谗言，将他赶到山东老家进行修道。因为帮助

209

金、宋两朝求雨，每有灵验，加之平息匪患，救助百姓，拥护他的人数以万计，所以我们应该将他请来，问以道要。"

成吉思汗说："但我听说他秉性好静，已经不太喜欢与官场来往，金、宋邀请均不肯去，我朝请他他能来吗？"

刘仲禄说："我朝皇恩浩荡，所向披靡，丘处机绝非山野粗人。我们精诚所至，他定会前来。"

成吉思汗听后十分高兴，说道："正好朕要向他学学长生之道和治国之策。那我就派你和宣差扎八儿带御旨、金虎牌和玉如意前往，一定不要让朕失望。"

于是，刘仲禄悬挂虎头金牌，牌上说："如朕亲行，便宜行事。"偕同扎八儿等蒙古骑士20人离开乃蛮国，持诏书，向山东进发，去请丘处机。

刘仲禄途经益都时，丘处机的高徒李志常建议刘仲禄先到潍州（今山东潍坊）玉清观拜见尹志平，让尹志平玉成此事。为了把握时机，不辱使命，刘仲禄接受了李志常的建议，直奔潍州会见尹志平，得到了尹志平的大力支持。当时，尹志平在山东已是一位很有影响力的高道，佩有"上清大洞符箓"，主领胶东道教事近20年。丘处机对尹志平十分器重，视其为自己的掌教继承人。尹志平带领刘仲禄一行到昊天观面见丘处机，尹志平的想法与丘处机不谋而合。

于是，丘处机让刘仲禄宣旨，成吉思汗的圣旨说："先生拥有神仙的体魄与境界，见多识广，学识渊博，探究深奥的道理，探索隐秘、深远的问题，道德高尚，身怀古代君子严谨的学风，怀抱真人高雅的情操。长时间在山岩溪谷隐居修炼，阐述祖师遗留下来的教化，不出门便有得道高人云集家中，所藏神仙典籍不可胜数。我心中对您仰慕不已，不是没有听说过

'渭水同车、茅庐三顾'的故事，只是大山阻隔，河流辽阔，路途遥远，有失亲自迎接的礼节。我只好站立弯腰，斋戒沐浴，选拔刘仲禄为宣差侍官，准备轻骑素车，不远千里，谨邀先生暂时委屈您的仙步，不要顾虑路途遥远，沙漠荒凉，忧民是当今最急迫的事情，或者怜悯我的身体，我准备好座位，请您赐教一二。"

诏书中成吉思汗对丘处机的学养和道行深表敬仰，同时也说明了请丘处机万里西行的目的，主要是向丘处机请教治国安民的政策和保身长寿的方法。语言朴素，情感真挚，使丘处机感动不已。刘仲禄说："师父名重四海，皇帝特诏我跨越山海，不限时间，一定要见到您。"丘处机虽然年近古稀，但志在济世救人，心想乘此机会，劝诫成吉思汗停息战乱，为天下苍生百姓谋求幸福，思考再三答应道："我向来是按照天道循环的道理做事，老天让我去拜会大汗，我在做完正月十五日上元斋醮后即刻前往。"

元太祖十五年（1220）农历正月，丘处机偕弟子赵道坚、尹志平等18人，随宣使刘仲禄，宣差阿里鲜，护持蒙古打、喝刺八海等，从山东潍县至益都，过长山、邹平北上。二月初，到达济阳城。二十二日到达卢沟，京官士庶僧道等到郊外迎接，由丽泽门进入燕京后，住在玉虚观。丘处机这时已是七十三岁的古稀之年，北方的风霜严寒，加上路途中的大沙漠和山川河流等险阻，对于高龄的老人来说，实在是难以承受。

丘处机得知成吉思汗已率领军队离开乃蛮国西去，便打算在中都等待成吉思汗东返后再去会见，于是上表让刘仲禄派人送给成吉思汗。四月上旬，会众（香会组织人员）礼请丘处机于四月十五日在太极宫（今北京白云观）做斋醮。丘处机以即

图47 邱祖殿内悬塑——丘处机西行

将西行予以推辞，众人竭力相劝说："当前战争未平，让流离失所的百姓有幸一睹真人仙容，蒙受道德的恩惠。让已逝的百姓通过您的斋醮，得到超度荐拔，就没有遗憾了。"因此，丘处机于十四日在太极宫设坛建醮。启坛时，普降甘霖；毕坛时，天空开霁。这一雨一晴，遂人所愿，大大缓解了燕京旱情。第二天，丘处机在太极宫宝元堂为信众讲授道教戒律。这是丘处机第一次在北京白云观举行宗教活动，从而注定了北京白云观与丘处机的不解之缘。

太极宫斋醮结束后，丘处机与刘仲禄等人从居庸关出燕京城北上，五月到达德兴（今河北涿鹿）龙阳观过夏天。龙阳观地势平坦，从东南一眼望去有三四里地，地里有一眼泉水，清凉可口。泉水形成的溪流，流入东面的山涧，不仅滋润了周围的树林和庄稼，也成为人们纳凉的好去处。

龙阳观后面群峰衬托，周围溪流萦绕，松塔倒悬，石楼斜照，雨水霏霏，树叶纷纷，使丘处机不由得想起了当年栖身修炼的终南山。① 当时有孙周、杨彪、师谞、李士谦、刘中、陈时可、吴章、赵中立、王锐、赵昉、孙锡等京城士大夫一起陪同，终日吟诗唱和，谈玄论道。

八月初，丘处机应宣德州（今河北宣化）元帅移剌公的邀请居住朝元观。移剌公考虑到丘处机将要北行，提前建置殿堂以奉迎。中秋节（八月十五），丘处机在朝元观中赏月，当时河海静默，山岳吞云，丘处机仿佛置身在月宫仙境，人世间的纷繁芜杂皆与他无关，只有一颗道心犹如明镜一般悬挂在他的心中。

十月，成吉思汗的诏书送达，敕封丘处机为"真人"。特敕宣使刘仲禄，"千万不要让真人旅途中饥饿劳累，可以慢慢缓缓地到来"。诏书中说："真人道德深厚，名扬四海，我早就听说了，思念您很久了，只是因为军务缠身，不能亲自前来相请，只好派刘仲禄他们三人前来邀请，见到虎头金牌，就如同见到我本人一样，望您海涵。其实军国战事，并不是我所期望的，道德风尚，才是我所崇尚的。所以我经常梦想乘云翱翔在蓬莱仙岛，驾鹤遨游在西天竺国。达摩向东方传佛，留下了一片道心；老君向西方传道，度化了大片佛心。虽然路途遥远，千山万水阻隔，但是我想念您的心已不再遥远，您的拐杖随便点拨几下就能到了，您还是来吧！无论多长时间，我都会等着您，来吧！来吧！"诏书深切地表达了成吉思汗的仰慕之情和思念之意。

从元太祖十六年（1221）农历二月初八日开始，到十七年四月初五日为止，丘处机率弟子 18 人从莱州（今山东省莱州

---

① 参见丘处机《磻溪集》卷一《诗·初入峡门》，《道藏》第 25 册。

市）出发，历时 13 个月零 27 天，终于在西域大雪山（今阿富汗境内）见到了成吉思汗。

一见面，成吉思汗就慰问丘处机说："其他朝廷聘请您您都不答应，今天您不远万里而来，我十分高兴！"

丘处机回答说："我一个山野之人，承蒙您的召见而来，这是上天的安排！"

成吉思汗问道："人们都称您'腾吃利蒙古孔'（天人），是自己称呼自己的，还是别人称呼您的呢？"

丘处机回答说："这并不是我自己称呼自己的，是别人这样称呼我罢了。我与马丹阳、谭处端、刘处玄三人师从王重阳祖师学道。他们三个人现在都已经羽化登仙了，只有我一个人在世，人们都称呼我'先生'。"

成吉思汗问镇海相公："真人在道教里是个什么称号呢？"

镇海相公说："有些人称丘先生为'师父'，有些人称丘先生为'真人'，有些人称丘先生为'神仙'。"

成吉思汗说："'神仙'这个称呼好，从今往后，我就称呼丘先生为'神仙'。听说老神仙三百多岁了！"

丘处机回答说："那是谣传。贫道虚度七十三岁。人怎么能够活三百多岁呢？"

成吉思汗问道："不是说有长生不老的药方吗？"

丘处机回答说："道家分为几派，有一派方士，追求食丹成仙，羽化飞升，为道教的外丹派。然而烧炼出来的金丹，不是什么人都能够服食的，只有专门从事修炼的人才能够服用。内丹修炼到一定程度，通过服食外丹以帮助内丹的形成，起到催化内丹的作用，所以先要修炼内丹才能服食外丹，并且服食外丹时要非常谨慎。唐代君臣为求长生而服食外丹丧命的不在少数。这些君臣平时不修炼内丹，用纯阴的身体服食纯阳的外丹，肯定是要伤身害命的。"

成吉思汗说："想长命倒短命呀！"

丘处机说："贫道从来不追求这种方术，天下只有养生之道，而无长生之药。"

成吉思汗说："人人都留恋人间富贵，希望永世长存，这也是人之常情。可从古至今，也没有见到一个长生不老的。老神仙诚实无欺，确实道德高尚。我没有对长生不老抱太大希望，只觉得有许多事情要做，可是心有余而力不足。总是能记住近的，记不住远的；能看见远的，看不见近的。老神仙真的有保身之术传授给我也好，我太需要了。你们设两个帐幄在我帐幄的东面供老神仙居住，好让我再选择时间向老神仙问道。"

于是，成吉思汗与丘处机约定四月十四日专门论道，镇海相公、刘仲禄、阿里鲜及三位内使侍臣把谈话内容记录在案。

将近四月十四日时，由于花剌子模的札兰丁打败了蒙古的一支，成吉思汗大怒，准备亲自前往征讨，于是将论道时间改为十月。丘处机向成吉思汗请求回邪米思干城算端氏新宫静修，成吉思汗命宣差杨阿狗领1000多名骑兵进行护送。

成吉思汗打败札兰丁后，八月八日，丘处机再从邪米思干城启程，赴成吉思汗行宫。成吉思汗问道之前，丘处机向他建议道："刘仲禄万里周旋，田镇海千里护送，两人也应该入帐闻听道义。"成吉思汗答应后，丘处机与成吉思汗在九月十五日晚上设帐斋戒论道。

成吉思汗问道："对蒙古奶茶老神仙还习惯吗？"

丘处机回答说："我是山野之人，每岁必粗茶淡饭，对锦衣玉食本无所求。"

成吉思汗说："养生安民是人生大道，老神仙有什么高见请赐教，本汗愿意身体力行。"

丘处机说："民以食为天，五谷、蔬菜、鱼肉、乳酪，皆养生之具。佛门八戒，不食荤腥。古人有云，肉食者鄙，素食聪明可长百岁。其实不然，道家以为，幽燕之地食寒，蜀汉之地食热，江南鱼米，中原五谷，草原肉乳，都可以资民以生存。然锦衣玉食，饱食终日则于生无益。食不求饱，居不求安则于生无害。故斋戒保全身体，随遇而安才是养生之道。"

成吉思汗说："不错。我们兄弟五人皆历经坎坷，草根、野果、土拨鼠等，有什么吃什么，一个个身体强壮。现在有些那颜子弟，什么好吃吃什么，什么暖和穿什么，一个个弱不禁风。足见食能养人，也能害人。"

丘处机说："大汗说得不错，养生安民事虽不同，其道则同耳。顺其天性则生，逆其天性则亡；随其所欲则安，逆其所欲则乱。天道好生而恶杀，治尚清静而无为。此乃黄帝、老子的至理名言。"

成吉思汗说："老神仙所说的安民之道我就不明白了。您说的随天性，不错，我是信天的，可是好生容易恶杀难。我想让他生，别人想让他死。我想安定，别人非要乱。应该以杀止杀，以乱止乱，才能立足于天地间。清静无为怎么会达到天下大治呢？"

丘处机说："大汗的想法并非首创。韩非主张以刑去刑，商鞅主张以战争制止战争。秦国征战了百年，不乏良将猛士，但最终没有逃脱巨鹿的失败和咸阳的失守，为什么呢？秦始皇以刑罚为窠臼，以赵高、李斯之流为手杖，然而最终难免覆巢破卵的祸患、倾仆跌倒的祸灾。可见严刑和杀伐不可做依靠。这是中原历朝历代的一面明鉴。所以有人说事愈烦天下愈乱，法愈滋而奸愈炽，兵马益设而敌人愈多。秦朝的灭亡就在于它的措施，对于民众过于强暴，它的刑罚太重了。"

成吉思汗说："您所说的这些事我都没有听到过，老神仙可以直接说说我现在应该怎么做呢？"

丘处机说："大汗以杀伐夺天下，然不可以杀伐治天下；以刑罚除恶，以教化劝善；德与刑并用，恩与威并施，天下才能长治久安。"

成吉思汗说："德与刑并用，恩与威并施。老神仙是不是说我刑和威用多了，恩和德用少了。胡子（耶律楚材），你把老神仙的话记下来，要用蒙汉两种文字相对照记，我要好好收藏，仔细琢磨。"

丘处机说："十年兵火，万里干戈。如今仇敌已灭，天下已定，但愿大汗早日回军，与臣民共享太平。"

成吉思汗说："是啊！我征战了一生，正是为了好好与百姓享个太平清静。老神仙，我们一起班师吧！"

此时，帐幄外晴天霹雳，成吉思汗大惊，想要起身瞧个究竟。

丘处机问道："大汗意欲如何啊？"

成吉思汗说："冬天打雷一定是凶兆。我要查查谁在晾晒，引起长生天的震怒。"

丘处机说："大汗请坐下吧。雷电、冰雹、地动、日食，如同风吹水流、花开花落、生老病死，并无冥冥玄机，至于洗衣晾晒，天不会发怒的。"

成吉思汗说："可是，萨满是这么说的。"

丘处机说："中原人天天洗衣，日日晾晒，上天何故厚此薄彼，唯独不准草原人洗衣晾晒呢？"

成吉思汗说:"这么说,我的大扎撒令'禁止洗衣晾晒',这一条要改一改了。"

成吉思汗又问:"东过锡尔河前,我们在大雪中行走,忽然听见远处惊雷震响,令人畏惧战栗,听说当天桥梁、码头均遭雷击,为什么偏偏在我的大军要渡河前,有此古怪之事?"

丘处机说:"这是上天对圣上的警示,告诉你要止杀戮、忌杀生,善待天下百姓,赈济灾民,劝励农桑,发展生产,使战争中的难民,重返家园,以和平养育万物生机,做一个有道的明君。道教的三千多条戒律中,所说的罪过,其中最大最不可饶恕的罪过,就是不孝,不孝之人天打雷劈,这也是上天的警示。蒙古国内风俗习惯,大都不孝顺父母,圣上应该利用皇帝的威严权力,改变蒙古国人,让他们孝顺父母。"

于是,成吉思汗对耶律楚材说:"你把老神仙所说的,用蒙古文字写出来告诫全体官兵,再用回纥文字写出来,告诫当地官员百姓,不许杀戮,不许奸淫,还要孝敬父母。"

元太祖十七年(1222)十二月,成吉思汗的大军撤回草原,蒙古汗国的第一次西征基本结束了。

丘处机此次应诏西行,如果从元太祖十五年(1220)正月从山东出发算起,到元太祖十七年(1222)四月,总计两年零三个月,万里风霜跋涉,终于和成吉思汗晤面。一位是道德高妙的中原宗教大师,一位是叱咤风云的天骄雄主,由此演绎出一段光炳千秋、泽被天下的天缘佳话。

"世有长生之经,而无长生之药。"[1] 面对拥有百万铁骑,

---

① (元)姬志真:《云山集》卷七《长春真人成道碑》,陈垣编纂,陈智超、曾庆瑛校补《道家金石略》,第588页。

横扫欧亚的天骄巨子，一句诚实无欺的开场白，恰恰道出人生命的真谛，丘处机不愧为全真之巨擘，天下第一真人。道教修行的最高境界为真人，真人即神仙。何谓真人？《庄子·大宗师》说："有真人而后有真知。"① 亦即谓有真知者为真人。欲得真知，先具道心。何谓道心？道心即天心，天心即人之真心。人具天心，可感召日月，作为雄才天纵的一代英主成吉思汗，自然天聪独具，岂有不被丘处机所感动的道理。

丘处机每次讲道，谆谆而谈，句句入微，言不离宗，讲天地万物以道为本，人必须修身行善方能接近于道，修身必须去奢寡欲，固精守神，方能领悟大道真理。帝王尤其要戒声色，节嗜欲，方能济世安民，获得天佑之福。针对元兵骁勇强悍、天性嗜杀的行为，丘处机竭力劝诫他们不要杀生，谆谆教导以仁义之心平天下的道理。当成吉思汗问及治世良方时，丘处机则答以敬天爱民为本。成吉思汗深为丘处机的道心所感动，诚敬地说："谆谆教诲，让我恭敬地懂得了什么是命，我凡是遇到难办的事情，不敢不遵照老神仙的教导勤奋地执行！"

丘处机纵观天下大势，料知成吉思汗日后必图中原，力劝其仁心戒杀的同时，又念及河北、山东两省是长时间发生战争的地区，百姓处于贫穷困苦当中，所以恳切劝告成吉思汗派遣贤能官员随战处理善后，减免租税，发展农业生产，解除百姓贫困。成吉思汗一一听从，并召集太子和群臣说："上天派遣神仙为我讲解治国安民和养生的方法，你们要随时铭记在心！"

丘处机借道法的神力，一言以止杀，惠及天下生灵何止万千。此等千秋之功，永载天地。

---

① 　陈鼓应注译《庄子今注今译》，第 199 页。

　　成吉思汗在大雪山听丘处机讲道后，曾多次对臣下说："神仙劝我语，以后都依也。"他至敬至诚地接受了丘处机的教化，并且真正做到"遵仙命勤而行之"。他特发"不许杀掠"布告，并派专使持牒处理战后事宜，从而使做奴隶的人翻身为良民，濒临死亡的人得以重生。蒙古铁骑纵横欧亚大陆，因为丘处机此次西游而受益的人，何止中华神州，可以说惠及大半个世界。如此行道济世，功德无量，丘处机确实为古今表率。

　　成吉思汗对丘处机推崇备至，当然也出自一代雄主高瞻远瞩的政治需要。他颁令天下所有出家人，不论僧道，全部归丘神仙管理。丘处机所弘传的全真道，精髓思想即三教合一，道、儒、释并行而不相悖。《长春真人清规榜》中即有"见三教门人，须当平待，不得怠慢"的言语。丘处机虽立身道教，但以其无限济世功德、如天心般清明的道心令天下人钦佩，为元初平治天下做出了卓越的贡献。

　　丘处机多次向成吉思汗讲道，成吉思汗认为句句知音，可谓是天意，如醍醐灌顶般舒畅。他对左右官员说："神仙三说养生之道，我甚入心，勿泄于外。"由此充分显示出丘处机道法高妙。

　　成吉思汗专门命令礼部官员耶律楚材记录、汇总丘处机讲道的内容，并亲自赐名叫《玄风庆会录》，主要内容是，真人借养生之道，讲戒欲治心之法，得道成仙之术，及帝王修身养命，治国安民，上合天心，必得天佑之理。简而言之，有三个要点：一、长生之道，节欲清心；二、一统天下，不乱杀人；三、为政首要，敬天爱民。

　　成吉思汗理解并接受了丘处机的道法理论，后来多次下令善待丘处机和他的教派。

丘处机的讲道其实与耶律楚材经常在成吉思汗身边吐露的撤兵求太平的理想有着很大的关系，他们二人一起对成吉思汗产生了潜移默化的影响。1224年夏天，有士兵报告说游泳时见到一头会说话的怪兽，要蒙古军及早撤军回家。成吉思汗就此事询问耶律楚材，耶律楚材一听就明白这是士兵们因厌战而想出来的花招，他自己也早已厌战，就告诉成吉思汗说："这是祥瑞之兽，热衷保护生命，反对随意屠杀，希望陛下听从天命，回去吧！"

成吉思汗终于听从了这个"天命"。

当然，成吉思汗收兵还有其他的客观原因。例如，毕竟大仇已报，花剌子模的国王摩诃末已死，辽阔的土地都被征服，而军中又发生了瘟疫。

于是，正如耶律楚材诗中所写："野老不知天子力，讴歌鼓腹庆升平。"

大家一定会觉得奇怪，耶律楚材怎么会写一手不错的汉诗呢？我们不妨再读他的一首词："花界倾颓事已迁，浩歌遥望意茫然。江山王气空千劫，桃李春风又一年。横翠嶂，架寒烟。野花平碧怨啼鹃。不知何限人间梦，并触沉思到酒边。"

这当然算不上第一流的作品，但很难想象竟出于少数民族官员之手。在中国古代，少数民族人士能把汉诗汉词写好的，第一是纳兰性德，第二是萨都剌，第三就是这位耶律楚材了。

再看看耶律楚材替成吉思汗起草的邀请丘处机西行的第二道诏书，中间有些句子深得汉文化的精髓。如"云轩既发于蓬莱，鹤驭可游于天竺。达摩东迈，元印法以传心；老氏西行，或化胡而成道。顾川途之虽阔，瞻几杖以非遥"等句，实在是颇具功力。

　　丘处机能下决心衰年远行，与诏书文句间所散发出来的这种迷人气息有关。文化的微妙之处，在于其具有惊人的"诱惑力"。

　　在此，我们就需要谈谈耶律楚材的文化背景了。

　　一个人的文化背景，可以远远超越他的民族身份和地域限定。在耶律楚材出生前的好几代，他的先祖契丹皇族虽然经常与汉族作战，却一直把汉文化作为提升自己、教育后代的工具。到了女真族的金朝，也是同样如此。耶律楚材从小学习汉文化，十三岁开始攻读儒家经典，到十七岁时已经博览群书，成为一位有才华的年轻儒生。后来在中都（北京），他又开始学佛，成为佛学大师万松老人的门生。学佛又不弃儒，他成为儒佛兼修的通达之士。

　　丘处机是道家宗师，耶律楚材与他加在一起，组合成了一个儒、佛、道齐全的中国文化精粹结构，出现在成吉思汗身边。这个精粹结构让成吉思汗那么尊敬，使其在他们天天不断散发的息战、戒杀、尊生、节制、敬天、爱民的绵绵信息中发生了重大变化。

　　据《元史·太祖本纪》记载，成吉思汗在临终前一个月对群臣公开表示："我自从去年冬天看到天上五星相聚时，已经许下'不杀掠'的心愿，只是当时忘记昭告天下。现在你们可以诏告全世界，让全天下的人都知道我的心意。"①

　　"不杀掠"这三个字多么珍贵，尽管仍然处于战争之中的成吉思汗一时还无法做到，但既然作为重大的许诺布告天下，

---

　　① 《元史》卷一《本纪第一·太祖铁木真》："帝谓群臣曰：'朕自去冬五星聚时，已尝许不杀掠，遽忘下诏耶。今可布告中外，令彼行人亦知朕意。'"（明）宋濂等撰《元史》，第24页。

已经让人惊喜不已了。

此外，据《元史》和《新元史》记载，成吉思汗还嘱咐自己的继承人窝阔台说，耶律楚材这个人是上天送给我们的，必须委以重任："此人天赐我家，尔后军国庶政，当悉委之。"①

这两份遗嘱，使历史的温度和亮度都大大提高了。

在这里，我们不能不怀着特别的心情，远眺 800 多年前在中亚战争废墟间徘徊的两个背影。一位高大的长胡子中年人，搀扶着一位仙风道骨的老年人。他们走得很慢，静静地说着话，优雅的风范，与身边的断垣荒坟很不相称。他们正在做同样的一件事，那就是用中国文化中儒、佛、道的基本精神，盯住已经蔓延了半个世界的战火，随时找机会把它控制住。

他们两人后来因为佛、道之间的一些宗教分歧产生隔阂。但我们还是要说，再大的分歧也是小事，因为他们正在做一件真正的大事：继承和发扬中国传统文化，承续中华民族的文化血脉。如果不是丘处机利济苍生的慈悲心怀和耶律楚材远见卓识的政治、经济、文化思想，恐怕中国传统文化将会遭遇空前浩劫。

成吉思汗几乎是与丘处机同年同月辞世的。成吉思汗享年六十五岁，而丘处机则高寿，享年七十九岁。

丘处机劝谏成吉思汗成功后，三次请求回归故里。第一次在元太祖十八年（1223）二月初七，丘处机拜见成吉思汗，请求回去，说："我远离大海之滨，约定三年回归。今天正好三年，如果大汗答应让我归山，那就实现了我的愿望。"成吉思汗一再挽留。廿四日，丘处机再次向成吉思汗提出辞呈，成吉思汗以"我还没有想好赐给什么礼物"为理由，再次至诚相留。三月七日，丘处机又提出辞呈，成吉思汗才十分惋惜地答应，赐给牛、马等物品，丘处机坚决不肯接受。成吉思汗特别赐给丘处机圣旨文书一通，郑重地用上御宝，圣旨大略说："神仙出家门人、住持院事的人等，并免差发税赋。"即凡属丘处机教里人，一律免征税赋、差役。这一纸圣旨，无疑对全真道在元初的发展起到了十分重要的作用。成吉思汗还特命阿里鲜为宣差，护送丘处机东归。

三月初十，丘处机辞别成吉思汗东行，成吉思汗以下的官员，都携带美酒珍果，依依惜别，相送数十里，临别众人都挥泪如雨，足见丘处机无与伦比的神奇魅力和道德的感召力。

从元太祖十八年（1223）三月起到元太祖十九年（1224）年二月止，共计一年零一个月，丘处机途经赛蓝城、楚河、伊犁河、阿里马城东园、阴山（今天山）、阿不罕山、甘肃北境、渔阳关、丰州、下水、云中、宣德、龙阳、缙山秋阳观等地，回到离别三年的燕京。这期间，成吉思汗两次下达圣旨给丘处机，大约是在元太祖十八年（1223）农历十二月，元帅贾昌自成吉思汗处来，传成吉思汗旨意，问候真人一路可好，并深情地说："朕常念神仙，神仙勿忘朕！"没过几天，成吉思汗的圣旨又传到，大体上说："教你天下应有底出家善人，都管着。好底歹底，丘神仙你就便理会。"文中的"底"同今日的"的"，意思是凡天下出家在教的人，统归你丘处机管理。

燕京高官听说丘处机从西域返回，一同礼请丘处机入住太极宫。燕京行尚书省石抹公请言："我个人认为，一定是先有懂得真理的人，然后才可以揭开宇宙的玄机；一定是先有神仙居住的宫阙，然后才可以招待得道成仙的人士。太极宫是人间的神仙洞府，百姓心中的上等福田。如果不是真人神仙，谁有资格到此担任住持？我们一直仰慕长春真人，学识超群，悟道长生，迢迢万里从西域回来，正好可以在太极宫传道。"同年同月，宣抚王敦也请丘处机入住太极宫。八月，石抹公再次送来邀请函，再次请丘处机常住太极宫，函文说："长春真人是重阳祖师高徒，四海闻名，是皇帝所尊敬的老师，也是天下人的教父。前年应大汗诏请，来去达几万里。今日接您入住太极宫，一来可以祝皇上圣寿，二来可以荐生灵之福田……"这便是大元燕京行省金紫（官名）石抹公、宣抚使王敦等，恳请丘处机进京住持太极宫所说的一番肺腑之言，诚心诚意，表达无遗漏。

元太祖二十年（1225），丘处机接受奉请，于农历二月初七正式入住太极宫。四方父老乡亲，以香花导迎丘处机进入太极宫，沿途瞻礼的人将道路都堵塞了，奉斋的人每日不下一千，盛况空前。

在丘处机西行之初，众人请问归期，丘处机回答说："三年回来。"至今恰如丘处机所说，正好三年，再次证实了丘处机神秘莫测的高深道行。

二月二十五日，喝剌从成吉思汗的行宫赶来传旨："神仙到汉地以清静道德度化人民，每日为我诵经祝寿，很好！管教神仙选择好田好地居住。我已吩咐了阿里鲜，神仙寿高，善为护持，神仙还没有忘了我吧！还是已经把我忘记了呢？千万不要忘记我喽！也不要忘记我对神仙的一点心意哟！"圣旨一方面对真人为成吉思汗诵经祝寿表示感谢，另一方面特许丘处机喜爱何地就住何地。叮嘱属下官员对丘处机善加护持，表达了成吉思汗对丘处机深厚的敬爱和思念之情。

太极宫由于丘处机的住持，从此改变了自己的前途和命运。此后的太极宫在丘处机及其弟子尹志平等人的修葺下，旧貌换新颜，规模庞大，金碧辉煌。丘处机在太极宫讲经说法，度化弟子，使之逐渐演变成道教全真龙门派祖庭。丘处机在太极宫创立道教丛林制度，加强了道教教制建设，由此奠定了由古及今太极宫在道教丛林中的重要地位。如今北京白云观传承的不仅是丘处机悲天悯人的济世精神和道教深邃的教义思想，而且承载着中国五千年华夏传统文明和风尚习俗，浓郁的华夏民族情结在这座古老的宫观中彰显得淋漓尽致。

自从丘处机回到燕京，八方道侣云集，道教得到了空前发展，为以后大元建都于燕京奠定了良好的社会基础。

到了夏天，成吉思汗又特意派遣宣差扎八儿赶来传旨说："自从神仙离去，我没有一天不想神仙的，神仙没有把我忘掉吧！还是那句话，我所拥有的地方，神仙爱住什么地方就住什么地方，道教中人一直为我诵经祝寿这十分好。神仙在燕京是不是也想我了呢？我们什么时候能够再见面，再一次聆听神仙为我布道呢？"再一次表达了他对真人的殷殷思念之情。

丘处机毕生艰苦修行，不断修真悟道，晚年发大心愿，跋涉万里，宣示大道，实现了"化干戈为玉帛"的宏愿。他历经万千磨炼，造就金刚身躯，担当万般苦楚，为全真道树立了光辉榜样。

丘处机弘道说法，度化一代天骄成吉思汗，拯救了百姓的生命，其意义不仅仅是宗教之功德。可以说，他在人文学、地理学、地名学、民俗学、古气候学等诸多方面为后人留下了极其宝贵的知识财富，对铸就中华民族的融合团结，对中国历史的发展，对中华传统文化的传承有着极其重大的影响和推动。

令人扼腕叹息的是，作为后人的我们未能予以足够的重视，致使这一原应光彩春秋的伟大行迹，至今仍然只存于史海之中。平心而论，长春真人丘处机万里西游，让中华民族生生不息的道文化传播四方应该值得赞扬。他是中国道教史上，甚至是中国宗教史上为人类社会做出了伟大贡献的人物。

明英宗正统八年（1443），重建一新的白云观影壁上嵌入了四块方形琉璃瓷砖，瓷砖上烧制有"万古长春"四个绿色大字，用来缅怀长春真人丘处机的千秋功德。后来，乾隆皇帝御题"万古长生不用餐霞求秘诀，一言止杀始知济世有奇功"以为赞，这副对联至今仍珍藏在白云观中。

2004年，白云观殷诚安道长将丘处机生平事迹绘制成连环画，在教内外广泛流传，产生了良好的社会影响。2006年，白云观管理委员会根据丘处机的西行故事，在邱祖殿内制作了丘处机西行的大型悬塑，再次向世人生动形象地展现了丘处机的丰功伟绩。

细细品来，白云观与丘处机堪称珠联璧合。白云观因为丘处机的住持，拥有了流淌不竭的新鲜血液和恒久永远的弘道精神；丘处机因为白云观的住持，拥有了弘扬道法和济世利人的场所。二者的结合，为中国道教史乃至中国传统文化史留下了一笔不可或缺的宝贵财富。

第四节　明德真君刘处玄

金承安二年（1197）十月，刘处玄应诏至京，住在白云观。

图 48　明德真君刘处玄像

　　根据《历世真仙体道通鉴续编》记载，刘处玄，字通妙，号"长生子"，金熙宗皇统七年（1147）七月十二日出生于东莱。其先九世孝友相继，宋太宗太平兴国年间（976~984），受朝廷嘉奖，赐免租役。其母王氏一夜梦白衣翁呼出，向西指之，见有玉树金叶，令其取而吞之，刚出其手，而叶自飞入口中，坠于腹。翁言他日必生异人后，顿失所在。王氏孕十三月，于皇统七年七月十二日生处玄。生时有两道紫气自太基山横贯其家。处玄少而孤，侍母甚孝，远近闻名。年弱冠，母为之议娶，因其素有学道之志，故坚决不允。他曾于邻居壁间人所不能及处得到墨宝，末句说："武官养性真仙地，须作长生不死人。"① 刘

---

① （元）赵道一编撰《历世真仙体道通鉴续编》卷二，《道藏》第 5 册，第 424 页。

处玄视外物恬然不介意，放荡不羁，常常酗酒。金大定九年
（1169）九月，霜寒露清，重阳携丘、谭、马三仙来东莱传道，
处玄与母亲前往谒之，正式开始其出家修道生涯，不久与王重
阳游于汴梁（今河南开封）。大定十年（1170），王重阳登仙
后，处玄与马、谭、丘负枢归葬于终南山刘蒋村，结庐于墓侧，
守孝三年；后东入洛阳，寓居于土地庙中，形如槁木，人馈则
食，人问则答，如是三载；再迁居城东北云溪洞，精神焕发，
广收门徒，努力宣扬全真道思想，名震四方。于是，全真道又
一个新的教派——随山派诞生了，有于道显、崔道演、孙伯英、
王志明、张志伟等著名弟子。

　　金大定二十一年（1181），处玄东归莱州，于武官旧居建
庵传道。谭处端飞升后，继其掌管全真道。金章宗明昌二年
（1191），他因人诬陷入狱，不久真相大白，旋被释放。金承安
三年（1198），金章宗闻其道性，遣使召之，鹤板蒲轮接于紫
宸，寓居天长观，视为上宾。上问之玄旨，则曰："寡嗜欲则
身安，薄赋敛则国泰。"章宗甚喜，特赐灵虚、太微、龙翔、
集仙、妙真五种观额与之。他常往来于官僚士庶之间，户外之
履，无时不盈。金承安四年（1199）三月，刘处玄乞还故乡，
居灵虚观中，继续修道传教，大力宣传全真教理，他在《仙乐
集》中称"百年短暂，世间火宅，儿女金枷，爱情玉枢，罪福
必报，轮回难逃"，劝人早悟玄理，得道成仙。

　　刘处玄一生极力弘扬全真道，著作有《仙乐集》《至真语
录》《黄帝阴符经注》《黄庭内景玉经注》《道德经注》《阴符
演》《黄庭述》等，在当时产生了极其深远的影响。金章宗泰
和三年（1203）二月初六日，处玄羽化登仙，行世五十有六。
元世祖至元六年（1269）封其为"长生辅化明德真人"，元武

宗加封为"长生辅化宗玄明德真君"。

第五节　体玄真人王处一

金大定二十八年（1188），世宗召著名道士丘长春、王玉阳至京，住在白云观中。

图 49　体玄真人王处一像

王玉阳，即全真七子中的王处一，字玉阳，号"全阳子"，又号"华阳子"，宁海东牟（今山东乳山）人。其母周氏于金熙宗皇统二年（1142）壬戌三月十八日梦红霞绕身，生下王玉阳。少孤，奉母甚孝。喜静，不杂嬉戏，常言云霞方外之语。七岁时曾气绝于地，扶起始苏，自知人间有生死。一日偶至山中，遇一老翁坐于大石之上，呼之曰："子异日扬名帝阙，为道教宗主。"① 劝其出家修道。其后，王处一癫狂高歌于市，虽寒冬腊月，仍单衣赤足，但颜容不变，人称其病失常。有人劝其成家立业，笑而不答，母亦不强之。他作颂自歌云："争甚名，竞甚利，不如闻早修心地。"② 他在全真道的基础上创立了新的教派，因修炼的地点为昆嵛山烟霞洞，故称为"昆嵛派"，有弟子 1000 多人。

　　金世宗大定二十七年（1187），皇帝召见，问之养生延命之理，答曰："惜精全神，修身之要，端拱无为，治天下之本。"③ 世宗甚喜，令其居天长观。第二年，王处一乞还山东。不久因世宗念之，又回到京师，居世宗敕建的修真观。特命其为世宗主万春节（世宗生日）醮事。金章宗承安三年，皇帝召其见于殿，问以养生延寿之秘诀，答曰："无为、清静、少私、寡欲。"④ 又问以性命之奥，答曰："以心运气，是皆无为自然、斡旋造化、玄元至道，不为而成者也。"⑤ 再问治国及边境之事，皆适章宗之意。章宗甚异之，遂曰："先生凡有所问，而必知之，何也？"玉阳解释说："镜明犹能鉴万物，而况天地之鉴，无幽不烛，何物可得而逃。所谓天地之鉴，自己灵明之妙也。"⑥ 章宗感而

---

① （元）赵道一编撰《历世真仙体道通鉴续编》卷三，《道藏》第 5 册，第 429 页。
② （元）赵道一编撰《历世真仙体道通鉴续编》卷三，《道藏》第 5 册，第 429 页。
③ （元）赵道一编撰《历世真仙体道通鉴续编》卷三，《道藏》第 5 册，第 430 页。
④ （元）赵道一编撰《历世真仙体道通鉴续编》卷三，《道藏》第 5 册，第 430 页。
⑤ （元）赵道一编撰《历世真仙体道通鉴续编》卷三，《道藏》第 5 册，第 430 页。
⑥ （元）赵道一编撰《历世真仙体道通鉴续编》卷三，《道藏》第 5 册，第 430 页。

慨之曰："清明在躬，气志如神，嗜欲将至，其兆必先，先生之谓也。"① 次年，他乞还乡养母，章宗特赐其"体玄大师"。玉阳竭力宣扬全真玄风，常与将军、巡检、县令、押司等文武官员，以及各阶层人士馈赠互答，凡劝人，皆以归玄修道、出家修仙为之诫。他平生乐于著述，有《云光集》《清真集》《显异集》等行于世。

金宣宗兴定元年（1217）四月二十三日，玉阳羽化升仙于天宝观。元世祖至元六年，追封其为"玉阳体玄广度真人"，元武宗加封为"玉阳体玄广慈普度真君"。

第六节　清和真人尹志平

尹志平，丘处机高徒，中国道教史上非常有名的高道。

当今人们知道尹志平这个人，可能来自金庸的小说《射雕英雄传》和《神雕侠侣》。在信佛的金庸先生笔下，尹志平成了年轻气盛的少年，一出场便惹恼了江南七怪，被飞天蝙蝠柯镇恶狠狠地教训了一场。接下来的情节更让人匪夷所思，说尹志平为情所困，迷恋小龙女不能自拔，以致做出玷污小龙女的勾当。尹志平执掌全真教后又说他无能，在举行仪式当天，就被逼让出掌教真人之位，最后死在金轮法王和小龙女的兵刃之下，可以说是英年早逝了。在金庸的杜撰下，全真教在全真七子仍健在时，已是一片惨淡，前途堪忧。至于尹志平等门人弟子，更是难当重任。

---

① （元）赵道一编撰《历世真仙体道通鉴续编》卷三，《道藏》第5册，第430页。

图50　尹志平像

　　然而，事实与之相去甚远，尹志平是丘处机所收众弟子中出类拔萃的高道，曾辅佐丘处机西行劝谏成吉思汗，帮助丘处机建立道教全真丛林制度，为全真法脉的继承和弘扬做出了杰出的贡献，被元武宗封为"清和妙道广化崇教大真人"，位居白云观十八宗师之首，被供奉在白云观老律堂中。金庸先生拿一位重要的道教宗师的名字虚构小说故事，并且以小说人物形象来贬损全真教一代宗师清和真人尹志平的光辉形象，引起了道教界的愤慨，并提出了严正抗议。为此，金庸先生在南岳衡山向中国道教界做出了道歉，提出将《射雕英雄传》《神雕侠侣》两书中的"尹志平"改成"甄志丙"。

　　历史上的尹志平是怎样一个人呢？尹志平，字太和，祖籍河北沧州，宋时徙居山东莱州。生于金大定九年。他自幼颖悟，读书日记千余言。年十四遇马钰，遽欲弃家入道，父不允，遂伺机潜往。后被追还，锁闭静室。无何，复遁去。逃之再三，父始从之。初住昌邑（今属山东）之西庵。金明昌二年，参丘处机于栖霞（今属山东），遂执弟子礼。久之，尽得丘之"玄妙"。此后，又问《易》于郝大通，受箓法于王处一。于是，道名四播，远近尊礼，参道者不绝。继住潍州（今山东潍坊）之玉清观，主盟齐东道教近二十年。

元太祖十四年（1219），成吉思汗自乃蛮国派使臣刘仲禄征召丘处机。刘仲禄闻尹志平为处机之上足，乃假道潍州，偕同尹志平去莱州昊天观见丘处机。第二年，尹志平随丘处机北上燕京，西觐成吉思汗于大雪山，为丘处机十八随行弟子之冠。元太祖十九年，他随丘处机返回燕京，居长春宫。是时，全真道声名远播，四方尊礼者云集。尹志平曰："我无功德，敢与享此供奉乎！"① 乃退居德兴（府治今河北涿鹿）之龙阳观，隐居烟霞观。丘处机羽化时遗命尹志平嗣教（或云遗命宋道安嗣教，待丘处机丧事终，宋以年老请尹志平代），是为全真道第六代掌教宗师。

尹志平执掌全真教后，元统治者支持如故，全真道的鼎盛局面得以继续发展。元太宗四年（1232），窝阔台南征还燕京，尹志平迎见于顺天，帝令皇后代祀香于长春宫。

元太宗六年（1234），皇后遣使劳问，赐《道藏》一部。太宗七年（1235）春，去沁州（今山西沁源）主黄箓醮事。九月，达平阳（今山西临汾），皇帝命宋德方率众编纂《大元玄都宝藏》，尹志平为之请旨并筹措经费。同年，为尊显其祖师，

---

① （元）贾鼒：《大元清和大宗师尹真人道行碑》，陈垣编纂，陈智超、曾庆瑛校补《道家金石略》，第680页。

又去陕西兴复佑德、云台二观，太平、宗圣、太一、华清四宫，以翼祖庭。"时陕右甫定，遗民犹有保栅未下者，闻师至，相先归附，师为抚慰，皆安堵如故。"太宗八年秋，奉旨试经云中，度千人为道士。返燕京途中，"道经太行，山间群盗罗拜受教，悉为良民。出井陉，历赵魏齐鲁，请命者皆谢遣，原野道路设香花，望尘迎拜者，日千万计，贡物山积"。以上所记，难免有所夸大，但表明尹志平掌教时期，全真道的影响是很大的。姬志真《南昌观碑》云："长春真人应召之后，大阐门庭，室中之席不虚，户外之屦常满。及嗣教清和真人作大宗师，宠膺上命，簪裳接迹，宫观相望，虽遐方远裔，深山大泽，皆有其人。"①

太宗十年（1238）春，尹志平年届七十，将教事付李志常，归隐于大房山之清和宫。元定宗三年（1248），特旨赐"清和演道玄德真人"号，元定宗赐给他一顶镶有黄金的帽子和一身法服以为凭证。

元宪宗元年（1251）春，尹志平仙逝。因为功德昭著，品德高尚，生前即被皇帝敕封为真人。元中统二年（1261），元世祖封尹志平为"清和妙道广化真人"。元至大三年（1310），元武宗又封尹志平为"清和妙道广化崇教大真人"。

尹真人平生所作咏怀、遣兴、唱和、劝诫等诗词歌赋甚多，结集为《葆光集》三卷。他的弟子段志坚编辑《清和真人北游语录》四卷，为其平时与弟子讲道之言论。其中多勉励弟子忍让谦恭、苦己利人、行善远恶、积行累功之语。他告诫弟子于教门兴盛之际，尤须努力修行，不能安享其成而无所作为。他认为圣人设教，是为诱人为善，修道者唯有积行累功，克己济

---

① 陈垣编纂，陈智超、曾庆瑛校补《道家金石略》，第590页。

人，方能得道，勿"以小善为无多益而不为，见小恶为无甚伤而不去"[①]。他勤于诲人，严于律己。一生不慕荣利，甘居淡泊，连当时人所共慕之掌教职位，亦持谦让态度。当丘处机居长春宫、四方请谒不绝之时，以"我无功德"[②]，不敢享此供奉为辞，而退隐于僻处；当丘处机逝世，遗命其继任掌教时，则欲绝迹远遁，只因众人敦请，始勉从之；当掌教十一年后，又以年老为辞，请李志常代主教席，而隐居修炼。

正是因为以尹志平为首的十八宗师对全真教的发展贡献卓著，所以，白云观道侣从未忘怀他们。早在元代，道众就在处顺堂（今邱祖殿）两旁墙壁上绘制十八位宗师图像以供瞻仰；后来，又将十八宗师图像移至七真殿（今老律堂）；到了清康熙四十五年（1706）重修白云观时，道众在邱祖殿两侧专门构建东西宗师殿供奉十八位宗师神像，以此来表达全真教众对十八位宗师的感念之情。清和真人尹志平宗师神像就处于西庑宗师殿中三座的中座，神位全称是"清和妙道广化崇教大真人尹志平宗师神像"。

清嘉庆年间（1796~1820），火神光顾东西宗师殿和十八宗师神像，一切都付之一炬。清道光八年（1828），重修东西庑堂，并重塑十八宗师像。1969 年前后，十八宗师像又遭损毁。"文化大革命"后，白云观在修复时因没有原来宗师殿的图纸和内部供像图案，所以将十八宗师殿改为"救苦殿"与"药王殿"。但十八位宗师的丰功伟绩，永远留在白云观弟子心中，得到人们的崇敬。

---

① （元）段志坚：《清和真人北游语录》卷一，《道藏》第 33 册，第 156 页。
② （元）贾馘：《大元清和大宗师尹真人道行碑》，陈垣编纂，陈智超、曾庆瑛校补《道家金石略》，第 680 页。

第七节　真常真人李志常

李志常，字浩然，其先洺州（治所在今河北永年）人，宋季徙居开州观城（今河南范县）。自幼独孤，养于伯父家。年十九，不从伯父为之议婚，负书曳杖作云水游。初隐东莱之牢山，复徙天柱山之仙人宫，宫之主者嘱其师从丘处机。

图 51　李志常像

元太祖十三年（1218），李志常闻丘处机自登州（今山东省烟台市牟平区）转居莱州（今山东省莱州市），乃束装往拜席下，赐号"真常子"。次年，丘处机应诏西觐元太祖，其被选为十八随行弟子之一。迨丘处机东返，他随师居燕京长春宫。"凡教门公事，必与闻之。"①

---

① （元）王鹗：《玄门掌教大宗师真常真人道行碑铭》，李道谦集《甘水仙源录》卷三，《道藏》第 19 册，第 745 页。

元太祖二十二年（1227），丘处机仙逝，尹志平嗣教，委任李志常为都道录兼领长春宫事。元太宗元年（1229）七月，"见上于乾楼辇。时方诏通经之士教太子，公进《易》《诗》《书》《道德》《孝经》，且具陈大义，上嘉之。冬十一月，得旨方还"①。次年（1230）冬，"有诬告处顺堂（丘处机埋骨处）绘事有不应者，清和（尹志平）即日被执，众皆骇散，公（李志常）独请代之，曰：'清和，宗师也，职在传道，教门一切，我悉主之，罪则在我，他人无及焉。'使者高其节，特免扭械，锁之入狱"②。不久，讼事息，乃还。

元太宗知李志常博通儒学，遂命其创建国子学，选汉族教师以教蒙古贵官子弟。时在元太宗五年（1233），志常承旨后，荐冯志亨（亦是丘处机弟子）佐其事。冯志亨乃于蒙古贵官子弟中选十八人为学员，课读《孝经》《论语》《孟子》《中庸》《大学》等书；其后又令添选汉人子弟习蒙古语言和骑射。当时京城残破，国子学即设于长春宫内。太宗曾为此事颁发过两道"宣谕"圣旨，后立碑于国子学内，称为《宣谕夺罗□等圣旨碑》《通谕夏学子弟员等圣旨碑》，文中除具列蒙、汉学员名（蒙古族 19 人，汉族 28 人）外，还列有宣授蒙必阇赤（书生）四牌子总教冯志亨，宣授金牌提举国子学士中书杨惟中，御前宣议国子学士仙孔八合识（师傅）李志常。说明蒙古贵族入主中原，亟须学习"汉法"以治汉地，全真道首领适逢其会，成为蒙古族学习"汉法"之师。这无疑是全真道获得统治者支持

---

① （元）王鹗：《玄门掌教大宗师真常真人道行碑铭》，李道谦集《甘水仙源录》卷三，《道藏》第 19 册，第 745 页。

② （元）王鹗：《玄门掌教大宗师真常真人道行碑铭》，李道谦集《甘水仙源录》卷三，《道藏》第 19 册，第 745 页。

而取得很大发展的重要原因之一。

由于李志常对蒙古子弟出色的教育，受到元太宗的殊遇。太宗十年（1238）春，尹志平以年老荐李志常继任掌教。同年三月，李志常奉朝命加封为"玄门正派嗣法演教真常真人"。四月赴阙，他奏请扩建王重阳修真之所终南山灵虚观，得旨赐"重阳宫"号，命大为营建。海迷失后二年（1250），李志常及随丘处机赴西域的其余17人，皆奉旨封为大师。

宪宗元年（1251），李志常奉命遍祭岳渎；三年（1253），受命作金箓大斋，并随路给散道士、女冠普度戒牒；五年（1255），数次被召见，咨以治国保民之术。问曰："朕欲天下百姓安生乐业，然与我同此心者，未见其人，何如？"[1] 志常答称："自古圣君有爱民之心，则才德之士必应诚而至。因历举勋贤并用，可成国泰民安之效。"[2] 宪宗称是。李志常掌教期间，不少士大夫因金亡之后流离失所，或沦为贱隶，或冻饿街头。李志常则"委曲招延，饭于斋堂，日数十人。或者厌其烦，公（李志常）不恤也"[3]。其中不少人因此去儒为道。此举深得士大夫们的称赞，王恽说："惟全真教倡于重阳王尊师，道行于丘仙翁（丘处机），逮真常李公，体含妙用，动应玄机，通明中正，价重一时，可谓成全光大矣！"[4] 李志常掌教18年，全真道仍方兴未艾。

----

① （元）王鹗：《玄门掌教大宗师真常真人道行碑铭》，李道谦集《甘水仙源录》卷三，《道藏》第19册，第746页。

② （元）王鹗：《玄门掌教大宗师真常真人道行碑铭》，李道谦集《甘水仙源录》卷三，《道藏》第19册，第746页。

③ （元）王鹗：《玄门掌教大宗师真常真人道行碑铭》，李道谦集《甘水仙源录》卷三，《道藏》第19册，第747页。

④ （元）王恽：《秋涧集》卷四十，《四部丛刊》江南图书馆藏明弘治刊本，第817页。

李志常到了晚年，被卷入佛道之争当中。宪宗五年（1255），暴发了《老子化胡经》和《老子八十一化图》之争，全真道在辩论中失败，被勒令焚毁道经。全真道遭到严重打击，其鼎盛局面从此结束。李志常在感到屈辱与愤懑中，于次年六月将教事付张志敬后去世。中统二年（1261），世祖忽必烈追赠其为"真常上德宣教真人"。元至大三年（1310），元武宗加封其为"真常妙应显文弘济大真人"。

第八节　清代高道孟至才

孟至才（1813～1881），字豁一，法名永才，号"清虚子"，直隶省遵化州人。道光乙未年（1835）在白云观从张教智律师受戒，改法名为永才，时年二十二岁。他曾任白云观监院、方丈和传戒大律师，为道教法脉传承和道教文化的弘扬做出了极大贡献。其事迹见于《道藏辑要》①，《藏外道书》②第31册《白云仙表》，吉岗义丰《白云观的道教》③，小柳司气太《白云观志》④，丁福保编《道藏精华录》⑤，王卡、汪桂平主编《三洞拾遗》⑥，北京图书馆金石组编《北京图书馆藏中国历代石刻拓本汇编》⑦等中。中国道教协会、苏州市道教协会编

---

① （清）蒋元庭编《道藏辑要》，中国道教协会藏清嘉庆刊本。
② 胡道静、陈耀庭、段文桂、林万清主编《藏外道书》，巴蜀书社，1990。
③ 〔日〕吉岗义丰：《白云观的道教》，淡交社，1970。
④ 〔日〕小柳司气太：《白云观志》，东方文化学院东京研究所，1934。
⑤ 丁福保编《道藏精华录》，浙江古籍出版社，1989。
⑥ 王卡、汪桂平主编《三洞拾遗》，黄山书社，2005。
⑦ 北京图书馆金石组编《北京图书馆藏中国历代石刻拓本汇编》，中州古籍出版社，1989。

《道教大辞典》①，胡孚琛主编《中华道教大辞典》② 不见其条，尹志华《清代全真道历史新探》③《北京白云观藏历代律师方丈监院画像的史料价值》④《同治十二年北京白云观传戒考述》⑤《清代全真道传戒若干史实再考察》⑥、张方《孟至才与光绪五年琉璃厂书铺参案》⑦ 等对其有所记载，据此赘述如下。

孟至才受戒后，曾四次担任全真戒坛的保举师。他于道光二十四年（1844）被推举为北京白云观监院。在此期间，他为道教做了几件十分有意义的事情。

第一，他与师兄郑瑞阳（永祥）方丈策划缮写修补白云观所藏明《道藏》。据孟至才与郑瑞阳于道光二十五年（1845）合著《白云观重修道藏记》称："（《道藏》）存于观中者非一日矣，阅藏者不一其人，主事者弗介乎意，遂至三洞真经颇多残缺。"⑧ 此事孟至才在同治十一年（1872）也有提及，其著《咏道诗》第六首《补经》曰："秘籍刊行正统间，于斯三百有余年。经因检阅多遗帙，手自誊抄补阙篇。廿载功夫全四藏，半生心力此中捐。吾今付嘱全真侣，敬谨尊藏万古传。"⑨ 并自

---

① 中国道教协会、苏州市道教协会编《道教大辞典》，华夏出版社，1994。

② 胡孚琛主编《中华道教大辞典》，中国社会科学出版社，1995。

③ 尹志华：《清代全真道历史新探》，香港中文大学出版社，2014。

④ 尹志华：《北京白云观藏历代律师方丈监院画像的史料价值》，《中国道教》2014 年第 1 期，第 52~55 页。

⑤ 尹志华：《同治十二年北京白云观传戒考述》，第 1~9 页。

⑥ 尹志华：《清代全真道传戒若干史实再考察》，赵卫东编《全真道研究》第五辑，齐鲁书社，2016，第 128~144 页。

⑦ 张方：《孟至才与光绪五年琉璃厂书铺参案》，《中国道教》2018 年第 3 期，第 40~43 页。

⑧ 丁福保编《道藏精华录》，浙江古籍出版社，1989，第 2 页。

⑨ （清）孟至才编《守戒必持》，王卡、汪桂平主编《三洞拾遗》第 11 册，第 181 页。

注说："前于道光乙巳（1845）监院白云观，慨常住藏经多有遗阙，谋欲重修，惜力不逮，蒙护法廷弼王君①捐廉助费以成厥功。于是白云观及玉清观两藏道经皆获补全。又戒徒赵圆祥时主沈阳太清宫，亦来信求补。虽照单抄补二百余卷寄往，以副其志，复于同治甲子（1864）春再补仁威观之经，屈指二十年，重修道经四藏云。"②这就说明孟至才与郑永祥虽有重修《道藏》之心，但无修《道藏》之经济实力，后来得到了大施主王廷弼的资助，并且还"借诸山之经，缮本补入，数月之间，竟成完璧"。③同时，二人还重印明道士白云霁撰《道藏目录详注》四卷。④关于修补《道藏》的校勘本，孟至才在同治六年（1867）撰《重建吕祖祠记》中说："曾于怡亲王邸恭请《道藏》全部，补其残阙，装成五百十有二函。"⑤也就是说，孟至才与郑永祥补修全了白云观及下院玉清观两观所藏道经，还帮沈阳太清宫监院赵圆祥补录《道藏》200余卷，同治甲子（1864）春，补仁威观之经，总共算起来，孟至才共重修道经四藏。

第二，孟至才与朝臣完颜麟庆之子完颜崇实合编《白云仙表》，记述全真道及龙门派历代宗师事迹。早在嘉庆二十四年（1819）时，完颜麟庆偶游白云观，见观中所塑全真历代宗师，

---

① 王廷弼系清宫太监，北京恩济庄有墓碑，署"皇清畅春园总管署敬事房总管事瀛台首领享六十八寿讳廷弼王公之墓"，见国家图书馆"碑帖精华"数据库。
② （清）孟至才编《守戒必持》，王卡、汪桂平主编《三洞拾遗》第11册，第181页。
③ 丁福保编《道藏精华录》，浙江古籍出版社，1989，第2页。
④ 〔日〕小柳司气太：《白云观志》，第36页。
⑤ 北京图书馆金石组编《北京图书馆藏中国历代石刻拓本汇编》第83册，第120页。

问其始末，观中竟无人能对。完颜麟庆便想为各位立传，但因事迹多不可考，此事后来被搁置下来。直到道光二十五年（1845），完颜麟庆在去世前曾对其子完颜崇实说起此事，并深感遗憾。完颜崇实为完成父亲遗愿来到白云观，时任方丈郑瑞阳对完颜崇实推荐孟至才。郑瑞阳告诉完颜崇实说："有监院孟公豁一者，道行素著。现从山东济东来，载有《道藏辑要》等书，备志仙真轶事。"① 于是，完颜崇实与孟至才详细考究，为全真道五祖七真、十八宗师及王常月、张教智等白云观高道各立一传，著成《白云仙表》，胡道静、陈耀庭、段文桂、林万清主编之《藏外道书》第 31 册收录是书。

第三，改全真正韵《十方韵》为《北京韵》。孟至才监院精于道家斋醮礼乐，为留住过往云游的道家高士，共礼三清，光大白云观，他把道家通用的音乐进行了修订，加入北京地方的特色，称为"北京韵"，从此闻名仙林。后来随着一些熟悉"北京韵"的道长羽化或云游他方，现今，颇具地方特色和北京白云观个性的"北京韵"已基本失传。

第四，制定全真清规。咸丰六年（1856），孟至才与郑瑞阳在客堂揭示《全真元范清规》，在斋堂揭示丛林各执事名称，以及丛林清规戒律。对违犯清规的道士，其处罚方式从轻到重有跪香（在神前燃香，令受罚者向神长跪，俟香燃尽）、迁裓（通知离开道观）、重责迁裓、逐出、杖责逐出、火化示众等。其中，"火化示众"四字令人触目惊心。②

第五，重修白云观下院云集观，改名为玉清观。云集观在北

① （清）完颜崇实：《白云仙表序》，《藏外道书》第 31 册，巴蜀书社，1994，第 373 页。
② 〔日〕小柳司气太：《白云观志》，第 74~82 页。

京崇文门外，据乾隆七年（1742）碑刻，该观开山祖师叶阳止，第二代罗来寿、龙来永，第三代沈复兴、沈复纯为时任住持。[1]该观成为白云观下院，不知在何时。孟至才重修该观后，向京畿道录司呈报改名玉清观，获得批准。白云观现保存有道光二十八年（1848）十月十四日，京畿道录司发给孟至才的信牌一道：

> 特授京畿道录正堂陈为牌行事，照得崇文门外岗子头云集观，系白云观十方常住下院，向设钟板留单，因年久坍塌废弛。现经白云观监院道士孟至才募化重修，并将一切废弛之处，逐一整理。今呈报拟请改名玉清观，应允所请，准其改名玉清观，除备文移会东城兵马司正堂衙门照办理外，为此牌，仰该监院道士孟至才知悉。□□敬谨焚修，以垂永久，毋致再行废弛可也。须至牌者。
>
> 右牌仰监院孟至才准此[2]

孟至才于咸丰八年（1858）辞去白云观监院一职。[3]继任监院为吕永震。

咸丰十一年（1861），白云观退隐监院孟至才为第十五代律师张本悟画像所作的题词，具有重要的文献价值。这是一首五言长诗："古观创邱仙，历今六百年。丛林推首矣，宗律并

---

[1] 北京图书馆金石组编《北京图书馆藏中国历代石刻拓本汇编》第 69 册，第 109 页。

[2] 北京图书馆金石组编《北京图书馆藏中国历代石刻拓本汇编》第 69 册，第 109 页。

[3] 孟至才（孟永才）《登真篆序》说："于咸丰戊午（1858）初冬辞院（即辞去监院职务）养疴，闲居苟安，岁月十有四年。"见《三洞拾遗》第 11 册，第 185 页。

兴焉。太上全真教，龙门戒法先。昆阳高士邈，授受竟失传。衣钵蔡公捐，怡轩开法筵。知宾张本中，三请华山仙。立雪色无倦，律师嘉意虔。携筇飞舄至，讲戒帝城边。四众衍金莲，三坛玉律宣。天人同供养，心法秘传贤。生有烟霞癖，岂为荣利缠？功成身退去，鹤舞太华巅。善果结当前，因成后世缘。道风充宇宙，律脉盛幽燕。大众铭德业，宗祠绘像悬。戒根生智慧，万古继香烟。"① 这里孟至才明确指出，"昆阳（王常月号昆阳）高士邈，授受竟失传"，就是说，王常月仙逝后，全真道的戒律传授就渐渐失传了。"衣钵蔡公捐"，蔡公指道教居士、大施主蔡永清。"怡轩开法筵"，怡轩即乾隆末年至嘉庆年间任白云观监院的张合皓（号怡轩）。"三请华山仙"，华山仙指栖居华山的律师张本悟（号寿山）。从这首诗可知，是张合皓派知宾张本中从华山请来张本悟律师，白云观才恢复了传戒活动。

同治十一年（1872），白云观第十九代律师张耕云方丈来京传戒，期满南归。白云观道众又推举了闲居十余年的孟至才为方丈。②

孟至才任白云观方丈后曾三次开坛传戒，第一次是在同治十一年（1872），共得戒子 120 人，其间刊刻王常月《初真戒》《中极戒》《天仙大戒》，并编刊《守戒必持》。第二次是在同治十二年（1873），白云观再次开坛演戒，孟至才为首席传戒律师，时年六十岁，共得戒子 105 人。③ 第三次传戒是在光绪七年

① 尹志华：《北京白云观藏历代律师方丈监院画像的史料价值》，《中国道教》2014 年第 1 期，第 53 页。
② 尹志华：《王常月学案》，齐鲁书社，2011，第 74 页。
③ 尹志华：《清代全真道传戒若干史实再考察》，赵卫东主编《全真道研究》第五辑，齐鲁书社，2016，第 144 页。

（1881），共得戒子 108 人。①

孟至才在传戒期间除了刊定《三坛大戒》和《守戒必持》外，还要求受戒弟子必须持诵《太上感应篇》《太上大通经》《太上赤文洞古经》②。这些均与王常月所述《初真戒律》相异。按照《初真戒律》的规定，戒子受《初真十戒》前要先受《积功归根五戒》，"每日早晨焚香诵《太上三元三品三官大帝护国佑民延生保命真经》，接念《太上感应篇》"③。受初真戒后，"持《清静经》《大通经》《洞古经》"④。据尹志华考察，孟至才所说，少了《太上三元三品三官大帝护国佑民延生保命真经》和《清静经》。⑤ 据孟至才自述，鉴于受戒弟子持诵的三部经书，"向系抄传口授，原无正本"⑥，遂将这三部经书，连同自己所作的十首偈，一同刊刻，命名为《守戒必持》，发给每位戒子。孟律师虽自谦他所作的偈"全无体裁声韵"⑦，但也承认其偈"亦坚固身心之一助，或有益于初学"⑧，故附经以传。

从前章《白云观历代方丈、律师简表》中可以发现，第十六代律师之前均为一代，从第十七代起甚至有两位以上，这与《祖堂奉师法座》和《龙门传戒谱系》中相同，每代律师只列

---

① 尹志华：《清代全真道传戒若干史实再考察》，赵卫东主编《全真道研究》第五辑，齐鲁书社，2016，第 144 页。

② （清）孟永才：《守戒必持·跋》，王卡、汪桂平主编《三洞拾遗》第 11 册，第 182 页。

③ 《藏外道书》第 12 册，第 18 页。

④ 《藏外道书》第 12 册，第 20 页。

⑤ 尹志华：《同治十二年北京白云观传戒考述》，第 7 页。

⑥ 王卡、汪桂平主编《三洞拾遗》第 11 册，第 182 页。

⑦ 王卡、汪桂平主编《三洞拾遗》第 11 册，第 182 页。

⑧ 王卡、汪桂平主编《三洞拾遗》第 11 册，第 182 页。

一人，而根据实际情况，历史上传过戒的有时候一代可能有好几个人。如小柳司气太所见北京白云观历代律师神位，第十五代有两位律师（程本焕和张本悟，而后者才是北京白云观恢复传戒时的律师），第十七代有三位律师（张教玄、孟教龄、张教智），第十八代有五位律师（严永宽、吕永震、郑永祥、袁永亭、孟永才）。《龙门传戒谱系》每代只列一位律师，尹志华推测，其选择标准是该律师必须得到上一代律师传授法脉，指定为继承人。[①] 所以，在同一代律师中，传过戒的可能有好几位，但只有被上一代律师指定为继承人的，才能录在《龙门传戒谱系》中。

光绪七年（1881），孟至才羽化，葬于观中塔院。孟至才对晚清全真道的主要贡献在于对道教文化的保存与传播方面。同时，他还继承了全真道以史弘教的传统，其著作《白云仙表》的编撰使白云观道众熟知本派历史，为晚清时期白云观全真道的大发展奠定了基础。

第九节　玉溪道人闵智亭

闵智亭，俗名闵广铨，1924 年 5 月 5 日出生于河南省南召县。父亲闵鹏万从儒经商，母亲朱氏操持家务，生活比较殷实。1941 年，日寇将战火烧至南阳，使闵氏产业彻底破产。当时还有半年即将高中毕业的闵广铨被迫辍学，因此心中对日寇充满了仇恨。在随学校撤离南阳去西安的途中，他被西岳华山的神奇与雄伟所吸引，加之家学渊源，平素喜读《留侯传》及陶渊

---

① 尹志华：《同治十二年北京白云观传戒考述》，第 2 页。

明诗词，常有出世之想，于是他在华山毛女洞拜刘礼仙道长为师，出家修道，宗奉全真华山派，道名玉溪道人。

图52　闵智亭

闵智亭出家后，奉师如亲，学道勤奋。他首先从学习不同版本的《华山志》入手，了解华山的风土人情和道教历史，如"毛女洞"的来历及"毛女"的传说，"睡仙"陈抟老祖及周易太极思想。随后，他开始研读道教经典《道德经》、《南华经》和《阴符经》等，常于幽林深谷中冥思苦想，启发自己的灵感。他深为道教文化的深邃和华山道派历代弟子坚韧不拔的虔诚信仰所感动，萌发了出山访道、深入学习道教经义的想法，得到了师父的赞同和支持。

1943年，玉溪道人来到西安八仙宫参学，师从著名高功赵理忠道长学习经忏。由于他文化基础好，学习认真踏实，深得宫观道长的喜爱和赏识，有学识的老道长都乐于点拨他，使他受益匪浅，在道教经韵和科仪上打下了扎实的基础。1945 年，学有所成的玉溪道人被举任为八仙宫知客、行堂执事。

1946 年，求知欲不断高涨的玉溪道人来到武汉长春观，他较为全面扎实的道学根底逐渐被监院陈明昆赏识，于是被举任为高功、副巡寮等执事。

1947 年，玉溪道人为了探寻道门奇人郎然亭，坐船从武汉至上海，辗转来到杭州玉皇山福星观。与郎然亭老道长结识交流后，虽然没有学到多么高深的知识，却使他明白一个道理：金无足赤，人无完人，神仙也是在修持中不断完善升华自我的，所以人应该志向远大，不断追求崇高和完美。带着这些认识，玉溪道人在杭州玉皇山福星观常住了下来，从清白道人周济学习绘画和书法，并跟随半角山房古琴大师徐元白学习古琴弹奏。此时，他还得到了社会学家马寅初的指点和福星观监院李理山道长的点化，获得了丰富的社会学和道学知识，不久担任起了福星观的知客。

1949 年，玉溪道人随李理山道长来到上海白云观，担任外账房执事（出纳），并配合上海文管会补修白云观珍藏的《正统道藏》。由于他对道教经藏的熟悉，这一工作开展顺利，由此他结识了道教界知名人士陈撄宁、蒋宗瀚、丁福保等先生，在社会学和道学上再次获得了升华。

1951 年，玉溪道人返回西安，先后任八仙宫知客、总理、都管等首领执事，积极组织道众学习，参加生产劳动，投身到社会主义建设事业中，努力适应新社会、服务新中国。

1956 年，华山道教界成立"华山服务社"，根据教务工作的需要，玉溪道人回到华山任服务社总会计。1962 年，"华阴县文史研究会"成立，玉溪道人担任文史研究员，他的渊闻广见被同行所赏识，亦被政府部门所重视。

　　1985 年，玉溪道人被中国道教协会聘请到北京，主持中国道教协会道教知识专修班教学工作，并担任中国道教协会第四届副秘书长。同年 11 月，担任陕西省道教协会第一届副会长兼秘书长。1987 年 12 月，担任西安市道教协会第一届会长。1989 年，在北京白云观担任全真传戒大师。1992 年，担任中国道教协会第五届副会长。1998 年，当选为全国政协第九届常务委员会委员，同年担任中国道教协会第六届会长，兼任中国道教学院院长、陕西省道教协会名誉会长、西安市道教协会会长、西安八仙宫监院。2003 年，当选为全国政协第十届常务委员会委员，并任全国政协民族宗教事务委员会副主任委员。他还当选过中华海外联谊会理事，陕西省人大第七、八、九、十届代表，西安市政协第八、九、十、十一届常务委员会委员。

　　玉溪道人具有坚定的爱国爱教信念、高尚的品德、渊博的道教学识和高深的文化艺术修养。他在协助党和政府贯彻执行宗教信仰自由政策、维护道教界合法权益、积极引导道教与社会主义社会相适应等方面做了大量的工作。担任中国道教协会会长后，他始终把爱国与爱教统一起来，为维护民族团结、促进祖国统一贡献了自己的聪明才智。1999 年，他代表道教界发表《坚决拥护祖国统一》的谈话，严厉谴责李登辉分裂祖国的言行。1999 年 5 月，他联合其他宗教团体发表《抗议书》，强烈抗议和严厉谴责以美国为首的北约悍然轰炸我国驻南联盟大使馆，并向全国道教界发出为死难烈士祈祷的号召。1999 年 7 月 22 日，他坚决拥护我国政府依法取缔非法组织"法轮大法研究会"，在新闻媒体上发表谈话，深刻揭批"法轮功"邪教的歪理邪说，揭露其反社会、反人类的邪教本质。中国共产党十六大召开后，他组织道教界认真学习会议精神，坚决拥护以胡锦涛同志为总书记的中共中央的领导，认真贯彻全国宗教工作会议精神，扎扎实实地开展道教工作，使道教事业呈现出新的面貌。

玉溪道人在担任中国道教协会会长期间，十分注重协助落实党的宗教政策，切实维护道教界的合法权益。他积极发挥其在道教界与政府间的桥梁和纽带作用，不辞辛苦、不畏艰难，几乎走遍了全国各地的道教协会和宫观，深入调查了解道教界存在的困难和问题。他利用不同的时机和场合，向当地或上一级政府如实反映道教工作和道教活动场所的实际困难，争取各级政府的帮助与支持，切实维护了道教界的合法权益。由于他的辛勤努力和积极推动，四川省都江堰市二王庙、陕西省佳县白云山道观、陕西省户县重阳宫、江西省九江市佑圣宫、河南省鹿邑县太清宫、北京火神庙、北京金融街吕祖宫等道教活动场所，陆续交由道教界管理使用。在解决北京市整流器厂占用白云观房产问题上，他反复呼吁，多方协调，使问题得到了解决，白云观周边环境进行重新规划和治理，千年古道观，恢复了往日的肃穆与庄严。

玉溪道人十分注重道教文化研究。他在担任中国道教文化研究所所长和中国道教学院常务副院长期间，积极促进道教界与学术界的对话和交流，努力挖掘道教文化的丰富内涵，使道教的优良传统不断发扬光大。2003 年 3 月 17 日，他倡议举办的老子诞辰纪念活动，以宏大的场面、丰富的内容、传统的仪轨、新颖的形式，诠释了道祖老子"尊道贵德、顺应自然、慈爱宽容、行善劝善、崇俭抑奢"的基本思想，展示了新时期道教建设和道教文化的崭新风貌。由他担任总顾问的《中华道藏》出版发行后，被学术界和道教界称为当代中国文化史和道教史上的鸿篇巨制和跨世纪的伟大工程。

玉溪道人倡导道教文化应与现代结合、与社会适应。早在 1992 年，他就倡导中国道教文化研究所与西安市道教协会共同举办"首届西安国际道教文化研讨会"，向国内外学术界展示了道教界学术研究的成果和学术理论水平。1998 年以后，他又主持召开了"道教文化与现代生活""21 世纪道教展望""道教思想与中国社会进步"等道教文化研讨会，对道教如何与社会主义社会相适应，以及道教教义如何符合时代要求等课题进行了积极探讨。在他的支持下，《中国道教》杂志质量有了很大提高，为指导各地道教工作起到了推动作用。他还勤于笔耕，有《全真正韵谱辑》《五祖七真高道传》《道教仪范》《道教杂讲随笔》等专著，其中《道教仪范》被中共中央统战部批准作为全国道教院校教材，由宗教文化出版社正式出版，促进了道教文化的传承与健康发展。

玉溪道人十分注重道教自身建设和道教人才的培养。他强调要加强道风建设、信仰建设和组织建设，注重人才培养，完善道教教制。为使道教工作沿着健康的轨道发展，他自己先后多次或委派其他人员到全国各地道教宫观，就道教协会工作、宫观管理状况实地调查研究，指导工作，制定出符合实际、规范有序的管理办法和措施。他先后修订和完善《道教宫观管理办法》《关于道教散居正一派道士管理暂行办法》《关于道教宫观方丈、住持任职离职的试行办法》《关于正一派道士授箓的规定》《关于对国外正一派道士授箓的试行办法》等有关教制教规。他组织和指导了 2002 年 8 月辽宁省千山五龙宫全真派传戒活动和 2003 年 11 月江西省龙虎山天师府海内外正一派授箓活动，促进了道教活动的规范化。

　　玉溪道人倡导和推动了中国道教学院的成立，在担任道教学院常务副院长和院长期间，他始终严格遵循宗教院校的办学方针，提出了"尊道贵德、学修并进"的办学宗旨，把加强学员的思想政治教育和品德修养放在首位。他曾多次语重心长地告诫大家："一个虔诚的道教徒，首先应是一个忠诚的爱国者。只有把自己的一切融入国家、奉献社会，才是道教的未来和希望。"他主持召开中国道教协会六届二次常务理事会，对道教人才培养问题进行专题研究，形成《道教教育工作座谈纪要》，推动了地方道教界人才培养工作。他主持修改《中国道教学院章程》，促进了中国道教学院的规范化建设。他把培养学员的专业素质和管理能力作为新时期道教人才的发展方向，推动举办首届道教研究生班，为道教事业培养了高级人才。

　　玉溪道人生活俭朴在道教界是有名的。他刚到北京主持道教知识专修班时，只住一间 10 平方米的房间，而且一住就是 10 年。屋内设施十分简单，一张木板床，一张办公桌，一张古琴台桌，此外别无他物。他连写毛笔字的台桌也只好放在办公室。其间，他吃在公共食堂，住在陋室，工作在课堂，为道教事业默默奉献。

　　1995 年春，已是中国道教协会副会长的玉溪道人在中国道教协会的一再要求下，才勉强同意略微改善居住条件，在原来的基础上增加了一间书房和简易的厨厕。

　　1999 年，中国道教协会集体改善办公条件，玉溪道人有了一套办公带居住的两居室房。在装修时，他一再要求简洁大方，不施华饰。搬进新房后，他仍然使用原来的老办公设备，不许添置新的办公家具。

　　玉溪道人待人十分谦和，由于他平素喜欢琴棋书画与吟诗舞剑，求教者络绎不绝。他总是有求必应，常常馈赠以笔墨字画，仅他题写的牌匾和书名就有上百种之多。

玉溪道人还十分注重加强同海外道教界的联谊工作，把中国道教事业同国家的进步与发展紧密联系在一起，通过弘扬道教文化的实际行动，让世界了解道教。1988 年 5 月，他赴加拿大访问、讲学，先后四次向多伦多市 300 多位道教信仰者主讲"道教的根本教理及其哲学思想""太极图与内丹方术、太极图与先天八卦的关系""斋法和醮仪""道要歌"等有关道教哲学方面的知识，受到多伦多市广大信众的好评。2000 年 8 月，他在"联合国宗教与精神领袖世界和平千年大会"开幕式上，代表中国宗教界致祈祷词，呼吁"世界和平，永无战争""国家统一，社会安宁"，表达了中国宗教界期望和平、爱好和平的心声；后来他又在会上代表中国道教界阐述"人与自然和谐共生"的主张，在大会上引起了广泛关注。2002 年 6 月，他出席在印度尼西亚召开的"亚洲宗教和平委员会"第六次会议，当选为"亚宗和"副主席，扩大了道教在世界上的影响力。2003 年 9 月，中国台湾"中华道教总会"朝圣团来大陆参访，寻访老子圣迹。他不顾身体虚弱，抱病陪同朝圣团在北京、河南、陕西、四川等地参访。

闵智亭道长以其智慧和人格魅力，向海内外展示了中国道教的真精神和中国宗教信仰自由的真实状况，进一步增强了道教界之间的联系，为祖国统一大业、维护世界和平发挥了积极作用。

玉溪道人一贯洁身自好，风格清高。当年从武汉搭船至上海的途中，身无分文的玉溪道人在船上得到免费素食后，便婉言谢绝了信道者赠送的钱物。在庙中，玉溪道人也是如此，从不轻易接受别人的钱物。到了北京以后，他的弟子和信徒多了，馈赠的礼品多了，他经常将之交给道教学院，以接济和改善学生的生活。

在玉溪道人病重期间，他一再叮嘱自己的亲朋好友："我日常生活工作的所有东西都是道教协会的，在我走后，你们一切都不允许拿，不许给政府和道教协会提任何要求。"看似平凡的话语，却体现了一位道长的人格魅力。

玉溪道人自己的生活虽然十分简朴，但对待社会弱势群体却十分大方，他一直很注重践行和弘扬道教的优良传统。他号召全国道教徒，大力发扬道教教义中的积极因素，为社会主义现代化建设贡献力量。1998 年，我国长江流域和松花江、嫩江流域发生特大洪灾，他建议中国道教协会向全国道教界发出"情系灾区、为国分忧"的倡议，带头捐款，体现了"济世利人"的崇高境界。在他的带动下，全国各地道众争献爱心，踊跃向灾区捐款 560 多万元。为积极响应和支持国家西部大开发战略，在他的建议下，中国道教协会于 2003 年 4 月向全国道教界发出倡议，捐资在甘肃省民勤县 1200 亩荒沙上建立"中国道教生态林建设基地"。

2003 年 4 月，北京遭受"非典"侵袭时，他亲自担任中国道教协会防控领导小组组长，制定严格的防范措施，组织指导协会向全国各省市道教协会发出《关于切实做好"非典型肺炎"预防与控制工作的紧急通知》，提出具体的指导意见和措施。由于他领导有方、指导得力，在大家的共同努力下，道教界没有发生一例"非典"感染和疑似人员。他非常关心贫困地区的教育工作，从海内外引进资金，在陕西省西安市临潼区捐建了一所希望小学，还用自己有限的生活费，捐助 3 名贫困山区的孩子上学，以实际行动弘扬了道教的优良传统。

玉溪道人自调入北京主持中国道教学院工作以后，长期居住在白云观中，时刻关心着白云观的发展。他除担任白云观传戒大师外，还积极支持谢宗信升座为白云观方丈，并指导升座礼仪，同时还多次代表白云观接待港澳台地区和海外道教友人并出访进行文化交流，为道教的传播做出了积极的贡献。

玉溪道人羽化登真后，教内外人士纷纷发文和整理年谱、文集，以歌颂其功德，如李光富的《闵智亭道长的一生，是爱国爱教的一生》、张兴发的《仙踪渺黄鹤 人事忆白莲——记中国道教协会会长闵智亭大师》、任宗权的《玉溪道人文集》《玉溪道人年谱》、刘世天的《闵智亭大师书画集》等。

图 53　玉溪道人遗作

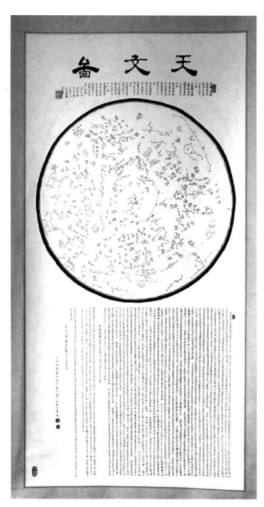

图 54　玉溪道人手绘天文图

第五章　文化荟萃

　　白云观经过历代高道的努力，不仅积聚了浓厚的仙气，而且汇聚了强大的人气；不仅积淀了深厚的传统文化，而且保存了大量的文物古迹；不仅演绎着古老的神话传说，而且传承着耐人寻味的民俗文化。可谓是人文荟萃，人杰地灵，人才辈出。

　　自元代以后，常有文人墨客来此游玩遣兴。他们在此谈道畅玄，品茗创作，望鹤听松，身游蓬莱之洞天，心处瀛洲之福地，神游方丈之仙境，为白云观留下了多姿多彩的宝贵文化财富。

第一节　笔墨丹青

　　道教的宫观建设通常讲究"左青龙、右白虎、前有照、后有靠"。与诸多宫观一样，白云观的门前也有照壁。

　　照壁长二十几米，高约三米，须弥座为上好青石，上面承托着绛红色的墙体，墙头为琉璃瓦盖顶。与其他富丽堂皇的照壁大有不同，它极少装饰，不用雕刻，简洁大方中显露出端庄、凝重，体现出白云观作为道家场所的清静、稳重与素朴。

　　照壁的墙面上不像紫禁城的九龙壁那样雕龙画兽，而是简洁地镶嵌着四块方形琉璃瓦砖，上面刻着"万古长春"四个大字，用来歌颂长春真人丘处机的精神流芳千古。

　　这四个字苍劲雄厚、圆转遒丽，喜欢书法的人一看就知道，

　　这是"赵体"，出自楷书四大家"欧、柳、颜、赵"中的赵孟
頫之手。当然，"万古长春"不是赵孟頫为白云观题写的，而
是 20 世纪 80 年代白云观重修影壁时从他抄写的《道德经》里
挑选出来然后刻成的。

　　赵孟頫（1254～1322），字子昂，号松雪，又号水晶宫道
人，浙江吴兴（今湖州）人，宋太祖十一世孙，秦王赵德芳之
后。他把自己书写的《道德经》叫作"松雪《道德经》"，清
朝初年，皇宫里有人把赵孟頫书写的《道德经》做成了刻板加
以印刷，从皇宫流出宫外，几经辗转就传到了白云观。众所周
知，《道德经》是道教的最高经典，当然会受到观内道士的重
视，于是观内道士就把刻本拓下来，做成石刻，把它镶在纪念
王常月祖师的祠堂院墙上。整部《道德经》被赵孟頫写得圆润
清秀，结构严谨，笔迹线条雄健秀丽，给人以清雅俊逸之感，
令人赞叹不已。

　　赵孟頫跟白云观的缘分其实是在 20 世纪 80 年代才开始的。
"文化大革命"之前，白云观照壁上的字不是赵孟頫的"万古
长春"，而是书圣王羲之的"天下第一丛林"。可惜的是，书圣
的字在"文化大革命"中被毁于一旦，后来修复白云观时，能
工巧匠们突发灵感，从赵孟頫书写的《道德经》中选取与白云
观主题有关的四个字，让这两位与道教相关的书法家能够结缘。

　　在中国古代，名字中有"之"的常常是道门中人，王羲之是
他们中间最杰出的一位。赵孟頫对王羲之推崇备至，称王羲之的
字"圆转如珠，瘦不露筋，肥不没骨，可云尽善尽美者矣"。

　　王羲之（303～361，一作 321～379），字逸少，出身于名门望
族，他的祖先中曾经出现过一位在道教史上非常有名的仙人——
王子乔。王子乔在《列仙传》中有记载。王羲之是东晋时期著

名书法家，有"书圣"之称，代表作《兰亭集序》被誉为"天下第一行书"。他晚年隐居在剡县金庭（今属浙江）。

王氏家族是东晋时期最有代表性的文化士族。从上到下，信奉黄老学说。《晋书·卷八十·列传第五十》记载，王氏家族"世事张氏五斗米道，凝之弥笃"。[①]《道经》中记载了王羲之始祖王子晋向往神仙之灵虚，迈行放达于天台北门金庭桐柏山（今嵊州金庭）第二十七洞天（道界三十六洞天之一）的故事。《潜夫论》卷九《志氏姓》记载："因氏王氏，其后子孙，世喜养性、神仙之术。"[②] 可见，王氏家族上下信奉黄老学说，又都是天师道教徒，自然而然地比其他人多了一分亲近，并且王家人多擅长书法也与他们信奉道教有关系。

道教的传承是依靠经书，道教的弘法是凭借符咒。因此，抄经与书符成为道门中人必修的一门功课。在抄写经书时，必须由精于书艺的经生抄写，而在书写经本过程中不知不觉地受到道教文化的影响。历史上诸多道家学者多是有名的书画家，他们修身养性，既精通道法，又能挥毫泼墨，落笔成体。王羲之就是这方面的典型代表，他将修道和书法艺术相互契合，相得益彰，因而产生了巨大的艺术魅力。在信仰虔诚的前提下，王羲之是个"能书善画"的全才，不仅"能书"，而且"善画"。

王羲之年轻时也曾从政，历任秘书郎、宁远将军、江州刺史，后为会稽内史，领右将军。但当他发现自己的性格与官场格格不入后，决然地抛却所谓的"高官厚禄"，离开嘈杂的污浊之地，闲云野鹤般地与志同道合的高雅之士畅游于山水之间，

---

① （唐）房玄龄等撰《晋书》，第 2103 页。

② （清）汪继培笺，彭铎校正《潜夫论笺校正》，中华书局，1985，第 435 页。

再没有回来。永和十一年（355）三月，王羲之称病弃官。《晋书》中说他："携子操之由无锡徙居金庭。建书楼，植桑果，教子弟，赋诗文，作书画，以放鹅弋钓为娱。"① 他和许询、支遁等人，开始遍游剡②地山水。他这种彻底的"出世"，应该是被赵孟頫敬佩的缘由之一。

王羲之特别喜欢鹅，他认为养鹅不仅能陶冶情操，还能从观察鹅的动作形态中悟到一些书法理论。有一次王羲之外出游玩，看到一群很漂亮的白鹅，便想买下，一问才知道这些鹅是附近一位道士养的，便找到那位道士想与他商量买下那群鹅，那位道士听说大名鼎鼎的王羲之要买，便说，只要王右军能为我抄写一部《黄庭经》，便将那些鹅送给他，王羲之欣然答应，这便成就了"书成换白鹅"的佳话。其实，王羲之的这种爽快并不是一时冲动，这是他喜欢结交道教人士，一心向道，才有这种举重若轻的处事态度。比如，他平时最喜欢来往的一位道友叫许迈，是位茅山上清派的高道，对道教经典和道家药物丹道颇有研究，于是王羲之经常跟他上山采药，入深谷修炼。又如，王羲之路过山阴城的一座桥，看到有位老婆婆拎了一篮子六角形的竹扇在集上叫卖。那种竹扇很简陋，没有什么装饰，引不起过路人的兴趣，看样子卖不出去了，老婆婆十分着急。王羲之看到这一情形，很同情那位老婆婆，就上前跟她说："你这竹扇上没画没字，当然卖不出去。我给你题上字，怎么样？"老婆婆不认识王羲之，见他这样热心，也就把竹扇交给他写了。王羲之提起笔来，在每把扇面上龙飞凤舞地写了五个

---

① （唐）房玄龄等撰《晋书》，第 2100 页。
② 剡，古县名（剡县）。西汉置，在今浙江东部，包含嵊州和新昌。

字，就还给老婆婆。老婆婆不识字，觉得他写得很潦草，很不高兴。王羲之安慰她说："别急。你告诉买扇的人，说上面是王右军写的字。"王羲之一离开，老婆婆就照他的话做了。集上的人一看真是王右军的书法，都抢着买，一篮子竹扇很快就卖完了。

王羲之抄写道经过程中被道家所提倡的返朴归真的生活方式所吸引，艺术精神逐渐与山水林泉的自然之美相结合，于是形成了王羲之笔下自然、飘逸的神采。也可以说是王羲之把"文字通神"的理论发挥得淋漓尽致，用他自己的实践，赋予了书法以活的灵魂，使人们从他的《黄庭经》甚至是《兰亭集序》中能感受到道教精神的放逸、洒脱之气，在欣赏他的作品的同时，完成了与天地精神往来的交融过程。

晋代是一个出隐士的时代，文学作品和艺术创作均如王羲之一样，追求的是清虚、真率、旷达、雄逸、洒脱，这些是道教思想的主干，这些也被赵孟頫称作"晋人风度"。他说，"写字"即"画心"。王羲之的字遒劲有力，正如同其人品。因此，赵孟頫知道练字先练心。这般感悟，使他的赵体风格日臻成熟，字体线条更加饱满流畅，于圆润中透出硬朗，全无年轻时的俗媚之气。

可见，一部《道德经》，道出了宇宙万物的真谛；一篇《兰亭集序》，讲尽了社会人生的哲理。

第二节　物华天宝

白云观千百年来，经过住观道长们的努力，珍藏了数量众多的文物，可以分为文化艺术类、道教法事水陆图类、道教神像类、道教法器类、道教人物类、道教服饰类。细而言之，有神像图、山水花鸟图、中堂、对联、横幅、立屏、名人题字、人物像、道教文书、道教教义图、幡、幢、供牒、香炉、神像图、道教科仪图、木刻经板、线装经书、法器、神像、经石碑刻、道人画等，琳琅满目，精彩纷呈。

1962 年冬，白云观邀请政府有关单位、宗教界人士、文物部门专家学者以及来访的国内外贵宾对上述文物进行参观评议，反响热烈，认为这些文物具有重要的历史价值，拥有道教宫观文化特色，很值得珍藏。

"文革"期间，白云观监院刘之维和高功陈旅清两位道长谨慎而又机敏地保存着这些文物，虽历经风雨，但终能见彩虹。

1983 年，修葺一新的白云观在三清殿、四御殿院内两侧厢房设立东西相对的两个文物陈列室，将储存的文物精品，向香客游人公开展览，既增强了参观者的观赏兴趣，又增强了白云观的文化氛围，同时也展示了白云观的悠久历史和深厚文化。

2004 年，白云观联合中国道教协会对所藏文物进行清点，并请故宫博物院文物专家对所有文物进行评级，结果发现白云观珍藏文物共计 3840 件，其中国家一级文物 13 件，二级文物 173 件，三级文物 303 件。琳琅满目的文物表明，白云观可称为一座天然的道教文化博物馆。

在白云观众多的宝物中，邱祖殿里一只硕大的瘿钵不仅珍贵，还隐藏着一个秘密。

这只瘿钵放在邱祖殿的正中央，用一个巨大的树根雕成，是清朝雍正皇帝赐给白云观的，他当初对白云观的道士许诺说不管遇到什么困难，只要抬着这个瘿钵到紫禁城门口，都会给予帮助。并且，传说丘处机仙逝后的遗蜕就藏在这瘿钵底下，邱祖殿也被认为是丘处机的墓殿。然而，真的是这么回事吗？

图 55　邱祖殿中的瘿钵

人们一般认为邱祖殿是丘处机的墓殿，把老律堂当作丘处机的享殿，这一说是依照帝王寝陵的制度推想出来的。可是在元世祖至元六年（1269），丘长春仅被诏赠为"主教真人"，当然不能营构墓殿与享殿，当时只叫作"藏蜕处"，殿堂被称作"处顺堂"。那么，这个传说又是怎么来的呢？这还要从元朝的"佛道之争"谈起。

历史上，道教与佛教始终是社会两大主要宗教，为了各自占据主导地位，有时不免会产生大的辩论，双方各自引经据典来证实自己宗教的正统性。历代皇帝有的扬佛抑道、有的扬道抑佛，但是大多把两种宗教看作为自己所用的工具，所以对这种争端就像家长劝解孩子们的吵架，这边打一下、那边揉一揉。

在皇帝的亲自裁决下，两大教门之间的芥蒂一般是和平解决，所以，在中国从没发生过像欧洲那样大规模流血的宗教战争，这也是中国宗教史上的特殊现象。

元朝有两次道佛大辩论，分别发生在元宪宗六年（1256）和八年（1258），当朝皇帝蒙哥汗下圣旨，召集道、释两家和三教九流，就《老子化胡经》的真伪等问题进行辩论，这两次辩论的结果表面上都是以道教的失败而告终，其深层次的原因则是当时道教缺少元朝统治者的支持。道教是汉地的教团，不像佛教为外来宗教，同样作为"外族"的元统治者看到道教的发展之势越来越猛，担心它重演当初的"黄巾之变"，威胁自己的政权，所以一定要压制道教以为防范。

元宪宗九年（1259）前后，元朝廷几次下令把道教经书及经板集中焚烧，并对大批道士施以流放等不同形式的刑罚，造成了道教空前的大劫难。当时，丘处机已经仙逝，全真教的代表人物尹志平和李志常等都受到打压。所以，当时的道士是不敢大肆为丘处机建墓殿的，相反，他们要做的是怎样保护丘处机的坟墓不让佛教徒破坏掉。

全真教在明清之际中兴，丘处机龙门派的后裔大力设玄学，培养弘道人才，并继续十八宗师竭力在全国名山兴建道场的事业，全真教又逐渐兴旺起来。明英宗时，全真门徒依着"真君"的徽号而建立专门供奉丘处机的邱祖殿，并从处顺堂移来元代雕刻的丘处机塑像。

从此，白云观的道侣对丘处机遗蜕的真实藏处秘而不泄，实在是经过焚经之难，心有余悸，恐怕祖坟被掘。后来，之所以有瘿钵下藏有遗蜕之说，是因为瘿钵乃皇帝所赐，谁又敢搬动它而去挖掘道教宗师的坟墓呢？这实在是一个保护祖坟的再好不过的理由。

那么，丘处机的遗蜕到底埋藏在何处？据白云观中老道长所讲，老律堂前东南角有一口井，以这口井和邱祖殿前的井连线，其中间的部位，就是丘处机遗蜕的埋藏之处。有人勘测过，那个地方正是老律堂的东北角所在。也就是说，要见到这位全真宗师的遗蜕，除非你拆了老律堂。

在白云观文物陈列室中，展示着一把古琴，这把古琴是明朝刘伯温曾经使用过的。当年，刘伯温在一把七弦琴内写下"大元至元五年　青田伯温氏置"几个字。

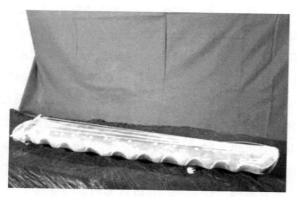

图56　白云观藏刘伯温之古琴

刘伯温（1311~1375），又名刘基。温州文成县南田人（旧属青田县）。元末明初军事谋略家、政治家及诗人，通经史、晓天文、精兵法。他以辅佐朱元璋完成帝业、开创明朝并尽力保持国家的安定，因而驰名天下，被后人比作诸葛亮。

下面介绍关于此琴被发现的渊源。

20世纪50年代，在浙江黄岩，杭州人蒋逸人在九峰书院边的道观结识了须发皆白的伍丘渊道长。此后，蒋逸人数次前往拜访，因看他清贫，还携带了一些食物相赠。道长居室的墙上挂着一张以青布为囊的七弦琴，蒋逸人请求取下来看看，琴呈黑色，有光泽，树脂漆，状极古朴。蒋逸人审视了这张七弦琴，在底面的琴孔中见到琴的内侧为暗红色，上有毛笔书写的12个字"大元至元五年 青田伯温氏置"。伍道长说，这是他的先师传下来的，他的先师如何得到此琴，他也不知道，但此琴确是刘基弹过的。

因为相交有缘，伍道长也向蒋逸人交了底，他要把古琴传给蒋逸人，但蒋逸人没要。蒋逸人想到这琴非常宝贵，他个人买下不妥当，因此到杭州环城西路的浙江省文管会去报告这一发现。接待他的是一位老先生，互通姓名后，知道他就是朱家济先生。当他说明发现此琴的经过及道长的住处后，朱先生说："很好、很好，多谢、多谢，我马上派人到黄岩去取来。"

过了半个月左右，朱先生把蒋逸人叫到浙江省文管会，告诉他："琴已特地派人取来了，我们为此开了一个鉴定会，参加者一致认定此琴确实制作于元代，而且是刘基使用过的。现在我国有不少元代以前留下来的琴，但此琴是刘伯温这样的历史名人用过的，琴孔内有他亲笔书写的12个字，其价值就不是一般古琴可与之相提并论的了。你为国家立下了一件不小的功劳，我代表省文管会向你致谢，此琴将在适当时机公开展出。"

其后政治运动不断，蒋逸人没听说此琴公开展出过，他也忙于工作未过问。等他想起来时，这把古琴却没有了音讯。他也问了浙江省博物馆和浙江省文物局，但都回答未详或无此物，这让蒋先生感到很遗憾。八十几岁的他说自己将不久于人世，被视为"国宝"的古琴下落不明，实在是件憾事。好在《钱江晚报》的记者知道了这件事，在报纸上刊登了出来，期望能得到更多的线索。

文章刊出后不久，引出了与此琴有渊源的另一位人物——郑崇升先生，他也许是在世的最早见过此琴的人。他给《钱江晚报》写来一封信。他说，琴原来是黄岩九峰桃花潭道观伍道长的。他年轻时当过道士，新中国成立后回家工作，经常到伍大师处玩，见到过此琴，有一个同志拿到杭州鉴定，说这是刘伯温弹过的琴。伍大师仙逝了40多年，其琴还在，他当时想拿来，后来没有拿，再后来听说此琴以500元转卖给他人了。

买琴的人是一位道姑，叫章福庆，是伍道长的师侄女，后来嫁给一位叫丘方圆的人。此时，丘方圆已八十有一，据他回忆，他们当时虽然不知道这把琴是国宝级文物，但知道这一定是一件异常珍贵的古董。自从妻子借钱买下来后，就把古琴藏在道观里，日夜不离。但又很担心一旦遭盗或失火，宝贝就有可能毁于一旦。所以，他在1980年妻子去世后坐了三天三夜的火车，把古琴送到了北京白云观，亲手交给了观里的道长，他相信白云观能妥善地保管这把古琴。

1983年，丘方圆重上北京白云观。在那里，他亲眼见到了古琴安静地摆放在陈列室里，至此，他放心了。从此，他再也没去过北京。

《钱江晚报》的记者带着疑问和众人的嘱托来到北京，来到白云观。

白云观的西陈列室，真的有一把古琴，而这把琴正是当年伍道长保存的、蒋逸人先生所见的、丘方圆不远千里送来的，它已作为白云观珍藏的道教文物被保护起来。

陈理真道长，白云观管委会委员、经乐团团长，他谈起这把古琴时说："这把琴从哪里来我不清楚，但我的确在琴腹内看到了'青田伯温氏置'等字。"据陈理真介绍，古琴还在观内，因为没人弹过，也没对外开放，所以都有点发霉了。"古琴保存完好，只是琴弦该换了。"陈理真说。

如今，白云观已经羽化的道长徐信权，曾在白云观修行35年。他是当年丘方圆捐琴的见证者之一。他说，当初丘方圆来捐古琴时，白云观刚开放，很多手续不全。所以，也没有什么凭证给他。

在2000年之前，这把古琴都是对外展出的，到白云观的游客都能看到。2000年，白云观局部维修，东西两个陈列室也在维修之列，所以这把古琴就没有再展出过。

目前，白云观对相关文化遗产进行整理，这把古琴作为珍贵文物也在整理过程中，待整理结束后，陈列室将重新对外开放，那时，与古琴有缘的人都可以前来一睹它的"芳容"。

第三节　云集园的传奇

白云观最后面的建筑是后花园，无论亭台楼阁，还是树木山石，都极为精巧别致，安排得恰到好处，所以，道长们给它取了一个十分优雅的名字"小蓬莱"。蓬莱本来是海中神仙居住的仙岛，《史记·封禅书》记载："海中有三神山，名曰蓬莱、方丈、瀛洲。"看来，白云观道长们视这后花园为白云观的"仙境"。

这个清幽雅静的后花园，还有另外一个名字——云集园。云集本指人群密集的地方，而在这里指修道之人聚集的地方。道教把一起修道的人称为"云侣"，成千上万个"云侣"集中在这幽静典雅的园中修炼，当然就成为云集园了。

图 57 云集园小蓬莱

云集园由三个庭院连接而成：中心为戒台和云集山房；四周游廊迂回，假山环绕，花木葱郁，绿树成荫；东为有鹤亭、云华仙馆；西有妙香亭、退居楼。

云集园看起来虽然不大，却耗资约两万两白银，要是折合成人民币得上亿元。如此多的钱，白云观道士自己肯定是掏不起的。它是慈禧太后身边的太监刘多生修建的。

刘多生，原名刘诚印，是直隶河间府东光县人，早年入宫。他办事机警，粗通文墨，于时局形势，颇有见解。他常以"说笑话""讲故事"的方式回答慈禧的疑问，非常受宠，人们称呼他为"印刘"或者"诚印"。

刘多生与北京道教界的关系可谓是非常密切，他参与修建或重修的道观有白云观、宏恩观、妙峰山娘娘庙、立马关帝庙等二十多座。

刘多生与白云观的关系源于慈禧太后的母亲。

据说，清同治九年（1870）前后，慈禧太后的母亲去世了，需要找一座寺庙停灵。当时尚未独揽大权的慈禧太后，派大太监刘诚印寻访可停灵的佛寺，但没有找到合适的，后转往北京白云观，受到白云观道长的热情接待。此后，慈禧与白云观来往日益密切，大太监刘诚印亦在白云观皈依了道教。

据《太上律脉源流宗谱》记载，庚午年（1870），皇亲照公府太夫人（慈禧母亲）的灵柩寄放在白云观中，白云观大律师张宗璇每天为太夫人虔诚地诵念《血湖经》。太夫人的灵柩在白云观一放就是半年多，太夫人的容貌基本没有什么变样。慈禧太后赐给张宗璇紫袍玉冠，并捐献黄金资助张宗璇开坛传戒，王公贵族接踵而来，请谒声名，传播远方。

太监刘多生遂与张宗璇方丈及高仁峒等结识并交往。张宗璇方丈与刘多生（诚印）的师徒关系及高仁峒与刘多生的师兄弟关系便于此时建立。

按白云观传戒律师传承，同治、光绪年间第十九代传戒律师为张宗璇，第二十代为高仁峒。高仁峒升座为白云观方丈后，刘多生多次担任白云观护坛化主，曾"输资巨万，道众咸仰食焉"①。

此后，刘多生为了扩大道教的声势，曾先后捐募白银约两万两，在白云观传戒 3 次，受戒者达到 1100 多人，宫里有许多宦官都受了戒。刘多生还自捐白银约 3600 两购良田 15 顷，作为白云观的香火之资。他这一系列的举动得到慈禧太后的赞许，其地位日渐升高。

花园建成后，刘多生亲自制作匾额，并题写"小蓬莱"三字。慈禧每次从颐和园游玩回宫或在宫中遇到烦心的事，都要从花园后门码头登岸，到"小蓬莱"歇脚品茶，谈玄论道。

---

① 参见现存于白云观祠堂院内高仁峒所撰《刘诚印墓志铭》。

第四节 十方韵与北京韵的传承

道乐即道教音乐，是一种具有中国特色的宗教音乐，是道教在斋醮活动中使用的音乐，又称"法事音乐"或"道场乐"。

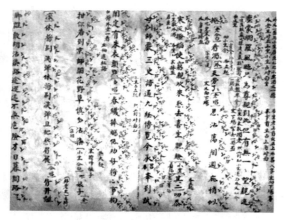

图 58 工尺谱

最早的道教音乐，是北魏明元帝神瑞二年（415）寇谦之所得的"云中音诵"，即"华夏颂""步虚声"，是道教音乐较早的书面记载。唐代，道教受帝王崇拜，盛极一时，道教音乐也得到了较大的发展和提高。据《册府元龟》记载，主要有司马承祯的《玄真道曲》、李会元的《大罗天曲》、贺知章的《紫清上圣道曲》、杨敬述的《霓裳羽衣曲》等。北宋时，道教音乐谱集——《玉音法事》成书，记录了唐至宋的道曲共50首，是一部重要的道教音乐文献。明代，道教音乐进入"定型"阶段。明成祖时，道教音乐谱集——《大明御制玄教乐章》成书，该书用我国传统的工尺记谱法，记录道曲40首。

　　道教音乐发展至今已有 1500 多年的历史，它包含独唱、吟唱、齐唱、鼓乐、吹打乐和器乐合奏等多种形式。在斋醮法事中，这些形式不断更换，灵活地组合，恰如其分地表现出召神遣将、气势磅礴的场面；镇压邪魔、剑拔弩张的威风；盼望风调雨顺、求福祈愿的心情；清静无为、仙界缥缈的意境。为道教的斋醮增添了庄严而浓厚的气氛。

　　北京的道乐可以追溯到唐代，《册府元龟》卷五十四曰：

　　　　天宝十载四月，帝（玄宗）于内道场亲教诸道士步虚声韵。道士玄辨等谢曰："臣自九愚，生逢大圣，服膺真教，庇影玄门谬侍得，侍奉禁闱，恭承侍问，夙夜兢惕，将何克堪，伏见陛下亲教步虚及诸声赞，以至明之独览，断历代之传疑，定骊骥于海陆，分景镜于真伪。平上去入，则备体于正声；吟讽抑扬，则宛仍于旧韵。使咏之者审分明之旨，闻之者无讹舛之嫌。妙协钧天，克谐仙唱。伏以灵章本趣，固理如然，但为流传人间，讹谬滋久，非应道之主，孰能正之？是可以振畅玄风，发挥圣作，臣忝趋仙禁，豫听正声，欣戴之诚，倍万尝品。乞特赐编诸史册，宣示中外。"帝曰："一时之事，何足言焉。所请者依。"[①]

《旧唐书》卷二十八《音乐志》记载：

　　　　天宝元年四月，命有司定玄元皇帝庙告享所奏乐，降

---

① （宋）王钦若等撰《册府元龟》，中华书局，1960，第 604 页。

神用《混成》之乐，送神用《太一》之乐。①

由此可见，中唐时的天长观已经有了道教音乐。宋代真宗、徽宗制作赞颂《玉音法事》一书，供全国道士诵唱。此书采用曲线记谱，录颂词赞谱多种，曲线谱上面有单调转换所应发音高的注音字样。明成祖时，用工尺谱记道曲 40 首的《大明御制玄教乐章》一书，从乐调来看颇具北曲风格，为七声音阶，虽有主干音，且无板眼标记，但亦可见其高亢挺拔之势，并"辞情多声情少"。此乐谱当时主要供京城神乐观的乐舞生使用。清初时，北京的道乐曲谱散佚民间，北京市内及城郊民间红白喜事的道场音乐主要是在传统的基础上与北方民间音乐相结合，由住观道士、火居道士及民间吹鼓艺人共同发展创造的，使其成为北京地区民间乐曲的重要组成部分。

北京道乐重要组成部分是北京白云观内传布的道教音乐。据《道藏》所收历代宫观碑志记载，北京白云观的道乐自唐代以来，一直是鸣钟磬、颂玉经、唱道曲，道场音乐长盛不衰。北京白云观道乐用的韵腔，属于全真正韵，亦即"十方韵"。20 世纪 80 年代初、中期，由监院黄信阳从浙江温州带来部分韵腔，经住观的各方道士，特别是玉溪道人闵智亭的指点，成为规范的全真韵斋醮科仪音乐。这些科仪音乐主要运用于日常的早课、晚课及铁罐施食等道场活动中。音乐分类上大致分为器乐曲、过曲型韵腔和咏唱型韵腔三类。器乐曲的使用较为简单，一般用作道场开始的引子和韵腔起首的过门音乐；过曲型韵腔多是一些斋醮仪式反复运用的短小韵腔，如《天尊板》

---

① （后晋）刘昫等撰《旧唐书》，第 1045 页。

《提纲》等；咏唱型韵腔占斋醮仪式中的绝大部分，仪式的主要内容和讽诵经文的连接都由这类韵腔担任，是北京白云观道乐的主体部分。北京白云观在清代以前一直沿用"十方韵"，到了清末，白云观方丈孟永才为了留住云游的道士长住观内，曾经把"十方韵"改为地方韵——"北京韵"。

20世纪60年代初，白云观聘请北京著名高功陈旅清道长传授醮仪及音乐韵调，但不久"文化大革命"便开始了。后来，"北京韵"随着老龄道士的羽化或云游他方而隐入民间。1979年，白云观恢复开放，监院刘之维请回原白云观经师徐督水道长，口授给青年道士"北京韵"，并记谱排练。不久，徐督水道长羽化，青年道士遂携谱离去，导致如今白云观已无人会唱"北京韵"。

"北京韵"使用工尺谱，现有存稿。中国道教协会闵智亭会长自1988年9月开始收集整理"北京韵"，当时《中国道教》编辑部提供了一份1983年录制的道士用"北京韵"诵唱的录音，韵腔有三段，其余皆为讽诵经文，由于唱词不清，当时未能判断为"北京韵"。12月，又发现曹安和先生抄录的王君仅在1994~1995年记录的白云观住持安世霖和白全一口授的"北京韵"26首。此抄本藏于中国艺术研究院音乐研究所，其中第一首《祷神小赞》和第二首《步虚》（祷神）与1983年录音中的两段韵腔基本一致。

尽管如此，北京白云观道教音乐仍用的是"十方韵"。1983年以后，闵智亭、王信安、马诚起、黄信阳、黄信诚、陈信一等精于传统道教音乐的全真派高道和经师来到北京白云观，对"十方韵"的传承与发展起到了重要作用。在闵智亭、黄信阳大师的领导和辅导下，白云观于1983年成立了经师班，从

1987 年起与中国音乐学院、北京音乐家协会共同整理研究，录制了 90 余曲斋醮韵腔，分别用于"延生保安"的"早坛功课"，"超阴度亡"的"晚坛功课"，"祈福消灾"的"玉皇朝科"，"赈济施食"的"度亡焰口"之中。早坛功课所用韵曲主要为《引子》《太极韵》《澄清韵》等，晚坛功课所用韵曲主要为《引子》《清虚韵》《步虚韵》等。这些曲韵腔大致可归为器乐曲、过曲型韵腔、咏唱型韵腔三类。其中咏唱型韵腔具有古风韵腔、明清俗曲韵腔、戏曲说唱韵腔、民间小调韵腔的特点，一般使用打击乐器铛、镲、木鱼、铃、鼓、铙、钹及一些管弦乐器笛、笙、箫、二胡、琵琶、唢呐等。1988 年 6 月 10 日，北京白云观成立"白云观道教音乐团"，专门演奏和研究"十方韵"，后来多次在北京音乐厅演出，并应邀到中国香港、新加坡等地演出。

"北京韵"与"十方韵"之间，韵腔基本一致，韵腔变体（换头、变唱、宫调）大致相同；"北京韵"中的宫调转换引凡音入曲、以变宫代宫，"十方韵"中诸多韵腔之间呈变体关系，上下句换头或中间扩充，并加入明显的新内容代替上句，由于唱词不同，引起韵律千变万化，大量韵腔以《三炷香》结尾，构成合尾关系，既有结束感，又增加了各韵腔之间的内在联系。

1990 年 12 月 9 日，台湾道教科仪交流朝圣团一行 65 人参访北京白云观，白云观经师为台湾道友举行了"拜斗"法事，并放映了醮仪音乐录像片，引起了台湾道友的极大兴趣。12 日上午，在全国政协礼堂举办"海峡两岸醮仪讲坛"，由闵智亭大师主讲道教拜祭科仪。

1992 年 4 月 30 日，白云观经乐团应新加坡道教总会的邀请，参加了其主办的"护国祈安大醮暨超度大法会"，经乐团成员如法如仪，诵奏的道教音乐令新加坡信众赞不绝口。

2006 年，白云观管理委员会聘请楼观台著名高功任法玖教授《全真正韵》以及科仪、高功等，白云观如今使用的也是《全真正韵》。

第五节　行业神崇拜与丘处机

北京琉璃厂曾有一座专门经营玉器的"长春会馆"，里面供奉着长春真人的塑像。为何琢玉人能与道士拉上关系呢？原来，丘处机一直被玉器行业奉为祖师。在小说《穆斯林的葬礼》中，传说当年丘处机用一块整玉雕出了一把极其精巧的玉壶献给成吉思汗，深得成吉思汗赞赏，所以后来他便被奉为玉器业的祖师。丘祖所制玉器，件件精美，时人都以拥有丘祖制品为荣。

如今在白云观云集山房东侧，矗立着一块巨大的石碑，名叫《白云观玉器业公会善缘碑》，详细地记载了丘处机成为玉器行业祖师的原因。碑文大致说丘处机修道时曾经遇到异人，学得禳星祈雨、点石成玉的方术，从西域见成吉思汗回到燕京后，住持太极宫（后名长春宫，今白云观）。

> 慨念幽州地瘠民困，乃以点石成玉之法，教市人习治玉之术。由是，燕石变为瑾瑜，粗涩发为光润，雕琢既有良法，攻采不患无材，而深山大泽、瑰宝纷呈。燕市之中，玉业乃首屈一指。食其道者，奚止万家。自真人大道既成，既在本观羽化。都人思之，每至诞辰，群来拜祝，俗有本观正月十八会神仙故事，实则真人诞辰为十九日，前一夕，顶礼膜拜之人特多故也。迨后玉行商众集议，组成公会，

初名玉行商会，民国二十年，改称玉器业同业公会焉。自
清乾隆五十四年，玉行首事涂君国英等，约会同人，在本
观创立布施善会。嗣是例年正月十八日，举行施放馒头，
并于望日焚香献祭，普结善缘，以祚神佑，迄二百年不辍，
噫，可谓盛矣！①

从上面的碑文可以看出，丘处机谙熟点石成玉神通。元代
时曾点燕石成玉，并教燕人琢玉的方法。所以，那时燕京市场
上治玉的人都奉丘祖为祖师。丘处机羽化后，治玉的人于丘祖
诞辰前夕，全部来到白云观顶礼膜拜先师。后来，大家商议成
立玉行商会，奉丘祖为玉器行业的祖师爷。

清乾隆五十四年（1789），玉行布施善会（1931年改名为
"玉器业同业公会"）在白云观创立，给贫困人士发放馒头。第
二年（1790）又举办布施善会，由会长张永祺在白云观方丈陈
明霈和监院高信鹏的赞助下，在云集山房东侧刻立了《白云观
玉器业公会善缘碑》。立碑者表达了他们的心愿：

窃以为食德报本，乃吾人激发于天良而利物济人，实
神圣毕了其行愿。此际香花清洒，冠履如云，无非饮水思
源，蘡葵向日，所望同人等仰体圣意，不惟历久不渝，抑
且发挥而光大之，使天下饥寒困苦之辈共上春台，期不负
真人宏道济人之初愿，斯亦足矣。②

---

① 赵公谨：《白云观玉器业公会善缘碑》，碑额：高116厘米、长119厘米、
宽50厘米；碑身：高259厘米、长110厘米、宽42厘米；碑座：高93厘
米、长119厘米、宽49厘米；书体：楷体；1932年。
② 赵公谨：《白云观玉器业公会善缘碑》，在白云观"小蓬莱"云集山房东侧。

碑文从字里行间表达了对丘处机的感恩之情。

依据白云观老道长们的陈述，旧时北京玉器业人与白云观道侣之间的关系比较密切，道侣们视玉器业人为白云观居士，互以师兄弟称呼。在清代，王常月方丈中兴全真道后，丘处机的声誉也日趋高涨，白云观与清政府内宫及权贵交往也逐渐频繁，玉器行业中人仰慕丘长春及全真道的声势，从商业角度出发，渲染丘处机"点石成玉"的传说，奉他为玉器业的祖师神，并自我宣扬，这在那个朝代，也是风尚所驱动，可以理解。对白云观来说，玉器业人崇奉丘祖，富有而多布施，何乐而不为呢？

如今，每年正月十九为"燕九节"，即丘祖庙会。民间之庙会，即由此而来。玉器艺人每逢这一日都要到白云观去拜祖师爷。

第六节　白云观庙会民俗传统

每年的春节，从正月初一到十五，是白云观一年中最热闹的时候，也就是闻名北京的白云观民俗迎春会了。

白云观民俗迎春会是北京城最早的庙会，最开始出现是在元代。那时候道教在社会上很有地位，作为北方最大的道教宫观，白云观自然也就成为官宦百姓们常去走动的地方。庙会刚开始时规模不大，也就是在庙门口有一些杂耍表演，当然还有摆摊算命测八字的。到了明代，北京城里其他庙会如雨后春笋般出现，每天都有不同主题形式的庙会。而白云观庙会作为这圈子中的"老大"，更是发展到了最繁荣、鼎盛的时期。那时候，庙里庙外都有活动，从正月初一到十九，前后共十八天，而且每天的主打内容还不同，比如大年初一的"接神仙"、初八的"顺星"、初九的"玉皇圣诞"、十五的"上元节"、十九的"燕九"等，内容丰富多彩。

那时的北京，人们购物最方便的地方便是庙会。一切生活用品，包括衣着鞋袜、锅碗瓢盆、日用杂货都能从这里买到。买完东西，还可以填饱肚子，北京的各种风味小吃在庙会上是应有尽有。如果有需要，进了庙去，家里的婚丧嫁娶、升官求学、流年大运、家宅平安等各种事项，都可以问个究竟。如果啥事儿没有，就是逛逛，也行。您可以在门口听听相声、梆子、莲花落，再看看洋片儿、戏法、耍大刀，还都是免费的，当然，您要是愿意捧个钱场，往里扔俩赏钱，那也是皆大欢喜的事儿。总之，当时的庙会就是现在的戏园子和大型超市的总和，精神上的享受、物质上的追求，全都齐了。

1987 年，恢复举办白云观庙会，后来因为周边环境拥挤、停车位不够等，于 2007 年停办了。虽然庙会没有了，春节期间正常开放的白云观还是人头攒动、热闹非凡。这里说说几个最有特点的民俗。

第一个要说的是"摸猴"。每到大年初一，观门还没开、天还没亮的时候，这门口排队的人就排出去几十米长。即使门开了，这队伍也不见散开。仔细瞧瞧，两个入口，一个入口前像一条蜿蜒着的长龙，排着密密麻麻的人群，另一个几乎没人进入。这人多的入口旁挂个牌子，上写着"摸猴由此进入"，对了，这都是排队等着摸白云观里那著名的"神猴"呢！

有一句话叫"神仙本无踪，只留神猴在观中"，据说神仙来无影去无踪，普通人难得一见，但是神仙在这白云观里留下了仙气，附在了观中的小石猴身上，谁要去摸一摸石猴，那就等于是跟神仙握了个手，不仅身上的病痛全都没有了，而且还会保佑您这一年交好运。为了这一年的平安、顺利，很多人在这新年的第一天里早早地等着、候着，不怕黑、不怕冷、不怕挤，希望心诚则灵。

关于这石猴，还有句话叫"三猴不见面"。白云观里面共有三只猴（后又增塑两只），每一只都是巴掌那么大，刻在庙里的墙上或是碑上，要想一只只都找出来还不太容易，不仅要靠眼力还得看缘分。

图 59　摸石猴

这第一只比较明显，就刻在白云观山门的斗拱东侧上，也就是人们排队等候的那只。这门斗上是一大整块的浮雕图案，叫作"坎离匡廓图"，上面有祥云缭绕，显出仙气阵阵，又伴有六只展翅飞翔的仙鹤，要的是它的谐音"六合"，整个的意思就是"乾坤运化""六合同祥"。要是从整体布局来看，这不过 9 厘米长的小猴子在画面里真有些不太协调，那到底它有什么含义呢？

道教的养生长寿方法很多，其中有"导引术"，类似我们常说的"仿生拳"之类。猴子灵活，善于运动，是古老的导引术中常常模仿的动物之一，能使人的身体关节保持灵活延缓衰老，同时又传达一种生命生生不息的意思，就是说生命不息、运动不止，要保持自身与宇宙的平衡。

都说"出头的椽子先烂"，由于摸的人太多，不仅这块石头的颜色要比周围的深了许多，连这猴子的脸都"面目全非"了，要不是被告知这是猴子，还真看不出来。据记载，这猴子原来的表情是"宁静深沉"的，可现在猴子的脸都被摸平了，哪儿还看得出表情。这可真叫作牺牲自己、幸福万家，颇有"神仙"的风范。

第二只猴子，也是这样大小，藏在山门西侧墙底座的图案中。虽然人们摸完了山门上的那只猴子后就进了庙里，可是出来的时候也总还能找到它，所以这只猴子也是面目模糊了，甚至分不清前后左右。但模糊中能见到它身体的挺拔，似乎高傲地显示自己的"老资格"，和人不一样，古董可是越老越值钱。

这摸猴的习俗到底是怎么来的呢？目前没看到有资料记载。白云观的高道陈旅清解释摸猴的缘由时说，道教效法天地、崇尚自然，"猴"与气候的"候"同音，所以"摸猴"的意思就是摸着、顺着节令气候的变化，遵守"道法自然"的规律。"理"对了，生活中的一切就会顺遂、健康、美满。

第三只小猴子所在的位置比较偏僻。白云观东院有个雷祖殿，门口有块1米多高的石碑，第三只小猴子就藏在这碑的底座上，很难被人找到。它虽然没有前两只猴子"风光"，却也因此保全了自己的样貌。它脚踩在石头之上，浑身充满着动感。一只手搭在额头，另一只手高举着一个桃子，好像是要扔给谁的样子。春节期间，为了保护这块碑，都是用隔板把它包围起来，所以，到这里的游人不是来摸猴，而是来"看猴"了。

　　这里无论是"摸"还是"看",都是人与神之间的一种交流。陈旅清道长说:"人们亲切地去摸石猴,使它感到温暖舒适……"言外之意就是人与神之间的交流尚且不能一味地索取,那么,人和人之间就更应该有慷慨的给予和无私的奉献,正如道教提倡的"悯人之凶,乐人之善,济人之急,救人之危"①的侠义肝胆,"见人之得,如己之得。见人之失,如己之失"②的宽阔胸怀。"忘我"的祈福,才是人间大爱。

图 60　"打金钱眼"

　　进了山门,就是一座桥,名叫"窝风桥"。为什么叫这个名字呢?想想这庙叫什么?叫白云观,那要是来一阵风,云还不都被吹散了!所以,这座桥的作用就是拦截所有的风,让这片云永远停留。

　　第二个要说的是窝风桥边"打金钱眼"。窝风桥是座旱桥,也就是说桥底下没有水。桥拱下挂着一枚两尺大的金色铜钱,

---

　　① 《太上感应篇》卷三,《道藏》第 27 册,第 20~22 页。
　　② 《太上感应篇》卷四,《道藏》第 27 册,第 23 页。

钱孔三寸见方，中间有一个小铃铛。游人香客用钱在旁边的亭子里换来小铜片，投向中间的铃铛，如果打中铃铛铿然一响，就说明这一年肯定会交好运，这就是白云观庙会上另外一个不可或缺的活动，也是老北京人逛白云观不能落下的功课，叫作"打金钱眼"。

在过去，老北京庙会的时候，每到大年初一的凌晨，白云观里就要选派两位老修行，也就是道行高深的道长早早吃饱喝足后走到桥下，端坐在孔洞下面，也就是在那个大铜钱之后，不吃不喝坐上一天，向百姓展示道家的修行。

道教不是要人清心寡欲吗？怎么和金钱扯上关系了呢？其实"打金钱眼"，可不是让人掉到金钱眼里去。适当地积蓄财富，是人维持生活的必要保证，也是行善积德的物质基础，只要这钱来得光明正大，就无须讳言"钱"字。现在是市场经济社会，很多东西被物质化了，金钱在某种程度上成为衡量一切的标准。看看窝风桥前人们脸上的期待，看看财神殿外香客手中的贡香，就知道大家多么在乎钱。这没错，只要不发不义之财，只要在发了财之后还能想到回报，就算没白来白云观一趟。

第三个要说的是元辰殿里"拜太岁"。西院的元辰殿，是白云观春节期间唯一允许游人进入的殿堂，为了限制人数，保护殿内的设施，在门口特设了一个售票点，票价二元。

元辰殿门口非常热闹。门的东侧有一个不到10平方米的售货亭，常常是被挤得水泄不通。人们争相购买一个叫"太岁符"的护身符，像名片那么大的金属卡片，装在红袋子里，买到的人都如获至宝，一边摩挲着一边心满意足地离开。在这里，不分男女老少，都需要清清楚楚地报出自己的出生年份。不能只说生肖，说我属猴，那不行，还得说清楚是哪一年的"猴"。

图 61　元辰殿内六十甲子像

　　元辰殿里供奉的是太岁神，也叫本命神，一共六十位。这六十位神仙轮流值班，每一年值班的叫作"当值太岁"，所以每个人出生那年的当值太岁就是本命神。要找到自己的本命神，不报上自己出生的年份怎么行呢？

　　那么，这六十位太岁神又是怎么来的呢？古时中国人以天干、地支相配来计时。天干是十个：甲、乙、丙、丁、戊、己、庚、辛、壬、癸；地支则是十二个：子、丑、寅、卯、辰、巳、午、未、申、酉、戌、亥。以天干的第一个"甲"来配地支的第一个"子"，再用天干的第二个"乙"配地支的第二个"丑"，以此类推。因为天干是十个，而地支是十二个，这样配到六十个的时候，天干的第一个才能再次配到地支的第一个，所以，以六十为一个周期，叫作"六十甲子"。如此循环往复，无穷无尽。

　　另外，又把十二地支与十二种动物相配叫作生肖，也就是我们都熟知的子鼠、丑牛、寅虎、卯兔、辰龙、巳蛇、午马、未羊、申猴、酉鸡、戌狗、亥猪。这十二生肖每十二年一个轮回，人们把相同属相的年份便称之为本命年。这十二生肖再与天干地支相配，共配成六十组（见表2），道教把这六十甲子配上六十位神的名字，于是就有了"六十本命神"。

表 2　干支、年份、属相

干支	年份	属相	干支	年份	属相
甲子	1924 1984	鼠	丁亥	1947 2007	猪
乙丑	1925 1985	牛	戊子	1948 2008	鼠
丙寅	1926 1986	虎	己丑	1949 2009	牛
丁卯	1927 1987	兔	庚寅	1950 2010	虎
戊辰	1928 1988	龙	辛卯	1951 1891	兔
己巳	1929 1989	蛇	壬辰	1952 1892	龙
庚午	1930 1990	马	癸巳	1953 1893	蛇
辛未	1931 1991	羊	甲午	1954 1894	马
壬申	1932 1992	猴	乙未	1955 1895	羊
癸酉	1933 1993	鸡	丙申	1956 1896	猴
甲戌	1934 1994	狗	丁酉	1957 1897	鸡
乙亥	1935 1995	猪	戊戌	1958 1898	狗
丙子	1936 1996	鼠	己亥	1959 1899	猪
丁丑	1937 1997	牛	庚子	1960 1900	鼠
戊寅	1938 1998	虎	辛丑	1961 1901	牛
己卯	1939 1999	兔	壬寅	1962 1902	虎
庚辰	1940 2000	龙	癸卯	1963 1903	兔
辛巳	1941 2001	蛇	甲辰	1964 1904	龙
壬午	1942 2002	马	乙巳	1965 1905	蛇
癸未	1943 2003	羊	丙午	1966 1906	马
甲申	1944 2004	猴	丁未	1967 1907	羊
乙酉	1945 2005	鸡	戊申	1968 1908	猴
丙戌	1946 2006	狗	己酉	1969 1909	鸡

干支	年份	属相	干支	年份	属相
庚戌	1970 1910	狗	丁巳	1977 1917	蛇
辛亥	1971 1911	猪	戊午	1978 1918	马
壬子	1972 1912	鼠	己未	1979 1919	羊
癸丑	1973 1913	牛	庚申	1980 1920	猴
甲寅	1974 1914	虎	辛酉	1981 1921	鸡
乙卯	1975 1915	兔	壬戌	1982 1922	狗
丙辰	1976 1916	龙	癸亥	1983 1923	猪

也就是说，1924 年和 1936 年出生的人都属鼠，但本命神却不一样，1924 年的鼠和六十年后 1984 年的鼠是一个本命神。

在元辰殿里的道长会指点人们怎样找到自己的本命神。殿里面供奉着六十尊神像，每位神像的面前有一个木牌，写着神的名字（统称为"大将军"），并且标注公元的年份，游客只要找自己的出生年份就行了。

那么，"太岁"又是怎么来的呢？古时中国人测出木星是太阳系中最大的行星，并且它的公转周期是十二年，所以就把木星叫作"岁星"，用来纪年。但是后来又发现，实际上木星的运转轨迹并非整十二年，有一些小小的出入。于是人们就假想出一个同样的轨迹，但运转方向是和木星相逆的星体，这个假想中的星星，就叫作"太岁"。木星每年路过地球一次，方位各有不同，所以就有"太岁某一年在某一方"的说法，这一方就不能动土搞建筑，否则触犯了太岁，就会招来灾祸。这样一来，谁都不敢"在太岁头上动土"了。

在六十这样一个轮回里，每一年上天都会派一位神仙出来值年，就是值班的意思，负责掌管这一年人间的福祸，这位神仙就叫作"值年太岁"，六十年就有六十位太岁，所以，元辰殿里面的神仙也叫作"六十甲子神"。

老北京城里有个传统，每年农历的正月初八老百姓都会到白云观里"拜太岁"，不仅拜自己的本命太岁，即出生年的太岁，还得拜一下当年的当值太岁，这当年管事儿的神仙可不能忽略，俗话说"县官不如现管"，这种祈求平安、如意的仪式就叫作"顺星"。

如今的"顺星"仪式，可比过去简单多了。进入 21 世纪，人们的生活也进入了"快餐时代"，一切都讲究简单、实用，印有六十甲子神的护身金符就成了大家的最爱。人们进元辰殿拜完了神，再请了护身符，回去放在钱包里或是枕头底下，让自己的守护神和身体来个亲密接触，把一切妖魔鬼怪都拒之门外了。所以，来这里的人，不仅不保密自己的年龄，而且还都规规矩矩、清清楚楚地报上自己的生年。求神仙保佑，你先得实话实说。

道教是多神崇拜的宗教，神仙多得都数不过来。其中最重要的一个特点就是许多神仙都是现实生活中的人物，因为积德行善而被封为神仙。这"六十甲子神"中好多都是历史上有名有姓的真人。道教中女仙也是很多的，像王母娘娘、何仙姑等，她们可都是"女强人"。不过这六十位神仙，可清一色都是男性，看到这里，女性朋友们不要感到郁闷，因为在元辰殿的正中，还供奉着一位女神仙——斗姆（母）元君。

顾名思义，斗姆元君就是北斗众星之母，那么，为什么北斗星又在道教中这么受重视呢？太上老君说"道可道，非常道"，道教追寻的就是这个"道"，也就是宇宙之道、自然之道。天上的星星总是不停地转动，来回地改变自己的位置，只有北斗众星位置不变，道教认为北斗是天地的总枢纽，是天地斡旋、四季循环的总根源。所以，作为北斗众星之母的斗姆元君，也就是宇宙万物之母。元辰殿里的斗姆像有三只眼睛、四个脑袋、八条手臂，显示出她的法力无边，但是脸上的表情又透露出母爱的慈祥。

道教认为天地万物的生化，都是由阴阳五行的运转所带动的。但阴阳五行的运转并不总是那么正常，就像人们的身体也有时会阴阳失调一样，宇宙中阴阳二气的流行有时也会失去平衡，金木水火土五行星的运转也会出现偏差。阴阳失衡则风雨不调，五行错度即灾厄横生，天地之间流行乖戾之气，所以需要斗姆元君以其无边神力予以调节，从而保持宇宙万物生生不息的强健活力。

最后要说的是元辰殿前"会神仙"。道教全真龙门派创始人丘处机曾做过白云观的住持，并且仙逝后他的"遗蜕"就埋藏在观内的地下，所以纪念丘处机的"宴丘节"是老北京庙会最重要的节日。

丘处机的生日是正月十九，相传在这一天，各路神仙都会"下凡"来为他祝寿。神仙们为了不扰民，都是乔装打扮地来到人间。有的化装成乞丐，有的扮成文人，还有的变成做小买卖的，混迹在凡人之中。有缘相见者，可以祛病延年。老百姓都想见神仙一面，以求得一年平安吉祥，所以观中百十位道人三五成群地静坐等候。老百姓也会从正月十八的午夜一直守候到正月十九的白天，带着干粮、背着水，做好不见神仙不回家的准备，期盼着能有一次"神交"。因此，在西院元辰殿前的院子里，聚集着上千人，那场面真是热闹。

而那些无意于"遇仙"的人，则可以在观前广场上尽兴玩要。做樗蒲博戏的、赛马射箭的、表演杂技的，"怒马雕鞍""戴竿跳索"，热闹非凡，真是"观前尘埃飞""人多曲巷填"。有一首诗描述当时的宴丘盛会说：

京师胜日称燕九，少年尽向城西走。
白云观前作大会，射箭击球人马蹂。
古祠北与学宫依，箫鼓不来牲醴稀。
如何义士文履善，不及道人丘处机。

到了正月十九的中午，这干粮吃完了，水也喝光了，无论是见着神仙还是没见着神仙都该回去了，到了下午，这白云观里也就清静了。所以，严格地说白云观的庙会是十八天半，以最后这"宴丘节"为最高潮。

如今的白云观，已然湮没在北京城的繁华之中，庙会的传统也离人们的生活越来越远，但是积淀了千百年的厚重历史和丰富的道教文化已经深深地嵌在了白云观的一砖一瓦上，这种古老的烙印，使白云观像一位"大隐隐于市"的仙人，卓然独立在喧闹的都市，固守着自己心中的至真。世事几经沧桑，宴丘庆胜的风俗渐渐衰落，白云观的亭台楼阁却仍保持了它侈丽瑰玮的风貌。开放日的白云观，游人如织，香烟缭绕，成为北京城一个非常热闹的去处。却不知宴丘胜日，有人得见仙人否？[①]

---

① 根据张兴发、冯鹤、郝光明编著《龙门祖庭白云观》改编，第178~196页。

第六章　　组织建设

　　白云观自丘处机建立十方丛林制度、设立十方丛林管理组织以来，直到新中国成立，才采取新老结合的管理模式，即新型的民主管理委员会与老的十方丛林管理相结合的方式。白云观在此基础上还支持中国道教协会和中国道教学院的建设与发展。

第一节　　十方丛林

　　道教宫观庙宇有两种不同属性的区别：一种是子孙庙；一种是十方常住（十方丛林）。子孙庙收徒弟代代相传，不论庙的规模多么大，只能称小庙而不能称常住，更不得悬挂钟板，如果日常事务以钟板为号令的话，就得改成半十方性，就得留单接众安排十方道友以相应的职务。悬挂钟板的子孙庙是升了格的庙宇，称为"子孙常住"。十方常住亦称十方丛林，有传戒特权而不得私收徒弟。这种宫观是属于全国道教徒公有的性质，地不分东西南北，派不分正一、全真，凡是满发大领的道教徒人人都有享受挂单居住的权利，同时人人都有保护宫观的义务。十方丛林皆备有全国三山五岳各宗各派的"字派"，凡常住挂单道友，号房、客堂可按簿查对法派留单或转为执事。

　　凡是十方常住，在常住附近都设有方便小庙或房舍，如北京白云观的外茶房、山东济宁常清观的青华洞、河南南阳玄妙观的庄房、陕西八仙宫的油房、陕西楼观台的巡田庵、湖北武昌长春观的安家湾庄房等，这些地方是为了有些道友经典生疏，常住挂单背经不熟顺，暂时有个熟悉经典的吃住所在。临时暂住，在道教的术语中叫作"借单"。这些地方的设置也是给乡间或外地道友来省城办事提供一个吃住方便的地方，或者供年老道长退居养老的场所。

新中国成立之前，全国比较著名的十方常住道教宫观有北京白云观、沈阳太清宫、山东常清观、河南玄妙观、陕西八仙宫、陕西楼台观、陕西张良庙、四川二仙庵、湖北长春观、江苏常州玄妙观、上海白云观、浙江宁波佑圣观等，并且道门内有一种普遍看法：哪个省的十方常住兴旺、规范严，哪个省的道风就比较好。道门中的这种认识，说明十方常住规范对道教的影响是非常大的。

十方常住也叫十方丛林。"丛林"是比作茂密山林的意思。深山老林往往有修真之士隐居其中，常住中也往往不乏高人逸士。深山老林万物丛生，十方常住道众荟萃，故常住有丛林之称。

十方常住日常行为和举止都有节制规矩，是陶冶情操、学习道教规法威仪的场所。这种制度开始于白云观开山祖师丘处机，丘处机主张道人要住庵，即"常住"。"常住"这一名称，在金、元时代的道士著述中是常用词。"常住"有一套系统的管理体制和管理方法，这种体制和方法是建立在民主和大公无私基础之上的。十方丛林之所以几百年沿袭不败，根源就在这里。因此，监院、都管这些负责人，一般都是由品行端正、守戒精严之士担任。他们一旦受道众委托上任，多能兢兢业业，唯恐在自己任职期间把常住事务搞坏，贻谤于道众。所以，他们期待任职期满，光荣退职，很少有"恋栈之徒"。这种自觉让贤、甘居人后的风尚，也是管好常住不致毁败的原因之一。

十方丛林经过丘处机的创立、尹志平等人的完善与传扬，逐渐形成了完整的执事体制。常住执事，监院以下，可以概括为"三都五主十八头"。有客、寮、库、账、经、典、堂、号等执事，也有根据常住不同情况专设执事名称的，这仅是少数情况而已。"三都"指都管、都讲、都厨。"五主"指堂主、殿主、经主、化主、静主。"十八头"指库头、庄头、堂头、钟头、鼓头、门头、茶头、水头、火头、饭头、菜头、仓头、磨头、碾头、园头、圊头、槽头、净头等。

客、寮、库、账、经、典（点）、堂、号，叫作"八大执事"。这在全国各常住都是共通的。

客，是客堂，是常住中的一个大寮口，客堂中的执事人员叫"知客"，知客平常有三五个不等，知客人员也分先后次序，最先的叫头单知客，其次为二单、三单……原来的头单知客，或转别的职务，或起单走了，原来的二单就成了头单。在无总理人选时，头单知客实际上担负着总理职责。"总理"通常住客堂，既协助监院、都管总理事务，也是众知客的首领。

寮，是寮房，也是一个大寮口，寮房的执事人员叫"巡寮"，平常也是有三五个不等，也有头单二单的秩序。在无巡照或纠察的人选时，头单巡寮实际上担负着众巡寮的首领责任。巡照或纠察通常住在寮房，是寮房首领。各大常住一般是设巡照不设纠察，设纠察不设巡照，在传戒时，巡照纠察齐设。

库，是库房，负责人称为"库头"，事务忙时可增加一名副手，名"贴库"。

账，是账房，执事名称就叫"账房"。一般只设一人，有的常住设内账房和外账房两名。其分工，相当于现在的会计和出纳。

经，是经堂，经堂执事称"经师"，经师首领是高功。若设经主时经主也住在经堂内。

典（点），是典造（有的常住称"点座"），典造是大厨房的首领，大厨房是常住重要的寮口，是道众司命，最为辛苦，所以常住给典造以"保单""保香"的特权。大厨房也是常住最大的寮口，饭头、菜头、大小火头、水头、贴案、杂务等都是大厨房的执事。

堂，是十方堂，有的常住叫云水堂。北京白云观旧社会设十方堂、云水堂两个堂口，单日挂单道友送云水堂，双日挂单道友送十方堂。十方堂或云水堂执事称作"堂主"。

号，是号房，是挂单道友初审的地方，号房也称"迎宾"，执事称作"号房"或"迎宾"。

都管、总理、巡照、纠察、客寮统称为"首领执事"，其凡是需要施行内拜客的，统称"果茶执事"。也有把客、寮、库、账称作"内四寮"，经、典、堂、号称作"外四寮"的。除上述执事外，还有些杂役执事，统称"散单执事"。如夜巡、洒扫、钝板、巡田、巡山、老人堂主、官木匠、官裁缝、副殿主、行堂、侍者、知随、小典造、买办，庄稼院子有场头，武昌长春观有高功经等。

根据丘长春祖师《律坛执事行为榜》云："窃闻云水大众，原系四海同居。既入坛下，必须通知模范。功行悉备，不异先贤。自今云水相逢，烟霞集会，倘得道遇师，师边得旨，恒心觉悟，了却出世家风；竭志修持，堪作升仙活计。如若不谨，后悔何及，凡诸执事各宜勉之。"①

（1）方丈：方丈乃人天教主，度世宗师。演龙门之正法，撑苦海之慈航，常怀传贤之心，素无吝道之意，作全真之模范，律门之纲领，阐扬大道，以德化人，无功不积，无善不为，天人共仰，一切咸钦，非有道之师，不可立也。道士必须受过三堂六戒，接过律师传法，始得称方丈。开期传戒，称作律师。"法"即法统，法统是历代律师的履历及放戒次数和放戒时间。每堂戒的"天字号"是当然接法人，但也须度德量力，如无条件接法，可让其他戒子接法，免得接法后传不出去背过遭冥谴。

（2）监院：俗称当家。监院是常住栋梁，大众纲领，必须道德齐备，仁义兼全，才智过人，威仪可法，通道明德，待众以谦，宽宏大量，弱己卫众，柔和善良，明罪福因果，功行俱备者乃可当此大任。倘有不肖，都管、总理稽查明白，禀告方丈依规公论，轻则罚斋，重则议换。监院由常住道众全体公选，本常住无此人才，也可以到其他常住或小庙选请。三年一任，可以连选连任，任期如犯重大过失，可以随时下普板请大众，宣明过失，辨明是非，免职撤换。本人不得借社会势力压众。

（3）都管：都管乃常住之统理，道众之表率。其以道德蕴于心胸，以仁义彰于形状，松筠节操，水月襟怀，才智兼全，威仪内慎，宽以待人，谦以持身。常住一应大小事务，一年四季散发单钱，出入账目，往来人情无不提理。运度检点、净心无私、赤心办事，方不负尊位之任。倘有徇私、懈怠，方丈率众升堂，依规公论。轻则罚斋，重则抽单（即撤职，转其他职务）。

（4）都讲：管理闇堂、钵堂、诸经讲义、威仪等事，非有

① 邢赴灵等撰，李礼清记，纪至隐编辑《全真须知》，第8~17页。

道学之士，不堪当此任。

（5）都厨：管理厨房各项派遣，大众三餐，日日多寡，以免剩斋糟践，倘有添减单客，分派菜羹，各件斋肴，须要秉公之士以当此任。倘有不公，议换抽单。

（6）静主：坐静安圜，管理圜堂修行坐静之人，常谈圣真经教，不言杂语，非通道德之士不可任也。倘有公私人我，一例罚斋。

（7）殿主：乃恭洁精虔之士，时常殷勤洒扫，谨慎香灯，虔洁供器，并监理经师。倘有不恭懈怠，或冒渎上圣者，罚油入库。

（8）经主：当选洞明经典、科仪规范、忌讳、礼法，动静肃恭、威仪诚敬、精洁恭虔之士任之。凡修奉经典，关系教门兴颓，未经师传者不许入经堂。三时功课，朔望朝贺，勿得轻浮狂躁，不遵者罚香。

（9）化主：导引贤良，开化福善，募缘于仁人君子，积功于圣境灵坛。常住不足，仗以尽心。非熟明因果，善于酬对之士不能任此。当思利人利物，毋得徇己徇私，倘有偏私，罚斋供众。

（10）高功：清静身心，阐扬教法，随坛作仪。主持大小法事，上表迎驾一切朝事，经典玄律、科范威仪、虔洁规模等类，不得轻浮狂躁，对越金容当严肃恭虔，违者罚。

（11）经师：诵太上之经典，礼天尊之宝号，祈福迎祥，度亡生方，演音喊韵，同声应和。普结善缘，阐扬教范，为科教之主者。非师传苦学，不胜此职。

（12）提科：乃提音接咏，须喉音清澈。滴滴鱼鸣，直透九霄。虔诚威仪，道妙长兴，随声应和，聪明殷勤，大小法事不可疏忽。非博学经师不克此职。

（13）表白：跪宣文函，清音雅咏，字句清晰，虔诚恭敬，上申天庭，毋得失仪。字有不识，须先证明，勿失规范，不比常文。非博学经师不克此职。

（14）总理：客堂之首领，常住之重职。接待宾客，办理内外公事，非道德学问之士不胜此任。

（15）知客：常住之仪表，须谦恭敬让，礼貌端庄，深知世务，通达人情，迎送必合清规，酬对要依玄范，虚怀应客，正己待人。倘有骄慢不恭，徇私舞弊者重罚。

（16）巡照、纠察：寮房之首领，常住之监察，统辖大小执事，代天宣化，赞祖阐扬，提拔有德高人，巡察犯规羽士。公平办事，按律施行，不得徇私舞弊。明知犯规而徇私不举罚者，依规公论，轻则换之，重则逐罚责出。

（17）巡寮：办理常住一切公干，安排执事，巡察一切杂事，查管众执事，抽补升迁，提调机密，不得为私怨而废公，亦不得为私恩安排己友。须正直忠谨之士当此重任。

（18）海巡：查理执行一切公事，经堂斋堂、各殿香灯、各寮杂件、窜寮口角、透漏常住、不公之类。须秉公之士任之。

（19）公务：主理佃写田地房屋，催讨租课一切欠贷银钱货物。讨理阴地，经理地界、山、树一切等件。凡卸职不当，必将新陈租欠，还期远近，开列清单同客寮交接，尤须领接手人到欠户交代清楚，方可脱身，不误常住之事。

（20）庄头：有内庄头与外庄头。内庄头管大小农具之保管、修理。外庄头提调伙计（雇工）劳作及四时庄稼耕耘播种收获。须勤俭之士任之。

（21）库头：主管一切斋粮供品、海味山珍、油盐酱菜、金银珠玉、财物器皿等件。必须出入有账，收放得宜，保管妥帖。非正直清廉、耐心细致之士不可当此任。如有奸弊私徇，差失隐匿，轻则罚斋，重则抽单逐出。

（22）账房：管理各簿籍账项，为财会总司。收支费用，账目清白。每月初四日，客堂设座，对众清算上月账项，须清洁之士当之。倘有账目不清，徇私舞弊，一经查出，轻则罚斋，重则抽单。

（23）典造：或称典座、点造。为大众之司命，常住之根本。办理斋馐，调和六味，精修供献，调理饮食，所以格天真而歆享，资道众以和身。谨记入厨先净手，对案莫开言。厨中食用，皆十方脂膏，必须用度合宜，不可妄费供养。须勤洁之士当之。如不净不洁，未供先尝，私造偏食，查出跪香，重则催单。

（24）堂主：指的是十方堂或云水堂主。堂主管挂单道友之端庄，察单客言谈之学修。交代挂单道友谨守堂规，凡未转单不许离堂口，如要登厕，先向堂主告知，或看书或养息，不得高声谈笑。违犯堂规，堂主有催单之权。非持身谨严、宽宏量德之士不堪此任。管理云水客等来挂单之士，监察持戒威仪及违律等事，必须明达正真之士乃可任之。

（25）号房：亦称迎宾。为考查盘诘挂单道人之真伪，以防假冒混入常住。依规详问，抽背经典。号单、号牌写清宗派、姓名、年龄、籍贯、身形面貌、出家庙宇及三代姓名，细查来历写贴挂号送客堂复问。必熟悉经典，晓明各宗派系，非精明之士不可任。如诘问不依规矩，会被"老参"耻笑，有失常住用人之当。故当审慎其事。

（26）监修：负责兴工整修，造置楼房殿阁、河堤墙垣等。

选工任人，监督修建，须择懂得修建、精明殷勤之士任之。不得舞弊勾手贪污，亦不得假公济私挥霍资财，如有污弊，追赃革出。

（27）主翰：亦称书记。洞明道典，楷书工整，表疏申状，依格科式，不得自作聪明，冒渎圣真。如书画兼能，通晓书帖款式，尤为清尚。如书写表疏不恭不敬，牒札符命不依格式，懈怠误事者罚。

（28）买办：凡出入买办，账目清白，所用供品斋疏，要入库房酌议，开单买办，不得染指，有坏道心。一月一算，对神盟誓，乃公正清廉之士所司。不得私弊，违者迁单。

（29）贴库：库头之助手。料理杂事，计清进出器皿。油盐米面，将尽早报，毋得私弊，若其查出，轻则另换，重则迁单。

（30）坐圜堂：诚心养神，静寂周天，回风混合，坎离成象，火候调均，玄珠出鼎，神化无方，此乃修全真之梯磴，非通道之士不可立也。

（31）茶头：洁备净泉，烹煎玉露，献供仙圣，延奉高真，运水须净泉源，人我必戒污秽。早上前五板报火即起，殷勤炉炭，壶欢水长，敬宜细功。晚上前二板止火封固，毋得妄用。妄费常住者乃为罪过，劝说不听则另换。

（32）洒扫：亦称净头，洒扫阶庭务要洁净。洒以润尘，扫以除秽，勿使尘土飞扬，误者有过，故意者迁单。

（33）磨头、碾头：粮要筛簸淘洗，米须洁净，面要细罗。上供高真，下结道众，为抢功夺行之职，其功甚大，须勤俭之士任之。

（34）园头：栽种四季菜蔬，切防肖小盗窃，早报厨中，供侍大众，勤行灌溉，勿致有缺，靡损妄费者抽单，私心者罚。

（35）水头：提桶运浆，调食上供，大众茶饭菜食非水不成。水中有虫即拣出放生，不得灌入缸、锅，如有故意，一大罪过。众沾水土之恩，须争功夺行之士任之。

（36）火头：早则开静先起，晚则止静方眠，职司夏令，每日三次，是其候也。须宜火候调均，分其大小次序。造供作食非火无成。切忌秽柴入灶。须洁士可以任之。

（37）圊头：夺功争行之任，出其自愿领受，常须担除粪便，打扫干净，厕内清洁，出入欢忻，为功也。圊头为常住极脏极累之苦行执事，故常住赋予保单、保香特权。

（38）夜巡：夜晚巡夜，按更击板，前五板报火、报门不得有误。

（39）钟头：职司开静、止静击大钟。击钟应念钟文。

（40）鼓头：职司开静、止静击大鼓。钟、鼓皆有规法，不得紊乱，交接亦有定规，紊乱者罚跪香。

（41）巡山：山林树木为庙宇之壮观，隐居之护卫，为防人盗伐，分防巡察以保无虞，毋得徇私卖放，倘有情弊，查出重罚。

（42）行堂：斋堂过堂，碗筷洁净，添菜须看所需。乃普结善缘之职。斋堂不洁净，碗筷不干净，是为失职，说之不听则另换。

（43）堂头：斋堂之主。斋堂香火、化供出食，击点（云板）让斋。过堂道众如有碗响、筷落，堂头压签罚之，监院、都管受罚，打小食供众。散单受罚，跪香。

（44）杂务：大厨房之杂役，兼司司命香火。

（45）门头：司山门之锁钥，稽查出入携带，常住公物不得带出山门。夜间不得擅开山门。如有徇私，查出催单。

（46）钟板：钟板为常住号令，开静止静，烧香上殿，全听钟板。钟板为常住标志，小庙不得悬挂钟板。司其职者须谨慎从事，按时挂板，不得紊乱钟板，紊乱者罚跪香。

以上系常住执事人选条件及所司职务。谨按丘祖执事榜规所云：

> 以上条款，伏望人人着意，个个留心，倘有推托依靠等情，大众自有真实公举。两堂功课宜持，五品皇经莫怠，十方有志高人住者自当恭敬，不可独善其身。倘外明而内暗，或口是而心非，或阳奉而阴违，或公入而私出，十方檀越视我为贪鄙之徒，护法灵官自有分明报应。宁教诸人负我，不可我负诸人。①

白云观因丘处机创立全真丛林制度和传承全真龙门派思想，而被道门公认为全真天下第一丛林和全真龙门祖庭。龙门派因丘处机曾隐修陕西龙门洞而得名，是全真门派中影响最大的道派，传承的是钟吕金丹道的修炼思想，提倡三教平等，认为儒、道、释的核心都是"道"。其宗教实践原则是"苦己利人"，实行出家制度。白云观龙门派除继承中国传统道家思想以外，更将符箓、丹药、斋醮科仪等思想文化内容重新整理，为今时今日道教的发展打下了坚实的基础。

龙门派修持以丹功为主，兼修外丹符箓，主张性命双修，先修性，后修命。其认为修真养性是道士修炼的唯一正道，除情去欲，明性见道，使心地清静，才能返朴归真，证道成仙；

---

① 邢赳灵等撰，李礼清记，纪至隐编辑《全真须知》，第 8～17 页。

规定道士须出家住观，严守戒律，苦己利人；对犯戒道士有严厉惩罚，有跪香、逐出甚至鞭笞。

元初，丘处机受到成吉思汗的尊敬，称其为"神仙"，他让弟子举善于战伐之余，并为民众所称道，影响甚大。丘处机羽化后，尹志平、李志常、宋德芳等高徒嗣教，布教于四方。

元、明之际，龙门派得到了大发展，出现了以戒律密传的"龙门律宗"。据王常月《钵鉴》记载：龙门律宗以丘处机门下赵道坚为第一代律师，赵传张德纯，张传陈通微，陈传周玄朴，周传张静定、沈静圆，分为二支；张静定一支由张传赵真嵩，赵传王常月，为龙门第七代律师，开坛传戒，被誉为"龙门中兴之祖"，龙门派遂传衍更盛，形成诸多枝叶岔派；沈静圆一支由沈传卫真定，卫传沈常静，至周太郎，二支又合为一体传衍。《道统源流》称龙门律宗从第三代陈通微，第四代周玄朴，第五代沈静圆一系，别名"龙门灵宝派"，是以兼传灵宝法箓。

清初，龙门派不但盛传于东南，而且遍传东北、西北、西南、华南等地，高道辈出，如龙门第七代郭守真开关东全真道；第八代徐守诚传道于江西南昌西山，伍守阳传内丹于江西；第十代高道刘一明住甘肃兰州栖云山，著书立说；第十一代曾一贯开广东罗浮山丛林。龙门道士陈清觉入川传道，开碧洞宗。龙门派的教义思想继承于王重阳，以清心寡欲为修道之本，到王常月中兴龙门时，力求恢复全真初旨，强调真功真行，以持戒为基础，见性为根本，闵一得进一步融摄儒释，开"龙门方便法门"，以三教同修，唯重五伦八箴，修身寡过。

如今白云观仍然珍藏有《诸真宗派总簿》列有丘处机龙门派目"道德通玄静"等一百字辈，现已传法到第二十二代王理仙律师。《诸真宗派总簿》另列有龙门支派，尚有明代孙玄清所传金山派、第十五代齐本守所传金辉派、第八代阎晓峰所开茅山乾元观阎祖派等。

总之，不管龙门派在全国如何发展，皆尊白云观为龙门祖庭。

第二节　白云观民主管理委员会

1979 年，中国道教协会恢复工作，刘之维道长当选为白云观监院。1984 年，白云观陆续从外地请来老道长和来观参访的年轻全真道士常住，加上中国道教协会的全真、正一两派道士，当时在观中的道士有 60 多人。同年，白云观成立"民主管理委员会"，实行十方丛林管理制度，推选监院、知客、都管等执事，刘之维监院担任民主管理委员会主任，主持观务。

1986 年 12 月 22 日，农历十一月二十日冬至，这一天是道教圣祖元始天尊的诞辰，白云观按道教传统仪轨举行了新任监院升座仪式。为了恢复道教丛林的传统职称，白云观经过全体道众充分酝酿和预选，选举全真龙门玄裔黄信阳道长为监院，并选举产生管理委员会成员，黄信阳担任管理委员会主任，对宫观实行民主管理。冬至这一天，白云观道众喜气洋洋，上午 9 时，全体道众衣冠整洁，在三清殿内举行监院升座仪式，道众在元始天尊圣像前诵经礼拜、上表祝愿，净斋念供。新任监院黄信阳在悠扬的钟磬声中，拈香礼拜，敬祈祖师护佑、道法兴隆。中国道教协会副会长刘之维代表中国道教协会致贺辞说："今天，白云观举行新任监院升座仪式，是值得庆贺的日子。1962 年，白云观曾举行过一次方丈升座典礼，距今已二十多年了，其间经过了'十年动乱'。十一届三中全会以来，党和政府全面落实宗教信仰自由政策，我们才有今日。"他希望全观道众团结一致，为弘扬道教、振兴中华，齐心协力把白云观庙务工作做得更好。白云观老道长和青年道友在代表全体道众发言时说："祝愿新任监院承担重任，带动全观道众，团结一致，阐扬道法，丕振玄风，把教务工作和管理工作做好，为全国宫观做出表率。"最后，新任监院黄信阳在就职发言中表示，决心依靠和团结全观道友管理好庙务，为发扬道教的优良传统，为祖国建设做出自己应有的贡献。请大家共同督促，不时提出批评与建议。中国道教协会在京的常务理事、理事出席了这次仪式。

1989 年 11 月，值白云观王理仙方丈升座之际，黄信阳当选为白云观监院，组成新一届民主管理委员会，出任主任。

1999 年，白云观管理委员会进行换届选举，尤法肇、李宇林当选为白云观副监院，尤法肇担任管理委员会主任，负责日常事务。后来，尤法肇请辞去广东参访学习，由李宇林担任管理委员会主任，继续管理白云观日常事务。

2005 年、2010 年、2015 年，白云观分别举行了三次民主选举，李信军被推举为监院兼管理委员会主任，全面负责白云观的管理。

2021 年 8 月，白云观举行方丈升座仪式，李信军升座为白云观监院。

第三节　中国道教协会

中国道教协会成立于 1957 年 4 月，是全国道教徒联合的爱国宗教团体和教务组织。

1956 年 11 月 26 日，全国各地区、道教各宗派著名人士岳崇岱（全真派，沈阳太清宫方丈）、孟明慧（全真派，北京火神庙住持）、刘之维（正一派，北京寺观管理组负责人，前门关帝庙原当家）、杨祥福（全真派，上海白云观监院）、尚士廉（全真派，泰山岱庙当家）及著名道教学者陈撄宁（居士，浙江文史馆研究员）等 23 人相聚于北京，倡议成立中国道教协会筹备委员会，着手筹备成立中国道教协会的工作。

1957 年 4 月，中国道教界第一次全国代表会议在北京召开。4 月 12 日，正式宣告成立中国道教协会，会议选举 61 人组成了第一届理事会。理事会推选岳崇岱为会长，汪月清、易心莹、孟明慧、乔清心、陈撄宁为副会长，陈撄宁兼任秘书长。会议通过《中国道教协会章程》，其宗旨是："联系和团结全国道教徒，继承和发扬道教的优良传统；在人民政府领导下，爱护祖国、积极参加国家的社会主义建设和保卫世界和平运动；协助政府贯彻宗教信仰自由政策。"中国道教协会会址设在北京白云观内。会议结束后，4 月 15 日上午，中华人民共和国副主席朱德、李济深，国务院宗教事务局局长何成湘等在中南海接见与会全体代表及部分工作人员，并合影留念。

图 62　1957 年 4 月，朱德副主席接见中国道教协会成立会议代表合影

中国道教协会成立后，由岳崇岱会长、陈撄宁副会长兼秘书长、黎遇航副秘书长驻会主持工作，下设办事机构为办公室，用近一年的时间全面修缮了北京白云观。中国道教协会开展工作不久，全国掀起"反右"斗争政治运动，波及道教界。1958年春，中国道教协会在北京西郊宾馆召开理事扩大会议，开展"反右"斗争。岳崇岱会长被打成"右派"分子，回沈阳太清宫后去世。中国道教协会由陈撄宁代理会长，维持日常工作。

中国道教协会第二次全国代表会议于1961年11月1日在北京崇文门内新侨饭店召开。会议选举65人组成了第二届理事会，推选陈撄宁为会长，易心莹、孟明慧、乔清心、蒋宗瀚、黎遇航为副会长，黎遇航兼秘书长。会议讨论并决定了以下几项工作：（1）道教协会研究工作五年规划；（2）决定出版《道协会刊》；（3）开办"道教徒进修班"；（4）动员道教界注意保护道教经典及道教文物古迹；（5）推选蒋宗瀚道长任北京白云观第二十二代方丈。会议期间还修改了《中国道教协会章程》。会议结束后，国务院副总理习仲勋、中共中央统战部副部长张执一、国务院宗教事务局局长肖贤法等在全国政协会议厅接见全体代表，并合影留念。会后，中国道教协会新设了研究室，开展道教研究工作；出版了《道协会刊》；开办了"道教徒进修班"；白云观隆重举行了蒋宗瀚方丈升座典礼。

中国道教协会在1967年至1979年因"文化大革命"停止工作，1979年9月恢复工作、活动。1980年5月7日至13日在北京召开第三次全国代表会议，各地代表52人出席。会议推选黎遇航为会长，王教化、陈理实为副会长，王伟业为秘书长，刘之维、张常明为副秘书长。会议对《中国道教协会章程》做了修改，提出新的宗旨："团结全国道教徒，继承和发扬道教的优良传统；在人民政府领导下，积极参加社会主义现代化建设；协助政府贯彻宗教信仰自由政策；推动和开展道教研究工作；反对霸权主义，维护世界和平。"会议还通过了《致台湾省道教界书》。

1986 年 9 月 8 日至 17 日，中国道教协会第四次全国代表会议在北京白云观举行，出席会议代表 94 人。会议推选黎遇航为会长，王教化、刘之维、傅元天为副会长，李文成为秘书长，闵智亭、张继禹、黄明、黄信阳为副秘书长。会议期间，中共中央统战部、国务院宗教事务局举行茶话会，招待全体代表，并宴请中国道教协会第四届常务理事。中共中央统战部武连元副部长在茶话会上做了重要讲话。9 月 17 日，中共中央政治局委员习仲勋、全国政协副主席杨静仁、赵朴初，中央统战部部长阎明复、国务院副秘书长张文寿、国务院宗教事务局局长任务之等，在人民大会堂接见了全体代表，并合影留念。接见时，习仲勋做了重要讲话。

从 1986 年 9 月到 1991 年 9 月，此届理事会任期五年内，除经常性工作外，中国道教协会主要做了以下几件大事。

（1）将创刊于 1962 年的不定期的道教协会内部刊物《道协会刊》改版为《中国道教》季刊，国内外公开发行。

（2）1987 年，与北京市西城区文化单位一起，为适应民俗节庆、活跃人民生活与满足信众迎春祈福的要求，恢复了白云观庙会。

（3）1987 年 5 月 8 日至 13 日，应香港道教信善紫阙玄观邀请，与北京白云观联合组成了以副会长、白云观监院刘之维为团长的访问团，访问香港道教界；1988 年 6 月，应加拿大多伦多市道家太极拳社蓬莱阁道观邀请，选派闵智亭、谢宗信两位道长前去主讲道教哲学和道教气功健身法。

（4）1988 年 6 月 17 日，举办了第五期道教知识专修班（坤道班）。

（5）中国道教协会四届二次常务理事会讨论并通过了《中国道教协会关于道教宫观管理试行办法》。

（6）1989 年，白云观用募缘方式筹集资金，复建了窝风桥，首开向外募缘建庙之例。

（7）1989 年 9 月 5 日，与全国政协宗教委员会一起，为纪念近代道教著名学者陈撄宁先生仙逝 20 周年，在北京白云观隆重举行纪念会。

（8）中国道教协会组织白云观在中华人民共和国成立后首次开坛传戒。

（9）成立中国道教学院。

（10）1984 年 9 月 8 日，成立道教文化研究所。

（11）协助北京白云观与中国音乐学院、北京音乐家协会共同物色选拔人才，组成北京白云观音乐团。

1992 年 3 月 2 日至 6 日，中国道教协会第五次全国代表会议在北京京丰宾馆举行。与会代表来自全国 23 个省市，其中正一派 20 人，全真派 88 人，学者 3 人。会议推选傅元天为会长，谢宗信、闵智亭、陈莲笙为副会长，李文成为秘书长，张继禹、黄信阳、陈兆康为副秘书长。会议学习了江泽民同志"七一"重要讲话和全国宗教工作会议精神；听取和审议了第四届理事会工作报告；修改通过了《中国道教协会章程》和《道教宫观管理办法》，讨论通过了《关于道教散居正一派道士管理暂行办法》以及交流宫观管理和自养的经验等。具体事务如下。

（1）1992 年 10 月，与西安市道教协会、西安八仙宫联合举办了西安中国道教文化研讨会。

（2）1993 年，举行道教界先进集体先进个人表彰大会。

（3）1993 年 9 月 17 日至 23 日，协助北京白云观、香港青松观、台北指南宫在白云观举行护国佑民罗天大醮法会。

（4）1995 年 11 月 1 日至 25 日，在四川青城山主持全真派第二次传戒活动。

（5）1995 年 12 月 5 日至 7 日，在江西龙虎山组织和领导正一派首次授箓活动。

1998 年 8 月 20 日至 24 日，中国道教协会第六次全国代表会议在北京前门饭店召开，出席本届大会的有我国各地道教界人士 188 人，因故缺席 9 人。会议期间，代表们对《工作报告》做了认真审议；对国家宗教事务局叶小文局长在会议上就中国道教协会今后工作所做的讲话，进行了学习讨论；对中国道教协会提交会议的《中国道教协会章程》《道教宫观管理办法》《关于道教散居正一派道士管理暂行办法》的修改稿，进行了讨论和修改；大会选举产生了中国道教协会第六届理事会、常务理事会和新一届领导成员班子，会长闵智亭，副会长张继禹、任法融、刘怀元、王光德、黄信阳、黄至安（女）、丁常云、唐诚青、赖保荣，秘书长袁炳栋；针对我国长江、嫩江、松花江流域遭遇特大洪水造成的严重灾害，大会主席团倡导"全国道教界，爱心献灾区"的赈灾募捐活动，共捐款 410 多万元，支援灾区人民重建家园。8 月 24 日下午，大会在祥和、团结的气氛中闭幕。大会圆满结束后，中共中央政治局常委、全国政协主席李瑞环代表党中央、国务院对中国道教协会第六届代表会议的圆满成功表示祝贺，同中国道教协会第六届领导班子座谈，并会见出席此次代表大会的全体代表，会后与代表们合影留念。

2005 年 6 月 22 日至 24 日，中国道教协会第七次全国代表会议在北京国谊宾馆召开。本次会议的代表来自全国 29 个省、自治区和直辖市，共计 243 人，因病、因事请假 6 人，实到 237 人。这是历年来道教界规模最大、代表性最广泛的一次代表会议。24 日上午，中共中央政治局常委、全国政协主席贾庆林，全国政协副主席、中共中央统战部部长刘延东等党和国家领导人在人民大会堂亲切接见了与会的全体代表。贾庆林主席发表了重要讲话，并与代表们合影留念。会议期间，与会代表学习讨论了刘延东部长、叶小文局长的重要讲话，学习了《宗教事务条例》，审议并通过了张继禹道长代表第六届理事会所做的《工作报告》，修改并通过了《中国道教协会章程》《关于正一派道士授箓的规定》《关于对国外正一派道士授箓的试行办法》《关于道教宫观方丈、住持任职离职的试行办法》《关于全真派道士传戒的规定》。会议经过充分协商和酝酿，选举出第七届理事会理事 122 人，由理事会选举产生由 60 人组成的常务理事会。选举任法融为第七届理事会会长，张继禹、杨同祥、黄信阳、黄至安（女）、丁常云、唐诚青、赖保荣、刘怀元、王全林、林舟、张金涛、张凤林为副会长，袁炳栋为秘书长，聘请陈莲笙为顾问。会议于 24 日下午通过各项决议后胜利闭幕。

2008 年 11 月 20 日上午，中国道教协会办公会所暨中国道教学院校舍建设奠基仪式在北京白云观举行。国家宗教局副局长齐晓飞，中国道教协会会长任法融、副会长张继禹，全国政协民宗委、中共中央统战部、国家宗教事务局以及北京市相关部门 150 余名代表参加奠基仪式。

奠基仪式由中国道教协会副会长黄信阳主持，齐晓飞副局长和任法融会长分别致辞。任法融会长在致辞中代表中国道教协会和全国道教界同仁，感谢中央领导对道教界的关怀，感谢国家宗教局及相关部门对项目建设的关心和支持，并就项目建设进程中应注意和解决的问题提出了要求。北京白云观的道长为工程奠基举行了祈福迎祥道场。

中国道教协会自 1957 年成立以来，一直借用北京白云观的房屋办公。2004 年初，中央决定拨款支持全国性宗教团体改善办公办学条件。有关部门经过反复论证，最终确定在北京白云观两侧新建中国道教协会办公会所和中国道教学院校舍。整个工程占地约 1 公顷，总建筑面积 15443 平方米，2004 年 8 月批复立项，2009 年底建成并投入使用。①

2010 年 6 月 21 日至 23 日，中国道教协会第八次全国代表会议在北京温都水城会议中心召开。本次会议的代表来自全国28 个省（自治区、直辖市），共 324 人，因事、因病请假 8 人，实到 316 人，符合本会章程规定的会议召开的有效人数，具有广泛的代表性。按照会议议程，任法融道长作了开幕词，与会代表们听取了张继禹道长作的《中国道教协会第七届理事会工作报告》，黄信阳道长作了《关于修改〈中国道教协会章程〉的报告》。

会议期间，中共中央政治局常委、全国政协主席贾庆林，中共中央政治局委员、国务院副总理回良玉，全国政协副主席、中共中央统战部部长杜青林等领导在人民大会堂亲切会见新一届中国道教协会领导班子成员及与会全体代表。会议审议并通过了张继禹道长代表第七届理事会所做的《工作报告》，讨论

① 周国军：《中国道教协会办公会所暨中国道教学院校舍建设奠基仪式在白云观举行》，《中国宗教》2008 年第 12 期，第 26 页。

修改并通过了《中国道教协会章程（修订案）》、《道教宫观主要教职任职办法》及《道教宫观管理办法》等规章制度。会议经过充分酝酿和协商，选举出第八届理事会理事 165 人，理事会选举产生由 89 人组成的常务理事会，选举任法融为中国道教协会第八届理事会会长，张继禹、黄信阳、黄至安（女）、丁常云、唐诚青、赖保荣、刘怀元、林舟、张金涛、张凤林、孟崇然（女）、黄至杰、李诚道（李光富）等为副会长。

2014 年 9 月，修葺一新的中国道教协会办公会所正式启用，中国道教协会会长、副会长及秘书长办公室移至白云观西院新建成的会所办公，中国道教协会办公室、研究所、教务部、国际部、服务中心、书画院等陆续移至新办公会所办公，到年底，所有办公机构基本移至新会所办公。

2015 年 6 月 25 日至 29 日，中国道教协会第九次全国代表会议在北京京西宾馆召开。会议选举产生了以李光富为会长，张凤林、黄信阳、黄至安（女）、唐诚青、赖保荣、张金涛、孟崇然、黄至杰、孟至岭、袁志鸿、胡诚林、董崇文、谢荣增、陆文荣、张高澄、吴诚真、董中基、张诚达、吉宏忠等人为副会长，张凤林兼任秘书长的中国道教协会新一届领导班子。会议还选举产生新一届理事会、常务理事会，推举了咨议委员会主席、副主席。新一届中国道教协会领导班子成员在第八届基础上增加了 5 位副会长，新进 11 位道教中坚力量，为道教事业的健康发展注入了新的活力。本次会议共有来自全国 29 个省、自治区、直辖市的 355 位正式代表、66 位特邀代表出席。会议审议通过了《中国道教协会第八届理事会工作报告》；通过了新修订的《中国道教协会章程》以及《道教宫观管理办法》等四个教制规章；通过了新制定的《道教宫观规约》等四个规章文件；通过了《中国道教协会第九次全国代表会议决议》。28日上午，中共中央政治局常委、全国政协主席俞正声，中共中央政治局委员、中央统战部部长孙春兰等党和国家领导人在人民大会堂亲切接见协会新一届领导班子成员，并与全体代表合影留念，俞正声主席发表了重要讲话，体现了党和国家对道教界的亲切关怀与殷切希望，使广大道教徒受到了极大鼓舞。

2020年11月27日至28日，中国道教协会第十次全国代表会议在江苏句容开幕。中共中央统战部副部长、国家宗教事务局局长王作安，江苏省省委常委、省委统战部部长杨岳出席并讲话。王作安充分肯定中国道教协会第九届理事会所做的工作，对中国道教协会今后五年工作提出五点希望：一要弘扬爱国精神，扎实推进道教中国化，走与社会主义社会相适应的道路；二要坚持与时俱进，正确处理传统与现代、继承与发展的关系，革故鼎新，与时俱进；三要大力匡正道风，倡导以戒为师、依戒修行，构建当代道教清规戒律体系，自觉接受教内外监督；四要注重培养人才，建设一支适应道教健康发展要求的教职人员队伍；五要加强团体建设，充分发挥桥梁纽带作用。杨岳介绍了江苏省情及江苏宗教工作的基本情况，表示江苏将全面贯彻党的宗教工作基本方针，承办好第五届国际道教论坛，更加积极主动做好新时代宗教工作。会议审议通过了《中国道教协会第九届理事会工作报告》《中国道教协会章程（修订稿）》，审议通过了《道教教职人员行为准则》等13个规章制度，进一步明确了中国道教协会的宗旨：团结、带领全国道教徒爱国爱教，拥护中国共产党的领导和社会主义制度，遵守国家宪法和法律法规，培育和践行社会主义核心价值观，积极与社会主义社会相适应；兴办道教事业，弘扬道教教义，维护道教界合法权益；发扬道教优良传统，传扬道教文化，为促进经济社会发展，为维护宗教和睦、民族团结、社会和谐、祖国统一、世界和平做贡献，为实现中华民族伟大复兴的中国梦发挥积极作用。主要业务和工作任务：

（1）团结、带领全国道教徒遵守宪法、法律法规和国家政策；

（2）协助政府贯彻落实宗教信仰自由政策，依法维护道教界的合法权益，深入调查研究，反映道教组织、道教界人士和信教群众的意见和要求，充分发挥桥梁纽带作用；

（3）大力弘扬道教优秀文化，为传承中华文明和建设中华民族共有精神家园做贡献；

（4）建立健全道教有关规章制度，加强信仰建设、道风建设和教制建设，严肃戒律，纯正道风；

（5）加强对地方道教团体、宫观和道教院校的教务指导，协调关系，促进团结，支持地方道教团体依法依规办好教务；督导道教团体、宫观搞好管理和自身建设，提高道教徒整体素质，树立道教良好形象，促进道教事业健康发展；

（6）兴办道教教育事业，办好道教院校，培养道教人才；

（7）主办传戒、授箓等重大教务活动，做好直属宫观的管理工作；

（8）开展道教文化艺术交流活动，加强学术研究，整理编印道教书刊，协助做好道教文物古迹与非物质文化遗产保护工作；

（9）开展社会公益慈善活动，弘扬道教生态环保理念，服务社会，利益人群；

（10）开展同香港特别行政区、澳门特别行政区和台湾地区道教组织及海外道教界侨胞的交往与联谊工作，增进了解，团结合作；

（11）加强与国外道教组织、道教界人士及国际宗教和平组织的友好往来，促进中外道教文化交流，开展道教的国际联谊工作。

会议选举产生了中国道教协会第十届理事会、常务理事会，选举李光富为中国道教协会会长，张金涛、黄至杰、孟至岭、袁志鸿、胡诚林、谢荣增、陆文荣、张高澄、吴诚真、董中基、张诚达、吉宏忠、张明心、赵理修、邓信德、袁宗善、梁崇雄、吴理之等人为中国道教协会副会长，李寒颖为秘书长。会议还推举了咨议委员会主席、副主席。

会议一致通过《中国道教协会第十次全国代表会议决议》（以下简称《决议》）。《决议》指出：五年来，中国道教协会以习近平新时代中国特色社会主义思想为指导，以社会主义核心价值观为引领，以坚持道教中国化方向为重点，带领全国道教界自觉增强"四个意识"、坚定"四个自信"、做到"两个维护"，努力加强自身建设，不断开创道教工作新局面，为促进经济发展、社会稳定、文化繁荣、宗教和谐、民族团结、祖国统一做出重要贡献。全国道教界和信教群众，要更加紧密地团结在以习近平同志为核心的党中央周围，全面贯彻党的宗教工作基本方针，积极推进道教中国化，开创道教工作新局面，为夺取全面建设社会主义现代化国家新胜利、实现中华民族伟大复兴的中国梦贡献智慧和力量。

李光富会长在闭幕会上做了总结讲话。他对新时代道教事业提出四点展望：一要坚持以习近平新时代中国特色社会主义思想为指导，坚决贯彻党中央关于宗教工作的决策部署；二要坚持道教的中国化方向，与时俱进、守正创新，服务当代中国发展进步；三要发挥好桥梁纽带作用，把中国道教协会建设得更加坚强有力；四要加强自身建设，纯正道风，培养人才，推进商业化治理，维护道教界合法权益。闭幕会由中国道教协会副会长张高澄主持。①

第四节　中国道教学院

中国道教学院成立于 1990 年 5 月，设在北京白云观内。它是在中国道教协会所办道教知识专修班和进修班的基础上成立的，是道教界的最高学府。

1961 年，中国道教协会即拟定了《培养道教知识分子计划大纲》。1962 年 9 月，正式举办了第一期"道教徒进修班"，后因"文化大革命"而中止。1982 年，举办了第一期道教知识专修班（相当于中专水平）。至 1990 年，共举办"道教知识专修班"五期（其中一期为坤道班），"道教知识进修班"（相当于大专水平）一期，共培养乾坤道士 206 人。

1990 年 5 月 5 日，中国道教学院在北京白云观隆重成立，并举行了开学典礼，成为中国道教史上第一所全国性道教学院。

其办学宗旨："在党和政府的领导下，坚持道教的中国化方向，坚持爱国爱教原则，根据国家宪法、法律、《宗教事务条例》、政策及道教教理教义进行管理和教学。"

其办学目标："培养热爱祖国，拥护中国共产党的领导，

---

① 参见林元沁《中国道教协会第十次全国代表会议开幕》，中国江苏网 2020 年 11 月 28 日 6：35 发布；句容发布《中国道教协会第十次全国代表会议闭幕，选举产生新一届会长》，中共句容市委宣传部官方百家号，2020 年 11 月 28 日 22：21 发布。

坚持走中国特色社会主义道路，维护祖国统一和民族团结，有较高道教学识和品德修养，联系信教群众，有志为道教事业服务的中、高级青年道教人才。"

中国道教学院专修班，学制 2 年。学员经地方道教协会和宫观推荐，经考试合格，择优录取，毕业后颁发教内承认的中专文凭。设有政治课：社会主义和爱国主义教育、时事政策、法学概论；宗教课：道教简史、道教义理、斋醮、戒律、经典、经韵、音乐、宗教与名人、道教神仙、道教修炼、宫观管理等；文化课：语文、历史、地理、英语、书法；体育课：道家拳术与剑术。

中国道教学院进修班，学制 2 年。学员从专修班和全国各地道教院校中挑选，经考试合格，择优录取，毕业后颁发教内承认的大专文凭。设有政治课：法学概论、时事政治；宗教课：中国道教史、道教思想史、世界宗教史、道教主要经典、内外丹法、道藏精华、道教养生学、道教音乐等；文化课：古汉语、中国哲学史、世界通史、中国近代史、书法、英语。

中国道教学院首届专修班（大专）于 1990 年招收第一批学员 50 人，分别来自山东、江苏、浙江、广东、福建、江西、湖南、湖北、四川、河南、陕西、甘肃、辽宁、北京等 32 个省市的宫观，其中正一派学员占 30%，全真派学员占 70%，平均年龄 23 岁。这些学员于 1992 年毕业。

中国道教学院第二届专修班于 1992 年招收学员 38 人，分别来自山东、浙江、广东、湖南、湖北、山西、陕西、四川、贵州、云南、河北、安徽等省的道教协会和宫观。其中正一派学员 5 人，全真派学员 33 人。这些学员于 1994 年底毕业。

中国道教学院第一届进修班（本科）于 1992 年招收学员 9

人，分别来自山东、上海、安徽、陕西、广东 5 省市的道教协会组织和宫观。1994 年底，刘世天、范恩君、孙常德、刘军、张凯、张兴发 6 人毕业，1 人因故结业，2 人因病退学。

1995 年 3 月 15 日，中国道教学院第三期专修班（坤道班）在北京白云观开学。这期坤道班是中国道教学院成立以来举办的第一期坤道班。坤道班有学员近 50 名，她们来自四川、陕西、甘肃、辽宁、山东、河南、湖北、湖南、云南、浙江、江苏、福建等 15 个省 42 个宫观，学员平均年龄 25 岁。

坤道班学制为 2 年，学习课程：宗教知识课，包括道教史、道教经典、道教科仪规戒、道教养生等；文化课，包括语文、历史、地理、英语等；另外，她们还要学习有关宫观管理的知识及时事政治。

3 月 15 日为农历二月十五，适逢道祖太上老君圣诞，北京白云观内一派节日气象。坤道班的学员们首先在白云观吕祖殿诵经礼拜，祝贺老君圣诞和坤道班的开学。其后，在学院的教室里举行了隆重的开学典礼。

开学典礼由中国道教协会副秘书长、道教学院教务长陈兆康主持。国务院宗教事务局局长张声作，中国道教协会会长、中国道教学院院长傅元天，中国道教协会顾问黎遇航等出席了开学典礼并做了重要讲话。傅元天会长在讲话中总结了中国道教学院成立以来的成绩，指出了道教历来尊重女性，肯定了坤道在道教中起着重大的作用，并提出了老一辈对青年道教徒的殷切希望。黎遇航顾问在讲话中希望同学们珍惜学习机会，谦虚谨慎，团结友爱，尊敬师长，努力学习。张声作局长代表国务院宗教事务局向学员们表示祝贺并做了四点指示。出席开学典礼的还有国务院宗教事务局赤耐副局长、袁炳栋副司长，中共中央统战部朱越利

同志，中国道教协会李文成秘书长、黄信阳副秘书长，中国道
教学院李养正副院长等有关人士。

1998 年 6 月，上海市道教协会为了培养具有较高层次的教
职人员，经国家宗教事务局批准，创办中国道教学院上海进修
班。中国道教学院上海进修班校址在上海西林后路 100 弄 8 号
上海白云观内。学制 3 年，毕业后达到大专文化水平。课程分
文化、专业两类。文化课设大学语文、中国通史、中国哲学史、
经济学、法学、英语等；专业课设中国道教史、道教原典选读、
道教神学、天师道史略、道教科仪与符箓、道教与科学、道教
与养生学、道教与文学艺术、道教规戒、道教修养、宫观管理
等。学员由各道观推荐，经进修班考试后择优录取。首届进修
班学员招收 22 人。

此后，中国道教学院本部又举办了一届专修班（1998 年 4 月
开学），一届进修班（2001 年 3 月开学）。此外，其还举办了一期
半年制高功班和两期短期道教宫观（地方道教协会）负责人读书
班。2002 年 12 月，又为台湾地区的道友举办了一期短期学习班。

2003 年，中国道教学院正式设立宫观管理专业大专班和道
教研究生班。大专班学制 3 年，研究生班在大专班的基础上再
学 3 年。

9 月 4 日上午，中国道教学院首届研究生班暨宫观管理专
业大专班在中国道教学院礼堂举行开学典礼。中国道教协会闵
智亭会长，张继禹副会长，袁炳栋秘书长，袁志鸿、孙同昌、
张立光副秘书长等出席了开学典礼。全国政协常委、民族和宗
教委员会主任钮茂生，中共中央统战部二局副局长蒋坚永，国
家宗教事务局一司副司长依巴达提等有关领导，以及香港蓬瀛
仙馆永远馆长黎显华等莅临祝贺并讲了话。

中国道教协会会长、中国道教学院院长闵智亭道长代表协会和学院对新同学热情祝贺。他说：

中国道教学院的创办，是继中国道教协会成立之后的又一重大举措，是在新的历史条件下绍隆道种，薪火相传的重要保证。中国道教学院创办之初，就在办学宗旨、教学与研究、行政与管理上，把继承传统，适应当代、开拓未来有机地结合起来，立足于培养拥护中国共产党，热爱社会主义祖国，具有较高的道教学识，信仰虔诚并能联系信教群众的青年道教人才。……这次我们开办的研究生班，在中国道教教育史上是第一次，目的在于探索今后正式开研究生班、招收海外留学生积累经验和培养教内师资；开办宫观管理大专班，分专业教学，以培养专业人才，在全国宗教院校中也属首次。这些，进一步说明了中国道教学院在规范化、制度化和现代化的道路上，迈出新的步伐。尽管我们的办学条件还比较简陋，困难也比较多，但我们相信，有党和政府的关心，有海内外道教界的支持，中国道教学院一定能越办越好。①

闵智亭会长最后叮嘱同学们要肯于吃苦，才能把学习搞好，因为学习不是一件容易事，他希望同学们尽快安下心来，虚心求教，学修并进，加强道德修养，遵守院纪道规，以优异的成绩完成学业，做一个既有高深的道教学识，又有良好的思想品

---

① 闵智亭：《在中国道教学院宫观管理专业暨研究生班开学典礼上的讲话》，《中国道教》2003 年第 5 期，第 6 页。

德修养，能联系和团结广大信教群众自觉走与社会主义道路相适应的新一代道教徒。

钮茂生主任代表全国政协办公厅、民族和宗教委员会对开学典礼表示热烈祝贺，对新学员入学表示热烈欢迎，叮嘱同学们要爱祖国、爱人民、爱道教。祝同学们学业有成，为国家的宗教事业做出更大贡献。

2009年9月4日至6日，中国道教学院2009级乾道、坤道宫观管理大专班开学典礼分别在四川青城山和湖南南岳衡山举行。中国道教协会副会长、中国道教学院副院长张继禹出席两地的开学典礼并发表讲话。

2012年，回应墨西哥道教协会、法国道教协会和瑞士道教协会的建议，在国家宗教局和中国道教协会的支持下，中国道教学院首届留学生进修班于10月29日至11月7日在位于北京白云观内的中国道教学院本部举办。为外籍道教徒举办学习班，是中国道教学院建院以来的第一次，也是新形势下发挥自身优势，引领海外道教徒坚持正信、传播正教的创举。

道教早在唐代之前就传播到朝鲜、日本等国。明清时，道教信仰又被广泛传播到南洋诸国，成为当地华人的精神依托。由于交通的便利和交流的频繁，近几十年来，道教成为西方汉学研究的热点，道教思想也开始被西方好道人士接受和信奉，道教的养生功法尤其是太极拳等受到追捧，特别是《道德经》受到广泛青睐，被译成多种语言，影响不断扩大。1998年，中国道教协会曾应加拿大道教组织邀请，组团到多伦多等地讲道，进一步扩大了道教在当地的影响。之后，中西道教界的来往与交流更加广泛。随着道教在西方社会进一步发展，近年来，欧洲的英国、法国、比利时、瑞士、西班牙、葡萄牙和美洲的加拿大、墨西哥、委内瑞拉等国先后成立道教组织，道教信仰与传播活动进一步展开。2011年，国际道教论坛举办期间，法国、墨西哥等8国道教组织联合提交倡议，呼吁中国道教协会牵头成立世界道教联合会。

也正是在此期间，来自北美洲的墨西哥道教协会会长景威萌生了组织一批欧美道教徒到中国道教学院进修的想法。之后，他联络多国道教组织，共同向中国道教协会提出建议，并三次远涉重洋来到北京，与中国道教协会沟通、磋商。2011年10月上旬，中国道教协会组团赴英国、法国和比利时进行工作访问，将中国道教学院即将举办留学生进修班的消息带到了当地，得到了当地道教组织的积极响应。经景威和法国景秀道长的联络组织，报名的有20余人，后来实际参加进修班的有19人。这19位学员来自法国、比利时、葡萄牙、瑞士、意大利、墨西哥、委内瑞拉等7个国家，不仅国别不同，年龄、学历、职业也有很大差别：最大的75岁，最小的仅22岁；学历以大学本科为主，有4人为博士，其中个别人还具有科学家头衔；职业各不相同，但大多从事医生和教学工作。虽然有这样那样不同，但对道教的一致信奉、对道文化的浓厚兴趣，使他们走到了同一条路上。他们绝大部分皈依全真龙门派，取有道名，有的接触道教甚早，已持续探索20年，矢志不移；有的还常来中国参师访道，为中西道教交流"穿针引线"；有的则是当地道教的重要传播者和道教组织的发起者，其中7人分别担任各国道教协会会长、副会长。

本次学习为期10天，课程首先以道教养生为主，共35课时，还对道教修道的核心理论——"性命双修"进行了介绍。其次为道教科仪，共21课时，讲授道教基本礼仪和简单科仪知识。另外，安排了道教历史、道教经典概况、道教基本义理3

个讲座，各占半天。这种安排基于学员的实际接受能力和需要，以及进修班实际情况，受到学员普遍欢迎。授课均以讲座形式进行，由主讲老师讲解有关知识，经两名翻译翻译成法语和西班牙语。考虑到语言障碍和文化差异，老师们尽量避免使用道教术语，而是采用通俗语言来表达。

通过课程讲授，传播了正统道教的理论知识，起到了引导正信的效果，有利于道教在西方的健康发展，也树立了中国道教学院的良好形象。同时，让学员们更加深入地认识了道教，理解了道文化的博大精深，进一步激发了他们继续学道、传道的热情。

本次留学生进修班是中国道教协会着眼于优化道教教育结构和内容、提高中国道教学院国际知名度和影响力、促进中外道教文化交流而采取的有益探索和重要举措，是中国道教学院面向国外招生的一次大胆尝试。不仅为国外道教徒学习道教提供了一条有效的途径，同时为世界了解道教、了解中国传统文化打开了一个窗口。

2013 年，为了满足国外道教徒对正统道教知识与信仰的渴求，应国外道教徒的要求，8 月下旬至 9 月初，中国道教学院举办了为期 15 天的第二届国外道教徒进修班。此次前来进修的有来自韩国、新加坡、俄罗斯、英国、法国、德国、比利时、瑞士、西班牙、葡萄牙、美国、墨西哥、巴西、委内瑞拉、波多黎各等 15 个国家的 39 名学员。这些学员中最年轻的 20 岁，最年长的已 68 岁，他们的职业也是多种多样：有的是医生，有的是大学教授，有的是工程师，还有的是歌剧演员，也有的专职在宗教团体服务。

在 15 天的时间里，进修班开设了道教思想概述、道教历史、道教养生、道教神仙体系、道教经典概述、《道德经》思想概述、《黄帝内经》义枢、道教科仪等课程，所有课程都由中国道教学院的执教道长讲授。培训期间，还特别邀请中国道教协会会长任法融、副会长张继禹分别做了开示。

目前，已有六届本科班和六届研究生班毕业，学员均来自全国各地道教协会和宫观。毕业的学员大多数均已在道教协会组织或宫观从事教职工作，满足了道教协会和宫观的人才培养需求。

参考文献

一 典籍

1. （战国）甘德、石申：《星经》，中华书局，2010。

2. （南朝宋）范晔撰，（唐）李贤注《后汉书》，中华书局，1999。

3. （梁）萧子显撰《南齐书》，中华书局，1972。

4. （梁）萧统编，（唐）李善注《文选》，上海古籍出版社，1986。

5. （唐）房玄龄等撰《晋书》，中华书局，1974。

6. （唐）魏徵、令狐德棻等撰《隋书》，中华书局，1973。

7. （唐）徐坚等撰《初学记》，中华书局，1962。

8. （后晋）刘昫等撰《旧唐书》，中华书局，1975。

9. （宋）王钦若等撰《册府元龟》，中华书局，1960。

10. （宋）欧阳修、宋祁撰《新唐书》，中华书局，1975。

11. （宋）司马光撰，（元）胡三省音注《资治通鉴》，中华书局，1956。

12. （后周）王溥撰《唐会要》，中华书局，1955。

13. （元）脱脱等撰《宋史》，中华书局，2004。

14. （金）元好问《遗山集》，吉林出版集团，2005。

15. （元）脱脱等撰《金史》，中华书局，1975。

16. （元）祥迈：《大元至元辨伪录》，国家图书馆藏元刻本，2003。

17.（明）宋濂、王祎撰《元史》，中华书局，1976。

18.（清）张廷玉等撰《明史》，中华书局，1974。

19.（清）董浩等编《全唐文》，中华书局，1983。

20.（清）谷应泰撰《明史纪事本末》，中华书局，1977。

21.（清）于敏中等编纂《钦定日下旧闻考》，北京古籍出版社，1985。

22.（清）郝懿行：《山海经笺疏》，巴蜀书社，1985。

23.（清）任永真辑著，刘康乐、高叶青校注《重刊三乘集要》，社会科学文献出版社，2020。

24.（清）纪昀：《钦定四库全书》集部，（东汉）王逸注《楚辞章句》，（元）王恽《秋涧集》。

25.（民国）罗振玉撰《金石萃编未刻稿》，2017。

26.〔日〕高楠顺次郎、渡边海旭编纂《大正新修大藏经》第五十册《史传二》第二〇五一，佛陀教育基金会，1934。

27.《道藏》，文物出版社、上海书店、天津古籍出版社，1988。

28. 胡道静：《道藏要籍选刊》，上海古籍出版社，1989。

29. 胡道静、陈耀庭、段文桂、林万清主编《藏外道书》，巴蜀书社，1992。

30. 李学勤主编《十三经注疏》，北京大学出版社，1999。

二　碑刻

1.（梁）陶弘景撰《茅山长沙馆碑》。

2.（梁）萧纶撰《解真碑铭》。

3.（宋）陈时可撰《长春真人本行碑》。

4.（金）郑子聘撰《中都十方大天长观重修碑》。

5.（金）祝庭用撰《西京玉虚观宗主大师阎公墓志》。

6. （元）姬志真撰《南昌观碑》。

7. （元）姬志真撰《长春真人道行碑》。

8. （元）王鹗撰《玄门掌教大宗师真常真人道行碑》。

9. （元）元世祖撰《圣旨焚毁诸路伪造道藏经板碑》。

10. （元）商挺撰《玄都至道崇文明化真人道行碑》。

11. （元）商挺撰《玄都至道披云真人宋天师祠堂碑铭并引》。

12. （元）田璞撰《重修隆阳观碑》。

13. （元）金源璹撰《终南山重阳真人全真教祖碑》。

14. （元）贾鹹撰《大元清和大宗师九真人道行碑》。

15. （元）元太宗撰《宣谕夺罗等圣旨碑》。

16. （元）元太宗撰《通谕夏学子弟员等圣旨碑》。

17. （元）赵孟頫撰《道教碑》。

18. （明）许彬撰《赐经之碑》。

19. （明）李得晟撰《长春殿赠塑七真仙范记碑》（《小直沽天妃宫住持李得晟碑》）。

20. （明）赵士贤撰，刘诚印立《白云观重修碑》，正德元年丙寅年（1506）冬十二月。

21. （清）高仁峒撰《粥厂碑记》，光绪二十七年（1901）。

22. （清）《云素方丈功德记》，光绪二十八年（1902）。

23. 赵公谨撰《白云观玉器业公会善缘碑》，1932。

24. 陈垣编纂，陈智超、曾庆瑛校补《道家金石略》，文物出版社，1988。

三 辞典

1. 闵智亭、李养正主编《中国道教大辞典》，华夏出版社，1994。

2. 胡孚琛主编《中华道教大辞典》，中国社会科学出版社，1995。

四　著作

1. 邢赴灵等撰《全真须知》，奉天小西关太清宫印行，1938。

2. （清）郭庆藩撰，王孝鱼点校《庄子集解》，中华书局，1961。

3. 陈撄宁：《中华仙学》，真善美出版社，1978。

4. （唐）长孙无忌等撰，刘俊文点校《唐律疏议》，中华书局，1983。

5. （清）王聘珍撰，王文锦点校《大戴礼记解诂》，中华书局，1983。

6. （清）汪继培笺，彭铎校正《潜夫论笺校正》，中华书局，1985。

7. （明）张翰撰，盛冬铃点校《松窗梦语》，中华书局，1985。

8. 王明：《抱朴子内篇校释》，中华书局，1986。

9. 宗力、刘群：《中国民间诸神》，河北人民出版社，1986。

10. 杨伯峻：《春秋左传注》，中华书局，1990。

11. 陈撄宁：《仙学解秘：道家养生秘库》，大连出版社，1991。

12. 饶宗颐：《老子想尔注校证》，上海古籍出版社，1991。

13. 中国道教协会研究室编《道教史资料》，上海古籍出版社，1991。

14. （汉）刘安等著，许匡一译注《淮南子全译》，贵州人民出版社，1993。

15. 〔日〕安居香山、中村璋八辑《纬书集成》，河北人民出版社，1994。

16. （清）徐道撰，程毓奇续，周晶、苏客、宜凡点校《历代神仙演义》（《历代神仙通鉴》），辽宁古籍出版社，1995。

17. （宋）张君房纂辑，蒋力生等校注《云笈七签》，华夏出版社，1996。

18. （元）赵道一撰，卢国龙整理《历世真仙体道通鉴》，海南国际新闻出版中心（南方出版社），1996。

19. 袁珂译注《山海经全译》，贵州人民出版社，1999。

20. 田诚阳编著《仙学详述》，宗教文化出版社，1999。

21. （东晋）干宝，黄涤明译注《搜神记全译》，贵州人民出版社，1999。

22. 张大可注释《史记新注》，华文出版社，2000。

23. 李养正：《当代道教》，东方出版社，2000。

24. 张兴发编著《道教神仙信仰》，中国社会科学出版社、北京中软电子出版社，2001。

25. 刘修治主编《中华藏书》，文化艺术出版社，2002。

26. 周明初校注《山海经》，浙江古籍出版社，2002。

27. 李养正编著《新编北京白云观志》，宗教文化出版社，2003。

28. 杨天宇撰《礼记译注》，上海古籍出版社，2004。

29. （金）王若虚，胡传志、李定乾校注《滹南遗老集校注》，辽海出版社，2006。

30. 陈鼓应注译《庄子今注今译》，商务印书馆，2016。

31. 张兴发、冯鹤、郝光明编著《龙门祖庭白云观》，华夏出版社，2011。

32. 董沛文主编，盛克琦、周全彬编校《参同集注》，宗教文化出版社，2013。

33. （汉）郑玄撰，林忠军导读《周易郑注》，华龄出版社，2019。

五　论文及报道

1. 刘厚祜：《白云观与道教》，《道协会刊》1980 年第 2 期。

2. 李勇刚：《北京白云观举行方丈升座典礼》，《中国道教》1990

年第 2 期。

3. 牟钟鉴：《长生成仙说的历史考察与现代诠释》，《上海道教》1999 年第 3 期。

4. 张泽洪：《多元文化背景下的云南道教——以南诏大理时期为中心》，《贵州民族研究》2006 年第 5 期。

5. 周国军：《中国道教协会办公会所暨中国道教学院校舍建设奠基仪式在白云观举行》，《中国宗教》2008 年第 12 期。

6. 陈奕玲：《2009 年魏晋南北朝史研究综述》，《中国史研究动态》2010 年第 9 期。

7. 夏云：《真心清静道为宗——对话中国道教协会新闻发言人孟至岭道长》，《中国宗教》2012 年第 5 期。

8. 龙露、张海涛：《西城滨水绿道二期 8 月建成》，《北京晚报》，2013 年 1 月 3 日讯。

9. 唐琼珊：《李邕〈李北海集〉注》，广西大学硕士学位论文，2017。

六　网络文献及报道

1. 国学大师网：《钦定四库全书》子部《弘明集》，http://www.guoxuedashi.com/2590g/1663509—1663511.html。

2. 国学大师网：《钦定四库全书》子部《广弘明集》，http://www.guoxuedashi.com/2591y/1664129.html。

3. 中国江苏网：《中国道教协会第十次全国代表会议开幕》，林元沁，2020 年 11 月 28 日 6：35 发布。

4. 中共句容市委宣传部官方百家号：《中国道教协会第十次全国代表会议闭幕，选举产生新一届会长》，句容发布，2020 年 11 月 28 日 22：21 发布。

后　记

　　人过五十载已是知天命的年龄，而我仍然在寻找知天命的路上，因为我一直在延续自己近三十年的修道生涯。在这三十年的修行中，我大部分时间是在白云观度过的。白云观的道路上有我无数次丈量的脚印，白云观的殿堂内有我无数次朝拜的印记，白云观的事务中有我无数次劳作的身影……我与白云观结下了不解之缘，产生了深厚的感情。

　　1993年春，当我第一次踏进白云观山门的时候就被白云观古老雄厚的建筑所吸引，后来又被其悠久的历史和深厚的文化底蕴所折服。那时起，我就开始学习白云观的历史文化，从中国道教协会研究室编辑的画册《白云观》入手，了解白云观的建筑风格、布局、神像、文物、故事等，一步一步地走近白云观。后来，我慢慢地与白云观道长相处，从他们身上学到了道教的礼仪、斋醮、修炼等，我也逐步地融入白云观的生活中。这得益于我是中国道教学院第一届进修班的学员，每日住宿、吃饭、学习和修行都在白云观内，与白云观内的一草一木，与白云观内的每一个人休戚与共。于是，我开始审视我所生活的这座古老的道观，考察它的本来面貌，试图还原它的本真，以及弘扬它的文化。本着这一目的，1994年，我参与编写了《十二生肖与二十四孝》小册子，宣传白云观元辰殿六十甲子、十二生肖壁和二十四孝壁，产生了良好的社会效益和经济效益。

2000 年，我编著出版《道教神仙信仰》，其中神仙谱系深受白云观所奉神灵的影响，将白云观供奉的马丹阳、丘处机、王处一、郝大通、刘处玄、谭处端、孙不二"七真"列入神仙谱系中加以介绍，还有王常月祖师，他充分彰显了一个道教徒的虔诚信仰。2011 年，我参与主持了《中国道教文化之旅》大型文化丛书项目，以一百所道教正式开放的宫观为研究对象，采取"实地考察、探索发现，提出问题、分析问题；把握悬念、把持特质，重视情节、注重内涵"的研究方法和"上串下连、左右逢源"的写作手法，类似于目前电视台播出的"Discovery"（探索）频道、中央四台播出的《国宝档案》和北京卫视曾经播出的《这里是北京——〈白云观〉》的写作和表现手法，将道教的知识点和文化面融入各个宫观中，用浅显直白的语言文字表达出来，以使读者能够从博大精深的道教知识海洋中汲取文化的营养，获得生活的智慧。采取以一个宫观为一个独立研究对象，通过研究后，每一个宫观出版一本图文并茂的图书。因为道教文化的窗口便是道教宫观，它不仅承载着道教义理、建筑、绘画等宗教文化，还传说着道教生动感人的故事，彰显着道教的人文精神。通过一座座宫观的文化之旅，我们可以探索发现道教许多不为人知的精神内涵。道教宫观发展至今，已成为道教信徒和修道者的圣地；道教宫观传衍至今，已成为中国传统文化的重要载体；道教宫观传承至今，已成为道德伦理教化的场所；同时，道教宫观还是济世利人的基地，是服务社会、利益人群的场所。以北京白云观为考察研究对象，我带领冯鹤、郝光明两位同事撰写了《龙门祖庭白云观》一书，作为《中国道教文化之旅》丛书的第一本出版，从文学的角度介绍了北京白云观人物、神灵、文物、故事等，深入挖掘了北京白云观深邃的文化内涵。

　　现在，我从历史的角度阐述了北京白云观建筑、人物、事迹、文物等，还原了北京白云观历史的本来面目，使人们对北京白云观的历史文化产生浓厚的兴趣。此举得到了北京白云观管理委员会的大力支持，在资助出版的同时，监院李信军道长还欣然为本书作序。同时，中国道教协会领导亦为本书提供帮助，给予了奖励资金，体现了中国道教协会对文化研究的高度重视。社会科学文献出版社倾情奉献，尤其是袁清湘编辑，不辞劳苦，三审三校，为本书的高质量出版保驾护航。道侣李丽道长在生活上给了我无微不至的关心和照顾，让我有更多的时间来完成本书的写作。在此，一并对大家鼎力支持表示衷心的感谢！恰逢本书收官，在即将出版之际，借机提笔记下我与北京白云观以及与大家结下的善缘，以志留念。

　　是为记。

张兴发

2021 年 10 月 30 日深夜

于中国道教协会

图书在版编目（CIP）数据

北京白云观历史钩沉／张兴发编著 . -- 北京：社
会科学文献出版社，2025.1
ISBN 978-7-5228-2248-8

Ⅰ.①北…　Ⅱ.①张…　Ⅲ.①白云观-介绍-北京
Ⅳ.①K928.75

中国国家版本馆 CIP 数据核字（2023）第 144706 号

北京白云观历史钩沉

编　　著／张兴发

出 版 人／冀祥德
组稿编辑／袁清湘
责任编辑／郑凤云　王玉敏
责任印制／王京美

出　　版／社会科学文献出版社·人文分社（010）59367215
　　　　　地址：北京市北三环中路甲 29 号院华龙大厦　邮编：100029
　　　　　网址：www.ssap.com.cn
发　　行／社会科学文献出版社（010）59367028
印　　装／三河市东方印刷有限公司

规　　格／开本：880mm×1230mm　1/32
　　　　　印 张：10.75　字 数：249 千字
版　　次／2025 年 1 月第 1 版　2025 年 1 月第 1 次印刷
书　　号／ISBN 978-7-5228-2248-8
定　　价／98.00 元

读者服务电话：4008918866